DES OFFICES

CONSIDÉRÉS

AU POINT DE VUE DES TRANSACTIONS PRIVÉES

ET DES INTÉRÊTS DE L'ÉTAT.

RENNES. — IMPRIMERIE DE CH. CATEL ET Cie,
Rue du Champ-Jacquet, 23.

DES OFFICES

CONSIDÉRÉS AU POINT DE VUE

DES TRANSACTIONS PRIVÉES

ET

DES INTÉRÊTS DE L'ÉTAT

(Ouvrage couronné par la Faculté de Droit de Rennes et par
l'Académie de Législation)

PAR

EUGÈNE DURAND,

Docteur en Droit, Avocat à la Cour Impériale de Rennes.

———◇———

PARIS

A. DURAND, LIBRAIRE-ÉDITEUR,

Rue des Grès-Sorbonne, 7, près le Panthéon.

—

1863

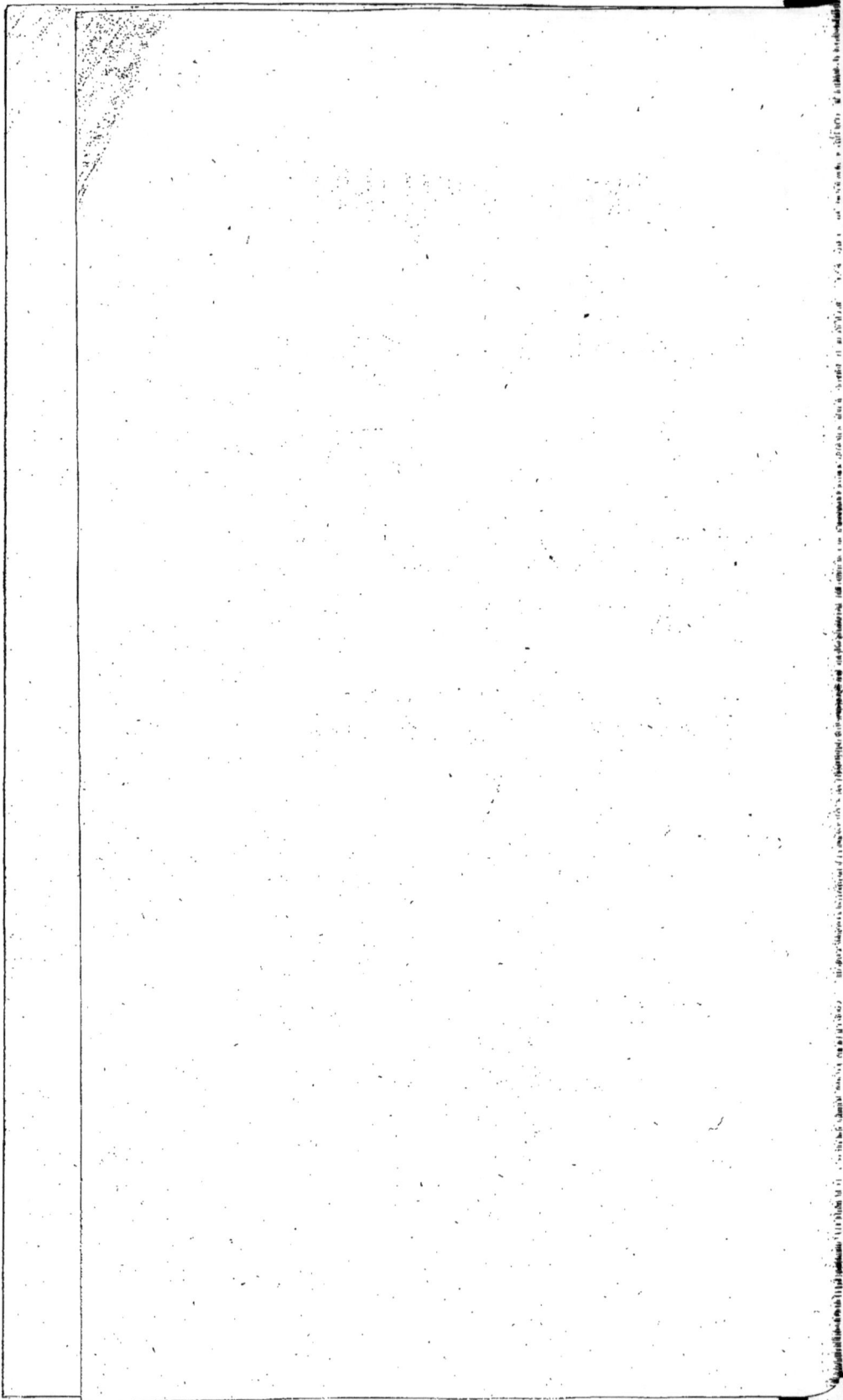

INTRODUCTION.

1. — Dans une acception large et qui, dans nos habitudes de langage, paraîtra peut-être aujourd'hui un peu détournée de son sens, le mot *office* s'emploie pour désigner le titre qui donne le droit d'exercer quelque fonction ou charge publique.

2. — Pour exprimer la même idée, les langues anciennes ne semblent pas avoir eu de terme technique. Les Grecs tantôt avaient recours au mot αρχὴ, tantôt se servaient des mots δύναμις et τιμὴ. A Rome, on trouve employés à peu près indifféremment les mots *magistratus* (1), *munera publica, honores, dignitates*, et enfin *officium*. — C'est évidemment de ce dernier terme, dont il n'est que la traduction, que vient notre mot office.

3. — Les anciens auteurs se sont livrés à de savantes

_____
(1) Dig., *De verb. sign.*, I. 57.

recherches et ont engagé de longues discussions pour déterminer l'étymologie de *officium*, et pour donner, par suite, un sens utile (grammaticalement parlant au moins) à ce mot qui, pris en lui-même, ne réveille aucune idée dans l'esprit.

Ainsi, au iiie siècle de l'ère chrétienne, Donat enseigne que : *officium dicitur quasi efficium ab efficiendo quod cuique personæ efficere congruit.* Saint Augustin reproduit la même idée sous une autre forme : « *Officium dicitur quasi efficium, propter sermonis decorem mutata una littera.* » Loyseau, au commencement du xviie siècle, se croit au contraire fondé à penser que *officium* est un mot double composé de la préposition *ob* et du verbe *facio*; de sorte que, dans son sens étymologique, office signifierait « un employ continuel ou ordinaire à un « certain ouvrage. » (1)

4. — Ces discussions, qui autrefois pouvaient présenter de l'intérêt, et qui même aujourd'hui seraient peut-être de nature à piquer la curiosité et à exercer la sagacité de nos linguistes, ne peuvent que nous sembler oiseuses et n'auraient de prix qu'aux yeux d'un étymologiste. — Il faut appliquer la même observation à notre ancien mot *état*, employé, quoique plus rarement, dans le même sens que le mot *office*, et que Loyseau fait dériver soit du verbe *esse*, soit du verbe *stare*.

(1) *Traité des offices*, liv. 1, ch. 1, n° 13.

5. — De la définition qui précède, il suit que tout office est une délégation de la puissance publique. — Cette délégation peut être faite pour un temps limité ou sans terme fixe, être temporaire ou perpétuelle. — Au premier cas, elle prend plus spécialement le nom de commission ; dans le second, elle conserve celui d'office.

6. — L'exercice d'un pouvoir public, qu'il soit exercé temporairement ou à perpétuité, exige de celui qui y est appelé de nombreuses qualités. Ce n'est pas seulement le désintéressement, la probité, un sentiment profond de la justice, vertus déjà bien rares, que vous demanderez à l'officier public. Il faudra encore qu'il soit laborieux, zélé, pourvu d'une instruction solide, capable, en un mot, de remplir à tous égards les fonctions souvent difficiles qui lui seront confiées.

Un assemblage de qualités aussi éminentes exigera un choix éclairé. Sans doute, des conditions d'admission seront exigées. Vous chercherez dans la vie passée du futur officier des garanties pour l'avenir ; son aptitude sera l'objet d'un examen spécial, et ce sera seulement lorsqu'il sortira victorieux de ces épreuves que vous le revêtirez du titre sollicité.

Sera-ce tout ? Les exigences de l'intérêt public seront-elles dès lors satisfaites ? Il faudra de plus que les choix soient libres. La volonté du collateur quel qu'il soit, peuple ou souverain, devra se manifester avec indépendance. Vous ne consulterez pas les affections intéressées ou même désintéressées du défunt. Vous ne prendrez pas non plus en considération les intérêts de ceux qu'il laissera après lui. De même, vous n'appellerez pas les enfants à remplir la place devenue vacante par le décès de leur auteur. Le titre doit être conféré au mérite, et le fils n'est pas toujours héritier des vertus du père.

Qu'est-ce à dire? Vous tiendrez compte avant tout des qualités du futur officier. Vous vous attacherez uniquement aux garanties qu'il peut offrir considéré en lui-même et abstraction faite de toute influence étrangère. — Votre choix arrêté, vous l'investirez non d'un droit de propriété, mais seulement d'un droit de jouissance dont la durée la plus longue n'excèdera pas la vie du concessionnaire, n'oubliant jamais, comme on le disait autrefois, que « la parfaite seigneurie ne peut escheoir « aux offices, mais seulement une seigneurie imparfaite « et à vie, approchant aucunement du droit de l'usu-« fruitier et même de l'usager. »

7. — Devenu vacant par la mort du titulaire, l'office rentrera donc dans les mains du collateur. — Le résultat sera le même si l'officier accepte une nouvelle charge dont l'exercice est incompatible avec la première, ou s'il renonce au titre qui lui avait été conféré. Sa démission, dans ce dernier cas, devra être pure et simple, absolue, sans indication de personne (*nuda, absoluta, mera et simplex*). Par une nouvelle application des mêmes principes, le titulaire perdra l'exercice de ses fonctions toutes

les fois qu'il se rendra indigne de la confiance dont il a été l'objet. Lors enfin que l'intérêt de l'État demandera la suppression de certains offices ou, au contraire, une augmentation dans le nombre des officiers, il sera donné satisfaction à ces exigences, sans que les officiers en exercice puissent voir dans les mesures adoptées une atteinte portée à leurs droits.

Ces diverses solutions sont une conséquence de ce principe, qui devrait toujours être présent à la pensée des gouvernés comme des gouvernants, que les offices sont créés dans l'intérêt public et non dans l'intérêt privé de ceux qui les exercent.

8. — Telles sont, sans contredit, les règles sur lesquelles devrait, comme sur une base fondamentale, s'appuyer la collation des offices. Malheureusement, pour les trouver appliquées dans toute leur pureté, il faudrait peut-être remonter jusqu'à la république de Platon. La corruption des mœurs, l'avidité des collateurs et surtout les nécessités politiques (1) ont fait dans tous les temps

(1) Ce sont, en effet, les besoins de l'État qui ont été le plus souvent la cause déterminante de la vénalité dans les fonctions publiques. Sous l'ancienne Monarchie, Louis XII, François Ier et leurs successeurs ne vendent les offices que parce que leurs finances sont sans cesse épuisées. La création des commissaires-priseurs à Paris sous le Consulat, et sous la Restauration l'établissement de ces officiers dans toute la France, ont été, à ces deux époques, un moyen pour le gouvernement de se procurer les ressources qui lui manquaient. On pour-

abandonner un principe fondé sur la sagesse, la raison et la justice, et livré au commerce des titres dont la vertu et la science devaient seules se promettre d'être honorées.

9. — A Rome, la vénalité, frappée d'impuissance sous la république, commence à se montrer sous les premiers Empereurs, lorsque le droit de nommer aux offices a passé des mains de tous entre les mains d'un seul. Pour arriver aux fonctions publiques, il faut d'abord contenter la rapacité des courtisans. L'usage des suffrages, simple gratification à l'origine, est bientôt érigé en règle obligatoire. En même temps, des prodigalités fastueuses et dégradantes font dans le trésor public des vides que les Empereurs ont hâte de combler, et que, peu scrupuleux sur le choix des moyens, ils comblent par des collations à prix d'argent. Vainement on tente de réagir contre le mal : il va toujours croissant; et sous le Bas-Empire nous trouvons la vénalité et l'hérédité définitivement constituées dans les milices.

10. — La même gradation s'observe dans notre ancien droit. Jusqu'au commencement du xvie siècle, la gratuité est la règle. De nombreuses ordonnances interdisent et

rait ajouter, s'il était nécessaire de démontrer plus complètement l'exactitude de cet aperçu, que toutes les ordonnances rendues en exécution de la loi du 28 avril 1816, menacent de la peine de la révocation les officiers qui ne verseraient pas les suppléments de cautionnements exigés par cette loi.

punissent le trafic des états et offices, et spécialement des charges de notaires, de procureurs et de sergents. Mais à la fin du xv⁰ siècle, le trésor est épuisé, et comme les impôts, déjà énormes, pèsent lourdement sur le peuple, Louis XII et François I⁰ʳ se décident à faire acheter les titres dont on leur demande l'investiture. Cet exemple n'est que trop fidèlement suivi par leurs successeurs. Toutes les charges publiques sont mises à l'encan ; un bureau spécial, le bureau des parties casuelles, est créé pour servir, dit énergiquement Loyseau, « de boutique à « cette nouvelle marchandise (1) ; » et le chancelier L'Hospital peut s'écrier sans exagération : « qu'au lieu « de faire provision de sçavoir, bonne resputation et « aultres louables qualités, il faut, pour arriver aux « offices, s'estudier à faire amas d'or et d'argent. (2). »

11. — Ne blâmons pas trop notre époque, et surtout rendons justice à l'esprit qui a dirigé nos institutions modernes. L'abolition de la vénalité des offices fut une des premières réformes décrétées par l'Assemblée Constituante : réforme sage, hardie, conduite avec prudence, et dont nous recueillons maintenant tous les fruits. Pourvus gratuitement, les titulaires des différentes charges publiques, et particulièrement nos juges, donnent aujourd'hui l'exemple d'une probité et d'un désintéressement

(1) *Offices.* — Liv. 2, ch. 1, n⁰ 91.
(2) *Traité de la réformation de la justice.*

auquel les officiers de judicature sous l'ancien régime n'avaient pas toujours accoutumé les justiciables. — A l'égard des officiers ministériels, le malheur des temps et le fardeau de deux invasions ont, il est vrai, mis l'État, à une époque déjà éloignée de nous, dans la nécessité de revenir, sous certaines modifications, au système suivi sous l'ancienne Monarchie. Mais, sans être à l'abri de toute critique, la vénalité se conçoit dans cette classe d'offices mieux que dans toute autre. Montesquieu l'y estime même fondée (1), et il est permis de croire que l'Assemblée Constituante subissait les exigences irréfléchies du peuple, lorsqu'elle priva les officiers ministériels, ou comme on disait avant cette époque, les ministres de la justice, du droit que la loi des 28 avril—4 mai 1816 leur a rendu, de présenter un successeur à l'agrément du chef de l'État.

12. — Tel a été, en effet, l'objet de l'art. 91 de cette loi qui, dans une certaine mesure et sous certains rapports, a rétabli en faveur des avocats à la Cour de Cassation, des notaires, des avoués, des greffiers, des huissiers, des agents de change, des courtiers et des commissaires-priseurs, la vénalité et l'hérédité des offices.

C'est l'état de choses créé par le législateur de 1816 qui doit faire spécialement l'objet de ce travail. Envisagée sous le rapport des conventions privées, et, dans

(1) *Esprit des lois*, L. 5, ch, 19.

une sphère plus haute, au point de vue des intérêts de l'État, cette étude, intéressante entre toutes, est semée de mille difficultés. Vous y chercheriez en vain, comme le disait Loyseau de son temps, « un droit et règlement « certain. » Le législateur avait cependant promis de développer dans une loi particulière les conséquences du principe déposé dans l'art. 91. Mais l'exécution de cette promesse a été différée jusqu'ici, et cette loi spéciale, dont le besoin s'est fait et se fait encore si vivement sentir, est toujours à faire. — Actuellement, les sources à consulter sont uniquement des dispositions éparses dans des lois de finance et des ordonnances royales; des circulaires, des arrêtés et des décisions ministérielles; des jugements enfin et des arrêts des Cours et des tribunaux.

Pour retrouver en une matière aussi irrégulière les vrais principes égarés au milieu de solutions souvent contradictoires, il est nécessaire de remonter aux premières collations à prix d'argent. Les offices ministériels ne peuvent se comprendre aujourd'hui si l'on ne sait quelle était la condition des officiers avant 1789, et même en droit romain. Il faut donc avant tout rechercher les causes, suivre les progrès, constater les effets de la vénalité et de l'hérédité des offices à Rome et dans notre ancien droit.

PREMIÈRE PARTIE.

DES OFFICES EN DROIT ROMAIN ET SPÉCIALEMENT SOUS LE BAS-EMPIRE. (1)

13. — Chez un peuple dont le fond du caractère fut à l'origine et pendant longtemps une grande austérité de mœurs jointe à un vif amour de la chose publique, l'exercice des principales charges de l'État ne pouvait être attribué qu'aux citoyens les plus vertueux. La forme du gouvernement républicain se prête d'ailleurs mal aux combinaisons financières, surtout lorsque, comme à Rome, les fonctions publiques sont déférées par le peuple réuni en assemblées. Aussi, lorsque les officiers publics commencent à acheter leurs titres, il s'est écoulé plus de huit siècles depuis la fondation de Rome, et

(1) Il ne paraît pas que la vénalité ait été en vigueur dans les républiques anciennes. Telle est, du moins, l'induction à laquelle conduit le silence absolu gardé à cet égard par le deuxième livre des *Politiques* d'Aristote, dans lequel ce philosophe soumet à l'examen le plus minutieux les lois et usages des peuples de la Grèce et des nations voisines.

c'est seulement lorsque l'Empire touche à sa fin que l'on rencontre des charges (les milices) devenues tout à fait vénales et héréditaires.

14. — Dans l'étude de la vénalité et de l'hérédité des offices, on trouve donc deux époques bien distinctes en droit romain. Sous la première, qui comprend à peu près toute la république, c'est le mérite seul qui donne entrée aux charges publiques. Dans la seconde, par un progrès lent et longtemps insensible, quoique toujours suivi, le caractère primitif des offices tend à s'effacer, et vers le ivᵉ siècle de l'ère chrétienne, certains officiers jouissent même du droit de disposer de leurs charges pendant leur vie et de les transmettre à leurs héritiers après leur mort.

PREMIÈRE PÉRIODE. — RÉPUBLIQUE. — PÉRIODE DE LA
NON-VÉNALITÉ.

15. — Sous la république, les offices sont innombrables. L'exercice des différents pouvoirs publics est partagé entre les consuls, les tribuns du peuple, les préteurs, les censeurs, les questeurs, les édiles curules, les édiles plébéiens. Dans les circonstances difficiles, on nomme un dictateur que les lois investissent du pouvoir le plus absolu.

Toutes ces fonctions sont conférées par le peuple, mais elles ne présentent pas toutes le même caractère. Cicéron, dans sa quatrième Verrine, distingue les *magistratus* et les *curationes*. — Les *magistratus* étaient les charges ordinaires et permanentes; les *curationes* les charges extraordinaires et non permanentes. Il y avait, on le voit, entre ces deux mots, la même différence qu'entre l'office et la commission.

16. — Les formes de la collation sont d'une simplicité extrême. L'élection faite (on l'appelait *designatio*), le candidat élu entre de plein droit en fonctions. La confirmation ou institution, dont l'usage est général dans les bénéfices ecclésiastiques vers le xiie siècle de notre ère, est à cette époque complètement inconnue, ainsi que les lettres de provision que nos rois délivreront plus tard sur les présentations intéressées qui leur seront faites.

17. — Il est de règle en droit que le mandataire est révocable à la volonté du mandant. Délégué du peuple, l'officier était privé de son titre lorsqu'il ne répondait pas à la confiance qu'on lui avait témoignée. Si la faute était légère, on se contentait de lui interdire temporairement l'exercice de sa charge. Noté d'infamie s'il était destitué, il devenait, de plus, incapable de remplir à l'avenir aucune dignité.

18. — Redevenu simple citoyen à l'expiration du temps assigné à ses fonctions, le titulaire n'avait aucune influence sur la nomination de son successeur qui, comme lui, sortait de l'élection. Les Romains furent longtemps, en effet, avant de connaître les résignations en faveur. César en donna le premier l'exemple, violant ainsi, nous

dit Dion (1), doublement les lois du pays : d'abord en se démettant d'une fonction qu'il avait pris l'engagement de remplir, puis en se subtituant un officier qui aurait dû trouver son titre non dans la volonté d'un seul, mais dans le choix de tous.

19. — Scrupuleusement observées pendant plusieurs siècles, ces règles firent la force du peuple romain et le conduisirent à un développement de puissance qui fait aujourd'hui notre étonnement. Malheureusement la conquête du monde eut pour résultat l'introduction des richesses dans la cité, et les richesses engendrèrent la corruption des mœurs. On aima mieux avoir recours à l'intrigue et à la séduction que de captiver les suffrages du peuple par l'éclat de la vertu. Les dépenses les plus ruineuses signalèrent les candidatures et entrèrent bientôt si avant dans les mœurs, que Cicéron raconte comme un fait inouï que L. Philippus, homme distingué par sa naissance et par son génie, était parvenu aux dignités les plus honorables sans le secours des largesses (2). Lorsque l'on voulut remédier au désordre, le mal avait jeté des

---

(1) Dion, L. 43.

(2) Cic., *De off.*, L. 2, 17.—Il faut lire dans Lucain, dans Sénèque et même dans Quintilien les conséquences désastreuses auxquelles conduisit la brigue des suffrages :

> Hinc rapti fasces pretio sectorque favoris
> Ipse sui populus, letalisque ambitus urbi,
> Annua venali referens certamina campo.
>
> (Lucain. — *De Bello civili*, L. 1.)

Hæc res ipsa quæ tot magistratus et judices facit pecunia, ex quo in

racines trop profondes pour qu'il fût possible de l'arrêter.
La preuve en est dans le nombre même des lois qui
furent rendues contre la brigue des suffrages. On en
compte jusqu'à dix dans l'espace de moins d'un siècle.
Ce sont les lois *Protélia*, *Æmilia*, *Maria*, *Fabia*, *Cal-
purnia*, *Tullia*, *Aufidia*, *Licinia*, *Pompeia*, et enfin
Julia, rapportées tout au long par Rozinus (L. 8, *Antiq.
Roman*, cap. 19), et par Alexandre (lib. 3, *Genial. Dier.*,
cap. 17.)

Ce fut dans ces circonstances que, las des guerres
civiles, le peuple romain remit entre les mains d'Octave,
victorieux à Actium, le droit de nommer aux fonctions
publiques (*potestas*).

SECONDE PÉRIODE. — EMPIRE. — PÉRIODE DE LA VÉNALITÉ
ET DE L'HÉRÉDITÉ.

20. — L'avènement d'Auguste à l'Empire fut signalé
par la création de plusieurs charges nouvelles. C'est de
cette époque que date l'établissement des lieutenants et
des procureurs de l'Empereur (*legati et procuratores Cæ-
saris*), du préfet de la ville (*præfectus urbi*), des préfets
du prétoire dont les fonctions furent illustrées par Paul

honore esse cœpit, vetus honor cecidit; mercatoresque et venales in-
vicem facti quærimus non quale sit quidque, sed quanti.

(Sénèque. — *Epistol.* 115.)

Ad summum in republica nostra honorem non animus, non virtus,
non manus mittit, sed arca et dispensator.

(Quintilien. — *Decl.* 345.)

et par Ulpien, des questeurs candidats du prince (*quæstores candidati principis*), du préfet des approvisionnements (*præfectus annonum*), et enfin du préfet des gardes de nuit (*præfectus vigilum*). Époque de transition, le règne de ce prince se passa ainsi tout entier au milieu de réformes habilement conçues et non moins habilement exécutées. Doué d'une profonde connaissance du cœur humain, l'Empereur ne se hâte pas, du reste, de jouir des différents pouvoirs qui ont été remis entre ses mains. Le peuple conserve le droit de nommer aux fonctions publiques, et c'est même sous son règne qu'est rendue la dernière des dix lois *de ambitu*.

21. — Tibère n'eut pas les mêmes scrupules. — A peine parvenu à l'Empire, ce prince supprima les comices et se réserva le droit de conférer toutes les charges. Cette innovation eut pour conséquence immédiate un changement complet dans la forme de la collation.

A l'élection on substitua l'usage des lettres de provision que nous retrouverons également dans notre ancien droit, et qui ont la plus grande analogie avec nos décrets de nomination. On les appelait *codicilli imperiales* (1) et quelquefois *diplomata* (2).

---

(1) Code, *Ut omnes judices*, l. 1. — *De dignit.*, l. 12. — Code Théod., *De præf. præt.*, l. 1. — Suet., *In Claudio.*

(2) C'est dans ce sens que le mot *diplomata* est pris dans ce passage de Sénèque : *Video isthic diplomata, vacua honorum simulacra;*

22 — Le mot *suffragium* se rencontre souvent sous la plume de nos vieux auteurs. On nommait ainsi l'argent que l'on donna à partir de Tibère pour se faire pourvoir d'une fonction publique.

On distinguait deux sortes de *suffragia* : les uns étaient reçus par les courtisans dont on briguait la faveur, les autres par les Empereurs eux-mêmes : « *Privatum scilicet suffragium, quod suffragatoribus aulicis dabatur; et dominicum suffragium quod imperialibus rationibus inferebatur* (1). Au rapport de Suétone, Vespasien, en particulier, ne se faisait pas scrupule d'accepter et d'exiger même au besoin quelques petites sommes des candidats qui sollicitaient le titre d'officier.

Les suffrages n'étaient pas sans doute considérés comme un prix de vente, mais cet usage n'en avait pas moins des résultats désastreux. A peine installé, le nouvel officier mettait tous ses soins à recouvrer ce qu'il avait donné pour obtenir sa nomination, et de là, surtout de la part de gouverneurs de province, des exactions sans nombre : « *Provincias spoliari et numerarium tribunal, audita utrinque licitatione, alteri addici, mirum non est, quia quæ emeris vendere jus gentium est* » (2). Sous Héliogabale,

umbram quamdam ambitionis laborantis quæ decipiat animos inanium opinione gaudentes; humanæ cupiditatis extra naturam quæsita nomina; in quibus nihil est quod subjici oculis.

(1) Nov. 161.

(2) Sénèque.

le trafic est public : c'est au plus offrant que sont vendues les charges de judicature. Alexandre Sévère annonça dès son avènement l'intention de réprimer ce désordre (1) et ses efforts obtinrent quelques succès. Mais le règne de ce prince fut court, et à sa mort l'intrigue et la corruption se partagèrent de nouveau les fonctions publiques. En vain Constantin défendit-il à ses courtisans d'accepter des présents de ceux qui voulaient se faire pourvoir de quelque charge (2). Julien l'Apostat, l'un de ses successeurs, refusa d'accorder une action en répétition pour les suffrages qui avaient été payés, et Théodose donna plus tard, pour en exiger le paiement, une action appelée *certi condictio pro suffragio* (3). S'il faut en croire le témoignage de Zozime, ce prince créa même de nouveaux offices qu'il vendit à beaux deniers comptant. Toutefois, l'histoire doit tenir compte à Théodose de la défense qu'il fit aux courtisans de rien exiger de ceux qui se présenteraient pour remplir les places de gouverneurs de province, sous peine d'une amende du quadruple de la somme donnée (4).

---

(1) « *Necesse est ut qui emit vendat ; at ego non patiar mercatores potestatum quos, si patiar, punire non possum : erubesco enim punire eum qui emit et vendit* » Lampride.

(2) Code Théod. *De muner. et honor. l. Ad hon.* Code Just. *De præfect. Dignitat. l. Unica.*

(3) Amm. Marcellin. Lib. 22, Cod. Théod. l. 1. *Si certum pet. de suffragio.*

(4) *Ad ejusmodi honoris insignia non ambitione vel pretio sed probatæ vitæ testimonio accedendum esse.*

Pour assurer par un lien moral l'observation de cette sage
mesure, l'Empereur voulut même que ces officiers, à leur
entrée en fonctions, jurassent qu'ils n'avaient rien donné
et qu'ils ne donneraient rien soit par eux-mêmes, soit par
personne interposée, en fraude de la loi et de leur serment,
ou en cherchant à déguiser le don sous l'apparence d'une
vente, d'une donation ou de tout autre contrat : « *neque*
« *se dedisse quicquam, neque daturos postmodum fore,*
« *sive per se, sive per interpositam personam, in fraudem*
« *legis sacramentique, aut venditionis donationisque titulo,*
« *aut alio velamento cujuscumque contractus* (1). »

Cette formule a servi de modèle au serment de non-
achat prêté par nos anciens juges jusqu'à la fin du
xvi⁰ siècle; à ce titre, elle méritait d'être rapportée en
son entier.

Honorius étendit plus tard considérablement la réforme
de Théodose. Entrant dans la voie tracée par Alexandre
Sévère, ce prince prohiba sans distinction l'usage des suffrages dans tous les offices.

23. — Mais s'il est facile de modifier les lois, il est
fort difficile de changer les mœurs. Malgré ces prohibitions,
le trafic des charges publiques continua comme par le
passé. Eutrope est appelé par le poëte Claudien, *caupo
famosus honorum*, et Justinien est obligé de défendre de
nouveau la vénalité aux offices de judicature. Les termes

---

(1) Code, *Ad. Leg. Jul. Repet.* l. ult.

dans lesquels il le fait sont bien remarquables : « Personne,
« dit l'Empereur, n'ignore que celui qui achète une charge
« n'en paie pas seulement la finance, mais que dans l'espé-
« rance du bénéfice qu'il en retirera, il donne encore de
« l'argent à ceux qui l'en investissent ou qui promettent
« de la lui procurer. L'administration ainsi obtenue, il
« devient nécessaire que plusieurs mains concourent à
« aider celui qui l'a achetée. En effet, il ne la paie pas
« de son propre bien, mais d'emprunt; et afin de trouver
« à emprunter, il malverse dans sa charge et cherche à
« gagner sur ses administrés, parce qu'il lui importe
« de tirer de sa province à proportion de ce qu'il doit en
« capital, intérêts et accessoires; à toutes fins, il prélève
« au-delà (1). »

Malheureusement cette tentative eut le même sort que
celles qui l'avaient précédée, et si l'on voulait suivre
l'Empire d'Orient dans les diverses phases de son histoire, on trouverait une multitude d'édits qui remettent
en vigueur, mais toujours inutilement, des prohibitions
sans cesse éludées : tant il est vrai, suivant l'expression
si originale d'un de nos vieux auteurs, que « lorsque
« l'or a trouvé une fois entrée quelque part, il est im-
« possible de l'en chasser (2). »

(1) Nov. 8. — Præf. §. 1.
(2) Loyseau. — *Off.* L. 3, ch. 1, n° 43. — Le nouvel officier devait,
en outre, payer à ses collègues un droit d'entrée appelé *sportulæ :*
« *Qui magistratum ineunt solent totum Bulen vocare vel binos dena-*

24. — Ce n'était pas seulement à la Cour et auprès de l'Empereur que l'on trafiquait ainsi des offices. Le peuple avait abdiqué entre les mains du prince son droit de nommer aux fonctions publiques. De même le prince avait conféré à ses grands officiers le pouvoir de nommer aux offices subalternes dépendant de leurs charges. Devenu collateur à son tour, chaque officier suivait l'exemple donné par le souverain. La vénalité s'étendait ainsi à toutes les branches de l'administration, et par suite dans toutes les parties de l'Empire (1).

25. — Les offices des villes eux-mêmes n'échappèrent pas à la contagion. Pour obtenir leur nomination, les édiles et les défenseurs des cités (*defensores civitatum*) s'engageaient soit à donner des jeux publics, soit à faire quelque chose dans l'intérêt commun. Pline nous apprend dans ses lettres que les décurions versaient également à leur entrée en fonctions une certaine somme d'argent dans le trésor public (2). Même à Rome, on prélevait sur les sénateurs, lors de leur nomination, un impôt particulier qui, sous le nom d'*aurum oblatitium*, rappelle à certains égards le droit de marc d'or imposé aux officiers par nos anciens rois (3). Dans une pareille

« *rios singulis dare.* » — Pline, Lib. 10. *Epitol.* — Dig., *De don. inter vir. et uxor.* — 1. *Si mulier.* — Dig., *De Decur.* l. 6, § 1.

(1) Nov. 35, et plusieurs lois des trois derniers livres du Code.

(2) Pline, Lib. 10. *Epistol.* 115.

(3) Cod. Théod., l. 6.

voie, il est difficile de s'arrêter. Aussi l'histoire nous atteste-t-elle que, vers la fin de l'Empire, Valentinien exigea des consuls, quand ils entraient en fonctions, le paiement d'une somme de cent marcs d'or destinée à l'entretien des aqueducs de Rome. La même obligation fut même imposée plus tard aux consuls honoraires par l'empereur Zénon (1).

26. — Faut-il cependant arriver à cette conclusion, que la vénalité s'organisa régulièrement à Rome sous les Empereurs? Faut-il aller plus loin et reconnaître que, à côté du principe de la vénalité et comme une conséquence nécessaire de ce principe, s'introduisit plus tard le principe de l'hérédité? — Donner à la question une solution affirmative, ce serait, je crois, méconnaître l'esprit des dernières institutions du monde romain. Sans doute, dans les offices conférés par le prince, on trouve l'usage des suffrages établi et en pleine vigueur; sans doute, pour se faire pourvoir d'un office électif, il faut donner satisfaction à quelque besoin public; sans doute, enfin, les nouveaux officiers doivent payer à leurs collègues un droit d'entrée (*sportulæ*). — Mais l'argent ainsi donné par les candidats n'est pas la représentation du prix de l'office. Les sommes versées sont considérées simplement comme des présents faits, jusqu'à un certain point, par honneur et pour obtenir la bienveillance du

---

(1) Code Just. *De consulibus et non spargendis ab iis pecuniis.* l. 2.

peuple ou de l'Empereur. Trajan les appelle *honoraria*, indiquant élégamment par ce mot qu'on ne devait pas les regarder comme l'équivalent de l'office. Aussi l'officier ne peut-il stipuler un prix comme condition de sa démission. Par la même raison, s'il meurt dans l'exercice de ses fonctions, son droit ne passe pas à ses héritiers.

La vénalité et l'hérédité telles qu'on les trouve établies soit sous l'ancienne Monarchie, soit même aujourd'hui dans nos offices ministériels, ne se rencontrent à cette époque que dans une classe particulière d'offices, je veux dire dans les milices.

DES MILICES.

27. — Devenu par la défaite et la mort de ses rivaux le maître du monde, Constantin s'empressa de poser les bases d'une réorganisation complète. Des réformes dans toutes les parties de l'Empire suivirent l'avènement du nouveau prince, dont l'un des premiers soins fut de multiplier les dignités et de créer des officiers. Sans parler des charges élevées remplies par les *nobilissimi*, les *illustres*, les *spectabiles*, les *clarissimi*, les *perfectissimi*, les *egregii*, on vit s'agiter autour de l'Empereur une foule de fonctionnaires subalternes désignés sous les divers noms de *cubicularii*, de *castrensiani*, de *ministeriani*, de *silentiarii*, etc., etc., mais compris tous dans l'expression générale de *palatini* (officiers du palais).

C'est de cette époque que date en droit romain l'importance des milices, dont l'extension fut bientôt telle que le mot fit oublier celui d'office, et que c'est sous ce nom que sont désignées dans l'ancienne Monarchie, par la plupart de nos très-anciens auteurs, les charges et les fonctions publiques (1).

28. — Les Novelles 35 et 53, les trois derniers livres du Code et les Commentaires *Reip. Rom.* de Lazius, nous apprennent que le nom de milice s'employa d'abord exclusivement pour désigner les places des officiers de la maison de l'Empereur. Ce sens primitif ne tarda pas à s'étendre. Appliqué dans la suite aux fonctions remplies auprès des gouverneurs de province par les officiers subalternes (2), le mot milice finit par indiquer des charges purement civiles, et particulièrement celles des avocats.

On distingua dès lors deux classes de milices : la milice armée (*militia armata*) et la milice civile (*militia civilis*). Celle-ci se subdivisait elle-même en *militia palatina*, en *militia togata seu forensis* et en *militia litterata*. La *militia palatina* comprenait les offices de la maison de l'Empereur, c'est-à-dire à peu près les mêmes charges que celles qui étaient désignées sous l'ancien régime par les noms de vénerie, de fauconnerie, de sommellerie, de

(1) Voy. notamment Conan, *Comm.* lib. 9, ch. 15.
(2) Code, *De cohortalibus.* l. 4.

panneterie, etc., etc. Dans la *militia togata seu forensis*, on rangeait les jurisconsultes et les avocats. Dans la *militia litterata*, enfin, on trouvait les secrétaires de l'Empereur.

29. — La nature des milices et la condition des titulaires ne se présentent à nous qu'entourées d'une certaine obscurité. La théorie complète ne s'en trouve exposée nulle part. C'est dans des dispositions éparses au milieu de divers monuments législatifs, et particulièrement dans les Novelles de Justinien, qu'il faut chercher les règles de cette intéressante matière. Quelques titres du Code, et notamment le titre de *privilegiis eorum qui in sacro palatio militant* (lib. 12, t. 29), y consacrent aussi quelques lignes, mais d'une manière accessoire. Ce silence s'explique par cette considération, qu'il pouvait paraître inutile sous le Bas-Empire (Justinien le dit du moins) (1), d'exposer les attributions, les droits et les devoirs d'une classe d'officiers que l'on voyait fonctionner tous les jours autour de l'Empereur et auprès des gouverneurs de provinces. Il n'est peut-être pas impossible cependant de donner sur ces charges, et spécialement sur le mode de nomination et sur le droit de disposition des officiers, quelques détails assez précis.

30. — Dans le dernier état du droit, les milices formaient une corporation, ou plutôt une troupe (*schola*)

(1) Nov. 53.

divisée en plusieurs compagnies dont chacune avait son chef, et dont l'organisation n'est pas sans analogie avec la réunion en corps de nos officiers ministériels. A l'origine, le droit de nommer à ces offices appartenait au chef. Aussi le *magister officiorum* est-il appelé par Cassiodore « *gloriosus donator aulici consistorii, quasi alter Lucifer*. (1) » Mais ensuite les Empereurs décidèrent qu'ils remplaceraient eux-mêmes les officiers décédés sur les présentations qui leur seraient faites; et alors l'usage des lettres de provision s'introduisit en cette matière comme dans les autres offices. Appelées *probatoriæ*, et en grec δοκιμασία (2), ces lettres devaient être enregistrées au greffe du juge devant lequel l'officier prêtait serment (3).

31 — Les collations furent d'abord gratuites. Mais bientôt quelques titulaires obtinrent de la bienveillance de l'Empereur le droit de transmettre en mourant leurs charges à leurs femmes et à leurs enfants, qui purent dès lors présenter à l'Empereur un candidat auquel il attribuait les fonctions de l'officier décédé. Cette première faveur fut plus tard suivie d'une seconde. Les officiers finirent par être autorisés à disposer eux-mêmes de leurs milices.

De ce moment il y eut dans l'Empire deux sortes

(1) V. Nov. 35.
(2) Code, *De div. officiis*, etc. (L. 12, t. 60) l. 9.
(3) Code, *De agentibus in rebus* (L. 12, t. 20) l. 3.

de milices. Les unes furent vénales et héréditaires, les autres conservèrent leur caractère primitif. La distinction entre ces deux classes ressort très-clairement de plusieurs textes, et notamment des lois 27, Code, *De pign. et hyp.*, et 11, Code, *De prox. sacr. scrin.* — On la trouve aussi parfaitement indiquée dans les Novelles 46 ch. 4, et 53 ch. 5, et enfin dans les lois 102, § 2 et 3, Dig., *De legat.* 3°.

C'est des milices vénales seules qu'il doit être question ici. L'introduction de la vénalité et de l'hérédité, en changeant la nature première de ces offices, eut pour conséquence immédiate d'en faire une sorte de propriété entre les mains du titulaire, mais une propriété imparfaite et dont la transmission resta toujours placée sous le contrôle soit de l'Empereur, soit des chefs de chaque compagnie. Le prince, en effet, n'aliénait pas la milice elle-même; il n'en conférait que la jouissance au titulaire. L'officier était donc incapable de faire passer son titre immédiatement, directement, de sa personne dans celle de son successeur. Pour obtenir ce résultat, il fallait s'adresser à l'Empereur, le dispensateur souverain de toutes les dignités : « *A quo, ut a sole radii, omnes exeunt dignitates,* » dit Cassiodore (1). La nature des milices et la condition des officiers doivent donc être étudiées à un double point de vue : d'une part, dans les

(1) Voyez *infrà*, n° 54.

rapports des particuliers entre eux, de l'autre dans les rapports des titulaires avec le collateur.

CHAPITRE PREMIER.

Des milices dans les rapports privés. — Vénalité. — Hérédité.

SECTION PREMIÈRE

DE LA VÉNALITÉ.

32. — Permettre aux officiers de disposer de leur vivant des milices dont ils étaient pourvus, c'était substituer à un droit purement personnel et intransmissible un droit réel et essentiellement transmissible; c'était donner, par voie de conséquence, aux titulaires la liberté de disposer de leurs charges soit à titre onéreux, soit à titre gratuit, c'est-à-dire, dans ce dernier cas, par acte entre-vifs ou par acte de dernière volonté. De ces deux modes de dispositions, le premier était sans contredit le plus fréquent.

ARTICLE I. — *Transmission à titre onéreux. — Ses caractères.*

33. — Les documents manquent ici. Mais on peut, à l'aide des principes généraux, suppléer à l'insuffisance

et quelquefois même au silence absolu gardé à cet égard par le Digeste, par le Code et par les Novelles.

§ 1. — *Des éléments essentiels au contrat.*

34. — La convention par laquelle le possesseur d'une milice s'engageait à transmettre son titre avait les caractères d'une vente. On y observait, par suite, les règles ordinaires de ce contrat. On y trouvait donc les trois éléments essentiels à toute convention de cette nature : le consentement des parties (*consensus*), l'objet (*res*) et le prix (*pretium*).

Le consentement devait être exempt de tout vice. Observons seulement que les vices du consentement, et notamment l'erreur, se conçoivent ici bien plus difficilement que dans les autres ventes.

L'objet était la démission du titulaire ou, si l'on veut, la présentation du cessionnaire. Le prix ne pouvait dépasser un certain taux fixé par les statuts de la Compagnie ou par édit de l'Empereur (1). Dès cette époque on avait déjà senti la nécessité de mettre un frein à l'avidité des uns et à l'aveugle présomption des autres.

§ 2. — *Des obligations des parties.*

35. — C'était aussi d'après le droit commun que se réglaient les obligations de chacune des parties. Le cédant

---

(1) Nov. 35, *De adjutoribus quæstoris.*

devait faire délivrance à l'époque convenue, ordinairement au moment de la convention, et garantir l'acheteur contre toute éviction. Le cessionnaire devait payer le prix stipulé au jour fixé.

36. — I. *Obligations du cédant.* — La délivrance consistait dans la démission donnée par le cédant en faveur du cessionnaire. La résignation était suivie de l'expédition des lettres de provision. Si l'officier traitait successivement avec deux candidats, la milice appartenait non au premier cessionnaire dans l'ordre des dates, mais à celui qui avait été mis le premier en possession.

Dans la vente des milices, l'obligation de garantie se conçoit mal. L'éviction, en effet, n'y était guère possible, si l'on songe surtout qu'à une certaine époque la cession se faisait par l'entremise du chef de chaque Compagnie. Cependant, on pourrait peut-être citer le cas où un officier destitué aurait résigné en faveur, dans l'ignorance ou même avec connaissance de l'incapacité de disposer dont il se trouvait frappé à la suite de sa destitution.

37. — II. *Obligations du cessionnaire.* — Le cessionnaire devait payer son prix au terme convenu. S'il manquait à cette obligation, quels étaient les moyens de coercition mis à la disposition du cédant? On distinguait : s'il n'y avait pas eu délivrance, l'ancien titulaire pouvait,

conformément à la loi Julianus, § *Offerri* (1), invoquer le droit de rétention *quasi jure pignoris;* dans le cas contraire, l'exercice de ce droit n'était pas possible. Mais le cédant ne pouvait-il pas, comme sous l'ancienne jurisprudence et comme aujourd'hui (art. 2102 4°), réclamer une hypothèque priviligiée sur la milice?

Loyseau, qui a longuement examiné la question, invoque, pour la résoudre affirmativement, la loi *Quod quis, de rebus auct. judic. possid.* (Lib. 42, t. 5, l. 33), et les Novelles 36, 53 et 97 (2). Mais ce savant jurisconsulte est ici dans l'erreur. A Rome, le vendeur ne pouvait se faire payer par préférence sur le prix de sa chose qu'autant qu'il y avait eu à cet égard une stipulation expresse. C'est un point qui est établi de la manière la plus formelle par le président *Faber* dans son Code, Lib. 8, tit. 17, définit. 8.

La loi *Quod quis,* sur laquelle Loyseau s'appuie, a été, ainsi que l'ont fort bien démontré ce dernier auteur et Bartole sur cette loi, faussement entendue par les glossateurs. L'interprétation que la glose donne aux expressions *ob navem venditam* est en opposition évidente avec la décision de la loi 5, § 18, *De tribut. act.* Quant aux Novelles 36, 53 et 97 (et il faut en dire autant de la

---

(1) Dig., *De act. empti* (L. 19, t. 1).
(2) *Offices.* L. 3, ch. 8, n° 15.

loi 27, Code, *De pign. et hyp.*, sur laquelle Loyseau appuyait aussi son opinion), il y est question non d'un privilége qui serait accordé au vendeur de l'office, mais du privilége du prêteur des deniers avec lesquels la milice avait été payée.

38. — Les seuls créanciers qui eussent une hypo- thèque privilégiée étaient le fisc et les bailleurs de fonds.

Chez les Romains, le fisc était payé sur les biens de ses débiteurs avant tous les autres créanciers, et même dans certains cas, si du moins l'on s'en rapporte à la décision de la loi 7, Code, *De jure fisci*, par préférence à la femme mariée.

Le droit commun accordait une hypothèque privilégiée à celui dont les deniers avaient été employés au paiement du prix d'un immeuble, pourvu que le prêteur eût sti- pulé cette hypothèque dans le contrat d'emprunt (1). Lorsque les milices furent devenues vénales, cet usage prit de l'extension. La stipulation d'une hypothèque pri- vilégiée au profit des bailleurs de fonds devint d'usage dans tous les contrats. Bientôt même, par une faveur spéciale, on accorda, en l'absence d'une clause particu- lière, un droit de préférence aux créanciers qui pour- raient prouver que leurs deniers avaient servi à payer le vendeur de la milice (2). Encore cette preuve ne fut-

(1) Code, *Qui potiores in pignoribus habeantur* (L. 8, t. 18), l. 7.

(2) Code, *De pign. et hyp.* (L. 8, t. 14), l. 27. — Auth., *Quod obtinet*. — Nov. 53, ch. 5

elle pas demandée à ceux qui étaient en compte courant avec des banquiers. L'empereur Justinien décida, en effet, que lorsqu'un banquier achèterait une milice à ses enfants ou à ses proches parents, il y aurait présomption que le paiement serait fait avec les fonds des créanciers, à qui, par suite, on donna une hypothèqne privilégiée, sans les-astreindre à établir que la milice avait été payée de leurs deniers. Si l'achat avait été fait pour le compte d'un étranger, on rentrait dans le droit commun (1). Par une juste réciprocité, l'Empereur accorda au banquier qui prêterait de l'argent à un particulier une cause de préférence sur le prix de la milice acquise depuis le prêt (2).

Une seconde exception, plus favorable encore, mit sous un autre rapport les prêteurs de deniers en dehors du droit commun. Comme aujourd'hui, les créanciers des officiers ne pouvaient, du vivant de leur débiteur, faire vendre contre son gré la milice dont il était pourvu. Justinien, par un droit nouveau (3) autorisa les bailleurs de fonds à poursuivre la vente de la milice s'ils prouvaient que le prix en avait été payé avec l'argent qu'ils avaient remis au cessionnaire, et si le débiteur ne possédait aucun autre bien sur lequel ils pussent se faire payer (*quando debitum aliunde recuperari non poterat*) (4),

(1) Code, *De pign. et hyp.* (L. 8, t. 14), *loc. cit.*
(2) Nov. 136, ch. 2.
(3) Code, *De pign. et hyp.*, (L. 8, t. 14), *loc. cit.*
(4) Nov. 136, ch. 2.

Quant aux autres créanciers, ils étaient obligés d'attendre la mort du titulaire. La milice entrait alors dans la succession de l'officier, et le prix en était distribué aux intéressés dans l'ordre suivant :

39. — En première ligne venaient les prêteurs de deniers, préférés non-seulement aux créanciers ordinaires, mais encore à la femme et aux enfants : disposition bien remarquable si l'on songe aux garanties souvent exagérées et quelquefois injustes que la législation du Bas-Empire accorda aux femmes mariées : « *Sancimus si quis* h... 97 « *crediderit aurum occasione militiæ, sive statutum fieri,* « *vel pro aliis quibusdam talibus causis..... huic solo* « *casui cedere mulierem.* » Aussi n'était-ce pas sans quelque hésitation, évidemment indiquée par les formalités rigoureuses auxquelles l'acquisition et la conservation de l'hypothèque du prêteur de deniers avaient été soumises dans ce cas, que cette préférence avait été admise. Pour que le bailleur de fonds fût colloqué avant la femme, il fallait, en effet : 1° que la cause du prêt fût expressément indiquée dans l'acte (*et expressim hoc scribatur in instrumento*); 2° qu'il fût dit que, le cas échéant, le prêteur de deniers serait préféré (*et in hoc fiat pactum ut, casu proveniente, prior sit solus qui ad hoc credidit*). A défaut des bailleurs de fonds, le prix de la milice était attribué à la veuve et aux enfants. Les créanciers ordinaires de l'officier venaient

au dernier rang et étaient payés au marc le franc (1).

40. — Le prêteur de deniers pouvait être désintéressé par un tiers. Dans cette hypothèse, le *solvens* était-il subrogé à l'hypothèque privilégiée de l'*accipiens*, et, s'il faut répondre affirmativement, à quelles conditions l'était-il? La première partie de la question ne peut faire doute : la subrogation était évidemment possible. Pour la seconde, la solution est loin d'être aussi certaine. On peut soutenir avec la loi *quum alter*, Code, *De fidejuss.*, que l'hypothèque n'était transmise que si la cession en était expressément faite par le créancier privilégié. La loi 2, Dig., *De cess. bon.*, et les lois 1 et 5, Code, *De his qui in priorum creditorum succedunt* sont, au contraire, de nature à faire croire que le consentement du créancier n'était pas nécessaire, et que la subrogation pouvait avoir lieu même à son insu. Enfin, s'il faut s'attacher à la loi *si ventri*, § *penult.*, Dig., *De privileg. creditorum*, et à la loi 2, Code, *De his qui in priorum creditorum locum succedunt*, on décidera qu'il suffit qu'on puisse vérifier que « l'argent est parvenu au créancier privilégié même par les mains du débiteur, pourvu, dans ce cas, qu'il ne se soit écoulé qu'un léger intervalle de temps (*pecunia pervenerit ad privilegiarium creditorem, etiam per manus debitoris, modo tamen eo casu id fiat*

---

(1) Nov. 53, ch. 5.

post modicum intervallum). » En définitive, on doit admettre, je crois, que la transmission n'avait lieu qu'autant que la cession était faite en termes exprès. La loi 1, Code, *De his qui in priorum credit.*, est bien formelle sur ce point. On y lit : « *Non omni modo succedunt in locum hypothecarii creditoris hi, quorum pecunia ad creditorem transit. Hoc enim tantum observatur quum is qui pecuniam dat,* sub hoc pacto credat, ut idem pignus obligetur et in locum ejus succedat. »

§ 3. — *Des pactes accessoires au contrat et des causes de résolution et de rescision de la cession.*

41. — Pour compléter la théorie de la transmission des milices à titre onéreux, il faut maintenant : 1° examiner la valeur des clauses spéciales que les parties pouvaient insérer dans le contrat; 2° se demander si le cédant pouvait intenter l'action en rescision pour cause de lésion. Sur ces deux points, le Code et les Novelles gardent un silence à peu près absolu. C'est donc d'après les principes du droit commun, tempérés toutefois par les règles tirées de la nature particulière des milices, que l'on doit résoudre ces questions.

42. — I. Les clauses les plus fréquentes dans le contrat de vente étaient les clauses connues sous le nom de pacte *de in diem addictione,* de *lex commissoria,* de pacte *de retro vendendo* (vente à réméré) :

« C'était une clause autrefois usitée chez les Romains
« dans les contrats de vente, dit Pothier, de stipuler que
« le contrat ne tiendrait pas si le vendeur, par la suite
« et dans l'espace d'un certain temps limité par le con-
« trat, trouvait un autre acheteur qui lui fît une condi-
« tion meilleure. On appelait la vente faite avec cette
« clause : « *In diem addictio.* » (1)

Le pacte *de in diem addictione* imprimait à la vente le
caractère d'un contrat fait tantôt sous condition suspensive, tantôt sous condition résolutoire. La question de
savoir si dans notre matière la convention était valable
quand la condition était suspensive ne peut guère paraître douteuse. Mais que décider lorsque la condition
était résolutoire ou, si l'on veut, lorsque la cession de la
milice était *pura sed quæ sub conditione resolvebatur?*

Dans toute vente affectée d'une clause de résolution,
l'acheteur acquérait aussitôt, et par le fait même de la
convention, les mêmes droits que si la vente avait été
pure et simple, s'obligeant seulement, si plus tard la
condition se réalisait, à considérer le contrat comme
non avenu et, par suite, à se dépouiller de tous les
droits qu'il avait sur la chose vendue. La nature exceptionnelle des milices excluait la possibilité d'un semblable effet de droit. Une fois aliénée, la charge ne
devait jamais faire retour aux mains de l'officier. Les

(1) *Contrat de vente.* Partie V, ch. 2, sec. 4.

milices, en effet, n'avaient pas dans le patrimoine du titulaire le même caractère que tout autre bien. La disposition n'en était possible qu'avec l'assentiment du prince, et la transmission ne s'en effectuait jamais que par la délivrance des lettres de provision. De sorte que, si l'on veut aller au fond des choses, c'était non du cédant, mais du collateur que le cessionnaire tenait son titre (1). L'officier n'avait qu'un droit, celui de présentation. Ce droit, il l'épuisait en présentant son successeur à l'agrément du prince. On conçoit dès lors qu'il n'y avait plus à rechercher si la cession était pure et simple ou si elle était faite sous condition résolutoire. L'expédition des lettres de provision rendait dans tous les cas la convention irrévocable.

La même considération conduit à décider que la *Lex commissoria* et le pacte *de retro vendendo* n'avaient pas non plus d'application dans la cession des milices. La *Lex commissoria* était la clause par laquelle le vendeur se réservait le droit, en cas de non paiement, de reprendre la chose vendue. Le pacte *de retro vendendo* correspondait exactement à notre vente avec faculté de rachat.

D'où, si maintenant l'on veut s'élever à un principe général, cette conclusion que la condition résolutoire n'était pas possible dans la transmission des milices.

---

(1) *Jus tenet non a resignante sed a collatore.*

43. — II. Que dire de l'action en rescision pour cause de lésion? Il n'y a pas de point important en législation qui ait moins occupé les jurisconsultes romains. Ce n'est qu'à partir de Dioclétien et de Maximien que le majeur (je ne parle pas du mineur, objet constant des sollicitudes du préteur), lésé de plus de moitié, put demander la nullité de la vente. On comprend, par suite, que la même question n'a guère pu s'élever à l'occasion des milices. La pratique, d'ailleurs, dut rarement révéler à cet égard l'existence d'une lacune. Les milices, ainsi qu'il a été dit, étaient portées à un certain taux que les parties ne pouvaient pas dépasser. Le prix d'achat devait donc ordinairement s'élever précisément au tarif fixé.

ARTICLE II. — *Transmission à titre gratuit.*

44. — Les dispositions à titre gratuit étaient de deux sortes : elles se faisaient entre vifs ou par acte de dernière volonté.

§ 1. — *Des donations de milices faites entre-vifs ou à cause de mort.*

45. — Les donations à Rome se divisaient en donations entre-vifs et en donations à cause de mort.

46. — I. D'après le droit commun, les donations pouvaient se faire purement et simplement, sous condi-

tion, à titre rémunératoire, avec charges enfin, pourvu
que les charges fussent imposées au donataire au moment
même de la donation (1). — Toutes ces modalités étaient
applicables à la disposition des milices lorsqu'elle avait
lieu à titre gratuit. Il n'y avait à cet égard qu'une seule
exception : les parties ne pouvaient insérer dans leur
convention une clause qui aurait impliqué résolution de
la cession (2).

Les causes de révocation du droit commun trouvaient
également place dans la donation des milices. L'ingratitude du donataire et la survenance d'un enfant au donateur, lorsque la libéralité avait été faite par un patron à
son affranchi, faisaient donc notamment perdre au nouvel
officier le bénéfice de la transmission. Toutefois, le donataire devait rester en possession de la milice, dont il était
tenu seulement à payer la valeur. En matière ordinaire,
l'objet donné lui-même rentrait au contraire dans les
mains du collateur. Cette différence s'explique par cette
considération déjà indiquée, que l'officier tenait son titre
non du donateur, mais du collateur.

47. — II. Nous n'aimons pas à nous dépouiller de
notre vivant. Les libéralités nous sont plus aisées lorsqu'elles ne doivent produire leur effet que quand nous

(1) Code, *De donat. quæ sub modo, vel conditione, vel ex certo
tempore conficiuntur* (L. 8, t. 55), l. 4.
(2) Voy. *suprà*, n° 42.

ne serons plus. De là l'usage des donations à cause de
mort dont la validité était, ainsi que le mot l'indique,
snbordonnée au prédécès du donateur. Comme les donations entre-vifs, ces donations pouvaient être affectées
soit d'une condition suspensive, soit d'une clause résolutoire.

Dans notre matière, l'emploi de la condition suspensive
était possible. La clause de résolution conventionnelle
viciait, au contraire, la transmission. Le motif général qui
devait faire exclure de toutes les conventions relatives aux
milices, l'adjonction d'un pacte résolutoire, trouvait, en
effet, dans ce cas une application toute naturelle. Mais il
y avait de plus une raison spéciale pour écarter ici toute
clause de résolution. On sait que les donations à cause de
mort étaient révocables au gré du donateur. Or, la nature
des milices s'opposait à ce que le donataire, une fois
investi de son titre, en pût être dépouillé par l'ancien
titulaire.

48. — Ordinairement, c'était en faveur de l'un de ses
enfants que l'officier disposait gratuitement de son titre.
D'après les principes en vigueur à l'époque de l'établissement des milices, c'est-à-dire dans le dernier état du
droit, les donations faites par un père à ses descendants
étaient valables, si le donateur mourait sans les avoir
révoquées. L'application de cette règle ne se comprend
guère dans les offices dont il est ici question. — Ce qu'il
importe d'ailleurs d'examiner en ce point, c'est surtout

la position du donataire dans ses rapports avec les autres enfants du titulaire (1).

§ II. — *Du legs des milices.*

49. — Les lois 22 et 49, § 1, *De legatis 2°*, la loi 11, § *si servo, De legatis* 3°, la loi 18, § *ab heredibus, De alimentis et cibariis legatis*, et la loi 3, § *si quid minori, De minoribus*, nous attestent que les milices faisaient assez fréquemment l'objet d'un legs. — La disposition comprenait dans ce cas tous les frais nécessaires pour obtenir l'investiture du titre, et spécialement ceux qui étaient désignés sous le nom de « *onera et introitus militiæ*, » c'est-à-dire le droit d'entrée. La loi 102, § 3, *De legatis* 3°, s'exprime à cet égard dans les termes les plus précis : « *Testator liberto militiam his verbis legavit :* « *Seio liberto meo militiam do lego illam : quam militiam* « *et testator habuit. Quæsitum est an onera omnia et in-* « *troitus militiæ ab herede sint danda : respondit danda.* »

SECTION II.

DE L'HÉRÉDITÉ.

50. — La vénalité est la faculté de disposer de son vivant ; l'hérédité, la faculté de transmettre en mourant sa chose à autrui. Il y a entre ces deux droits identité

(1) Voy. *infrà*, n° 53.

de cause et identité d'effets. Ils se suivent par conséquent, et en fait au moins il est fort difficile de trouver
l'un sans l'autre.

Il est certain aujourd'hui que l'hérédité dans les milices y précéda la vénalité. Ce fut un privilège accordé
à la veuve et aux enfants du titulaire, un droit de succession *sui generis* partageable, comme tout autre bien,
entre les héritiers du *de cujus*, mais soumis cependant,
à raison de sa nature toute spéciale, à quelques règles
exceptionnelles.

Au décès d'un officier, ses héritiers pouvaient se trouver placés dans deux situations différentes. On doit distinguer le cas où le titulaire était mort dans l'exercice
de ses fonctions, et le cas où il avait, de son vivant,
disposé de sa charge en faveur de l'un de ses ayant-
cause.

ARTICLE I. — *Des milices considérées relativement au
partage entre cohéritiers.*

51. — Lorsque l'officier avait conservé l'exercice de
ses fonctions jusqu'au jour de son décès, la milice passait, comme tous les autres biens, à ses successeurs
universels.

Ce n'était pas cependant à la qualité d'héritier qu'était
attribué le privilège de l'hérédité. C'était uniquement
comme enfants, et à nul autre titre, que les descendants
du titulaire recueillaient la milice : « *Hoc habeant non*

« *tanquam paternam hereditatem sed tanquam imperialem*
« *munificentiam : ut ei substantiam relinquentibus et non*
« *habentibus, merito solatium præbeamus.* (1) » L'un d'eux
ou l'héritier, s'il n'y en avait qu'un, pouvait donc, sans
accepter la succession, demander des lettres de provision
au prince et se faire nommer à la place laissée vacante
par le défunt. Si aucun n'y était propre, la milice était
vendue et le prix de la vente distribué entre tous.

52. — Quand le titulaire laissait un héritier capable
de lui succéder, le nouvel officier consignait lors de sa
réception une certaine somme appelée *onus* ou *introitus*
militiæ. Dû non au fisc mais à la Compagnie, ce droit
d'entrée était attribué tantôt aux chefs seulement, tantôt
à tous les membres de la corporation, tantôt enfin aux
supernumerarii, à qui les premières places vacantes
avaient été promises (2). Il était ordinairement de la
valeur de l'office telle qu'elle avait été fixée par édit
de l'Empereur ou par les statuts de la Compagnie.

(1) Nov. 53, ch. 5.

(2) Nov. 35. — Code, *De prox. sacr. scrin.* (L. 12, t. 19), l. 5,
De advocat. div. judic. (L. 2, t. 7), l. 6. — *Qui milit. poss.* (L. 12,
t. 34), l. 5. — Ces textes appellent *supernumerarii* les aspirants
hors cadres, comme nous nommons aujourd'hui surnuméraires (on voit
que le mot est le même) les candidats dont la nomination dépend dans
chaque administration d'une vacance dans les places occupées, ou
d'une mutation dans le personnel des employés. C'est à l'empereur
Claude que remonte, suivant Suétone, l'établissement des *supernu-*
merarii « *Instituit* (*imperator Claudius*) dit cet historien, *imagi-*
nariæ militiæ genus, quod vocatur supra numerum, quo absentes
titulo tenus fungerentur. »

Le paiement du droit d'entrée était également imposé à l'acheteur lorsque la milice était vendue à la suite du décès de l'officier. Le nouveau titulaire devait, en outre, remettre aux héritiers une somme d'argent désignée sous le nom de *casus militiæ*. (1)

Le droit d'entrée et le *casus militiæ* étaient quelquefois réunis sous une dénomination commune. Aussi on les appelait tantôt *suffragium*, parce qu'ils étaient nécessaires pour obtenir, ainsi que le fait observer Loyseau (2), le suffrage soit de la Compagnie, soit des héritiers; tantôt *solatium*, parce que le *casus militiæ* servait à consoler les héritiers de la mort du défunt; tantôt enfin *scholæ placitum*, parce qu'ils étaient réglés *pro tenore communis militantium placiti*.

Le taux du *casus militiæ* était le même que celui du droit d'entrée. Il était égal par conséquent à la moitié de la valeur de la milice. (3)

ξƶ

(1) Code, *De inoff. test.* (L. 3, t. 28), l. 30. — *De prox. sacr. scrin.* (L. 12, t. 19), l. 11. — *De pign. et hyp.* (L. 8, t. 14), l. 27. — Nov. 53 et 97. — La Novelle 53, ch. 5, dans laquelle on trouve des détails précieux sur le *casus militiæ*, avait fort embarrassé nos anciens auteurs. Persuadés qu'au lieu de τάς ἐκ τοῦ κάσου καλουμένου στρατείας, il fallait lire dans cette Novelle : τάς ἐκ τοῦ κάσου καλουμένας στρατείας, ils avaient cru qu'il y avait une classe de milices appelées *militiæ ex casu*, et, par suite, ils avaient pendant longtemps cherché quelles étaient les milices dites *ex casu*. — La nature du *casus militiæ* a été indiquée par Cujas sur la loi 3, § *si quid minori, De minoribus*.

(2) *Offices*, L. 2, ch. 8, n° 36.

(3) Code, *De prox. sacr. scrin.* (L. 12, t. 19), l. 11 et 7. — Nov. 35.

Comme ce droit était un privilége introduit spécialement en faveur de la veuve et des héritiers de l'officier
décédé, il n'était pas, à l'égard des créanciers ordinaires,
considéré comme la représentation du prix de la charge.
Une seule exception, justifiée d'ailleurs par la nature
même de la créance, était faite en faveur des créanciers
dont l'argent avait servi au paiement de la milice. Les
prêteurs de deniers étaient préférés à la veuve et aux
héritiers, qui autrement conservaient le prix à l'exclusion
de tous les autres créanciers.

ARTICLE II. — *Du rapport des milices à la succession
du titulaire.*

53. — De création prétorienne, et limitée à l'origine
aux acquisitions réalisées par les enfants sortis de la
puissance paternelle grâce à l'émancipation, la *collatio
bonorum*, ou rapport des biens, perdit sous les derniers
Empereurs son caractère primitif. Sous le Bas-Empire,
le but de cette institution était de maintenir l'égalité
entre les héritiers. La *collatio*, à cette époque, embrassa
donc toutes les dispositions à titre gratuit faites par un
père en faveur de ses enfants. Par suite, lorsqu'un officier se démit de sa charge en faveur de l'un de ses héritiers, lorsqu'un père acheta une milice à l'un de ses
enfants, ou lui fit don de la somme nécessaire pour en
faire l'acquisition, le rapport fut dû par le donataire à
ses frères et sœurs, à moins que le disposant n'eût

manifesté une volonté contraire (1). Le donateur avait, en effet, la liberté de dispenser du rapport, ainsi qu'on le voit dans la loi 1, au Code, *De collat.*, et dans la Novelle 18, ch. 6.

Que devait rapporter l'enfant ainsi avantagé? Était-ce la milice même? Était-ce le prix d'estimation? L'estimation ou le prix d'achat seulement. Car les lettres de provision délivrées par le prince avaient rendu l'officier propriétaire incommutable. Ce n'était pas de son ascendant, d'ailleurs, c'était de l'Empereur qu'il tenait son titre.

Mais à quel moment devait-on se placer pour faire l'évaluation? Fallait-il se reporter au jour de la donation? Devait-on s'attacher au décès du disposant? Le doute n'est guère permis à cet égard. « *Imputari filiis* « *in legitimam portionem et illa volumus, quæ occasione* « *militiæ ex pecuniis mortui adquisitæ posse lucrari eos* « *manifestum est,* » lit-on dans la loi *Omnimodo* au Code (l. 30), § *Imputari* (§ 2), *De inoff. testam.* (Lib. 3, t. 28). La loi *illud* (l. 20) Code, *De collat.* (Lib. 6, t. 20) n'est pas moins formelle. Elle veut que le fils tienne compte à la succession des profits qu'il a retirés de la milice achetée par le père : « *conferenda esse ea* « *quæ occasioné militiæ ex defuncti pecuniis adquisitæ*

_____

(1) Code, *De inoff. testam.* (L. 3, t. 28), l. omnimodo, § *imputari.* (l. 30, § 2) *De coll.* (l. 6, t. 20), l. *illud.* (l. 20).

« *filius lucratur.* » — D'après ces deux lois, l'objet du rapport était donc la valeur de la milice à l'époque de la mort du donateur.

Le rapport n'était pas dû si la milice avait péri par cas fortuit, par le fait du prince, par exemple. Telle est, du moins, la décision donnée d'une manière générale par la loi 2, § 2, au Dig., *De collat.* (L. 37, t. 2).

CHAPITRE II.

Des milices dans les rapports des officiers et du collateur.

54. — En permettant aux officiers de disposer à titre onéreux des milices dont ils avaient été gratuitement pourvus, les Empereurs n'avaient pas purement et simplement abdiqué leur droit. Ils avaient voulu seulement donner une gratification à leurs officiers, accorder une récompense à des services longs et méritoires. Ces concessions de pure faveur, et qui se retrouvent, mais plus accentuées, dans notre ancien droit sous le nom de brevets de retenue, ne paralysaient pas complètement la liberté de leur choix. Si tout candidat devait être présenté par un officier en exercice, si toute collation de titre devait être précédée d'une démission, ce n'en était pas moins dans les lettres de provision délivrées par le prince (*probatoriæ* — δοϰιμασία) que le nouveau titulaire

puisait sa qualité. L'effet de la résignation était de donner au cessionnaire une simple espérance, de lui conférer seulement un droit *à* la milice (*jus ad militiam*). — Le droit dans la milice (*jus in militia*) ne pouvait résulter que de l'investiture donnée par l'Empereur (1).

La prérogative impériale n'avait donc reçu de l'introduction de la vénalité dans les milices aucune atteinte réellement sérieuse. Le collateur exerçait sur les transmissions un droit de contrôle, et pouvait même, suivant les circonstances, refuser d'agréer les candidats qui lui étaient présentés. La nomination faite, il avait la faculté de destituer les titulaires s'ils se rendaient indignes d'exercer leurs fonctions. Il n'est pas douteux enfin qu'il avait le droit de supprimer certaines milices, ou, au contraire, d'en créer de nouvelles.

SECTION PREMIÈRE.

DE LA FORME DE LA COLLATION. — DES DROITS DU COLLATEUR.

55. — Certains édits des Empereurs, et même des règlements particuliers, avaient fixé le taux des résignations. Ainsi, les charges des adjoints du questeur ne devaient pas, d'après la Novelle 35, être vendues au-delà de cent solides. Pour certaines milices, le choix du suc-

---

(1) Code, *De defensor. civitat.* (L. 1, t. 55), l. 10.

cesseur appartenait même au chef de la compagnie (*dummodo et is qui subrogatur electione quæstoris fiat*) (1), preuve nouvelle que la collàtion dans les mains du prince n'était pas une simple formalité, et que le droit du cédant ne présentait guère que les caractères d'une faveur due à la générosité de l'Empereur.

Cependant, de ce qu'il était rigoureusement interdit aux possesseurs des milices de mettre leur démission à un prix trop élevé, de ce que la liberté de désigner eux-mêmes leurs successeurs leur était quelquefois enlevée, de ce que c'était en définitive de l'Empereur et dans les provinces des gouverneurs que les officiers tenaient leur titre, faut-il conclure que le prince avait la faculté de rejeter les résignations qui lui étaient présentées ?.

Comme sur tant d'autres, les textes sont muets sur ce point.

Ce silence est dû sans doute à ce que la question ne présentait pas à Rome l'importance qu'elle avait sous l'ancienne Monarchie et qu'elle a aujourd'hui dans nos offices ministériels. Avant 1789, la vénalité était la règle en France. Actuellement, on la trouve encore en vigueur dans un certain nombre de charges dont le prix, dans les grands centres de population surtout, est souvent fort élevé. Sous le Bas-Empire, on n'en trouve les principes appliqués que dans une certaine classe d'offices, et encore

(1) Nov. 35.

4

toutes les milices ne sont-elles pas vénales. Toutefois, si cette considération est de nature à expliquer le silence du Code et des Novelles, elle n'est pas assez puissante pour dispenser la science moderne de l'examen de la question.

En fait, quelle était la position du possesseur d'une milice? Exactement celle d'un acheteur qui n'avait acquis que pàrce qu'il comptait revendre (*quæ emeris vendere jus gentium est*). Rejeter la résignation, c'était donc empêcher, ou tout au moins retarder l'exercice d'un droit légitime. Par suite, le prince ne devait refuser son agrément au candidat présenté que lorsque le refus se justifiait par des motifs suffisamment graves. De plus, l'équité demandait que, dans cette dernière hypothèse, les droits du cédant fussent l'objet d'une réserve expresse.

SECTION II.

DE LA DÉCHÉANCE DE LA FACULTÉ DE DISPOSER EN FAVEUR.

56. — Aujourd'hui, lorsqu'un officier ministériel s'est rendu indigne de la confiance publique, le chef de l'État peut le priver du titre en vertu duquel il exerce ses fonctions. La même faculté existait-elle à Rome? Et si la solution doit être affirmative, un dédommagement pour la perte du droit de disposer de la milice devait-il être accordé soit au titulaire, soit à ses héritiers ou à ses

créanciers? Ici encore, c'est aux principes généraux et à la raison du droit qu'il faut demander la solution de la question.

Que les officiers considérés d'une manière générale fussent destituables, cela n'est pas sérieusement contestable. Dès les premières années qui suivirent l'établissement de la République, on voit des consuls, Tarquin Collatin et Lucius Flaminius, par exemple, privés de leurs fonctions. Sous les Empereurs, l'avènement d'Alexandre-Sévère fut marqué par de nombreuses épurations dans l'ordre judiciaire et parmi les gouverneurs de province. La langue latine avait même consacré l'expression *successorem mittere* pour indiquer l'action de destituer. Dans les milices, la question présente plus de difficulté. Les consuls sous la République, les juges et les présidents de province sous l'Empire, étaient pourvus gratuitement. Comme ils n'avaient rien donné, la destitution ne leur faisait rien perdre. Les officiers de la maison de l'Empereur et ceux des différents gouverneurs avaient, au contraire, acheté la charge dont ils étaient revêtus. Les en priver, c'était donc créer un vide dans leur patrimoine.

Cette considération est assez puissante : pourtant, elle ne saurait prévaloir en droit. Quelque respectable que soit l'intérêt privé, il ne doit jamais servir à couvrir les fautes de l'ignorance ou les calculs de l'improbité. Il ne faut pas oublier d'ailleurs que le titre était conféré par l'Empereur ou par les présidents de province, à l'égard de qui la collation était entièrement gratuite.

Aussi tous les textes qui sont relatifs à la destitution des possesseurs de milices ne distinguent-ils pas entre les milices vénales et les milices non vénales. En fait, les titulaires des unes et des autres étaient indistinctement privés de leur titre.

Il faut le reconnaître cependant : bien que fondée en droit, cette décision trompait d'une manière vraiment cruelle les espérances des créanciers de l'officier destitué, et, entre tous, des prêteurs de deniers dont l'intérêt était particulièrement respectable.

Mais tout en maintenant le principe, il était possible d'en éviter les conséquences. On pouvait mettre l'officier coupable en demeure de résigner dans un certain délai, ou, si la gravité de la faute exigeait une destitution immédiate, imposer au *supernumerarius* qu'on lui donnait pour successeur l'obligation de payer, à titre d'indemnité, une certaine somme d'argent entre les mains des intéressés. Remède d'autant plus facile que le prix de la milice était déterminé soit par édit de l'Empereur, soit par les statuts de la compagnie (1).

(1) Sans priver le titulaire de la jouissance de son droit, le collateur pouvait-il lui en faire perdre momentanément l'exercice? La question est fort obscure. Cependant la suspension n'était pas inconnue à Rome. Un officier pouvait, suivant l'expression des lois romaines, être renvoyé pour un temps de son ordre (l. 1, Code, *De his qui in exil. dat. vel*

Dans un cas spécial, l'officier perdait de plein droit la jouissance de son titre. La constitution 3, au Code, *De domesticis et protectoribus* (Lib. 12, t. 17), veut que le titulaire qui a cessé de remplir sès fonctions pendant cinq ans ne puisse plus en reprendré l'exercice : « *quinquennium si fuerit divagatus, ipso jam cingulo spoliandus est.* » — Telle est aussi la disposition des lois 2 et 3, Code, *De comeatu* (L. 12, t. 43), et de la loi 2, Code *De primicerio et secundicerio et notariis* (L. 12, t. 7).

SECTION III,

DE LA SUPPRESSION DES MILICES.

57. — Amateurs de l'éclat et de la magnificence, les Empereurs d'Orient tendirent de plus en plus à s'entourer d'un grand nombre d'officiers. — En fait, les suppressions durent donc être assez rares. Mais la question n'en mérite pas moins, en droit, d'être examinée. Elle est, au reste, assez délicate, si on la considère plutôt dans ses conséquences qu'en elle-même, c'est-à-dire quant au point de savoir si une indemnité devait ou non être

---

ab ordine moti sunt (Lib. 10, t. 59), — l. 5, *De decur.* (Lib. 10, t. 31), — l. 3, *Ex quib. caus. inf. irrogat.* (Lib. 2, t. 12). Dans ce cas, le dignitaire ne pouvait, pendant le délai fixé, se servir de son titre ni invoquer les prérogatives qui y étaient attachées. Il est permis de croire que cet usage était également en vigueur dans les milices. Dans cette hypothèse, le possesseur aurait conservé le droit de disposer en faveur, et repris son rang et son titre à la cessation de la suspension,

allouée aux officiers dont la charge était supprimée.
L'équité milite évidemment en faveur d'une solution affirmative. Car la suppression avait pour résultat immédiat
de faire perdre aux officiers un bien légitimement entré
dans leur patrimoine. Cependant on doit faire remarquer,
à l'appui de l'opinion contraire, que les possesseurs devaient
leur titre non à leurs prédécesseurs à qui ils avaient
versé le prix de la cession, mais à l'Empereur qui n'avait
rien reçu, et que si en autorisant une transmission intéressée, le prince s'était, par suite, obligé moralement
à maintenir l'officier, il ne pouvait être considéré comme
y étant astreint légalement.

SECTION IV,

DE LA CRÉATION DE NOUVELLES MILICES.

58. — Pour la raison indiquée ci-dessus, les créations
de milices devaient être beaucoup plus fréquentes que les
suppressions. On peut, en se plaçant dans ce cas, se
demander quels étaient les droits des officiers établis
antérieurement. Leur était-il dû une indemnité ? Cette
question, fort intéressante à étudier dans notre législation, n'a sous le Bas-Empire que peu ou point d'intérêt. Ce
qui, en effet, fait aujourd'hui de l'indemnité un principe
de justice et de raison, c'est qu'en plaçant des officiers là
où il n'y en avait pas, l'État amoindrit et démembre en
quelque sorte les offices déjà créés. Car plus le nombre

des titulaires est grand, moins sont (à raison de la concurrence qui s'établit entre eux) considérables les produits que chacun retire de l'exercice de ses fonctions. Or, les milices n'étaient pas des offices à clientèle. C'était par le prince ou par les gouverneurs de chaque province que les officiers étaient salariés. Leurs intérêts ne souffraient donc pas de l'augmentation du nombre.

APPENDICE.

59. — Telles sont, exposées d'une manière générale, les règles principales des milices romaines, auxquelles les derniers Empereurs avaient attribué le privilége de la vénalité et celui de l'hérédité. Ces fonctions sont les seules qui, sous le Bas-Empire, présentent quelque analogie au point de vue de leur transmission avec celles de nos charges qui sont aujourd'hui vénales. Il ne faudrait pas croire toutefois que les différents officiers énumérés dans la loi des 28 avril — 4 mai 1816 aient été tous inconnus à Rome. Mais leurs charges, soit à cause d'une organisation judiciaire complètement différente de la nôtre, soit plutôt pour des motifs qui tiennent au caractère, à l'esprit et surtout aux mœurs du peuple romain, n'y acquirent jamais l'importance qu'elles ont aujourd'hui parmi nous.

60. — I. Des *Scribæ* et des *Tabularii*. — Les mots *scribæ* et *tabularii* sont, dans la langue latine, employés quelquefois pour désigner tous ceux qui écrivaient sous autrui, et se prennent souvent l'un pour l'autre. Ainsi, d'après le *vetus glossarium, tabularius sive tabellio dicitur scriba publicus*. Le terme de *notarius* s'appliquait spécialement à ceux qui écrivaient par notes : « *Notas qui didicerunt proprie notarii appellantur*, dit saint Augustin (1). La loi *sed cum patrono* § *ult.* (l. 6, § 2), Dig., *De bon. poss.* (Lib. 37, t. 1), fait remarquer également que les notes n'étaient pas des lettres, mais les signes des lettres. — Les *notarii* écrivaient les sentences et les contrats. — Dans un sens moins large, on nommait *scribæ* les officiers ministériels que nous désignons sous le nom de greffiers, et *tabularii* ceux que nous appelons notaires. Les *tabularii* rédigeaient les actes sur les notes que leur remettaient les *notarii*.

61. — Fort estimées chez les Grecs, qui n'admettaient en ces charges que des personnes d'une probité et d'une capacité reconnues, les fonctions des greffiers et des tabellions ne jouissaient à Rome d'aucune considération à l'origine. Pendant longtemps, ce fut à des esclaves publics, c'est-à-dire à des esclaves appartenant à l'universalité des citoyens de chaque ville, qu'elles furent confiées. Vers la fin de l'Empire, les empereurs Arcadius et

(1) Lib. 2, *De doctrina christi*.

Honorius voulurent qu'elles ne fussent remplies que par des citoyens libres (1). A cette époque, on distinguait trois classes de greffiers et de tabellions : les greffiers et les tabellions des *defensores civitatum* et des *judices pedanei* (2), les greffiers des gouverneurs de province et les notaires ou secrétaires de l'Empereur.

62. — Le résultat de l'innovation des empereurs Honorius et Arcadius fut de modifier profondément la condition des *scribæ* et des *tabularii*. Comme les *defensores civitatum*, ces officiers sortirent dès lors de l'élection. Aussi leurs fonctions furent-elles mises au nombre des charges municipales. Comme l'exercice en était fort onéreux et sans compensation aucune (ces charges étaient gratuites), les citoyens voulurent s'y soustraire, et dans ce but se firent pour la plupart officiers domestiques des Empereurs. Ces désertions se répétèrent si souvent que l'on finit par s'en alarmer. La loi 3, au Code, *De scribis, tabulariis et logographis* (Lib. 10, t. 69), veut que, dans le cas d'un pareil abandon, les *scribæ*, les *tabularii* et les *logographi* soient immédiatement rendus à leurs fonctions.

(1) Code, *De tab. scrib. et logogr.* (L. 10, t. 69), l. 3.

(2) Les *judices pedanei* étaient des magistrats d'un ordre inférieur chargés de la connaissance des causes d'un faible intérêt. Leur nom en grec est διαιτηταί. — On voit dans la Novelle 82, ch. 1, que Zénon établit ces juges dans toutes les provinces. Cet exemple fut suivi par Justinien, qui en créa sept à Constantinople. Le même Empereur porta leur compétence de 50 écus à 300.

63. — Les présidents des provinces choisissaient d'abord leurs greffiers parmi les personnes attachées à leur suite. Mais au ive siècle de l'ère chrétienne, une constitution des empereurs Honorius et Théodose déclara que les candidats à ces fonctions seraient choisis par la compagnie des officiers de chaque gouverneur (1). Justinien donna plus tard une nouvelle extension à cette innovation. Les Novelles 15 et 81 veulent que les greffiers des défenseurs des cités et des *judices pedanei* soient pris eux-mêmes parmi les officiers des présidents de province.

Ces greffiers étaient divisés en plusieurs classes, dont chacune avait des attributions différentes. On distinguait les *exceptores*, les *regendarii*, les *cancellarii* et les *actuarii*.

Les *exceptores* écrivaient les sentences judiciaires (*acta judiciorum scribebant*). On les appelait aussi *notarii*, parce qu'ils conservaient, à l'aide de notes, les jugements des gouverneurs de provinces (*quia notis scribebant acta Præsidum*) (2).

Les fonctions des *regendarii* consistaient à mettre les sentences au net et à les consigner dans des registres : « *Regerere enim iterum gerere est et inde regestum seu* « *scriptum.* » (3)

Les *cancellarii* (ainsi appelés du mot *cancelli* qui

(1) Code, *De assess.* (L. 1, t. 51), 1. *nullus judicum* (l. 8).
(2) Dig. *Ex quib. causis majores*, etc. (Lib. 4, t. 6), l. 33, § 1.
(3) Budée, sur la loi *Herennius* (l. 10) Dig. *De decur.* (Lib. 50, t. 2).

signifie barreau, treillis) donnaient la forme voulue aux actes et aux jugements, qu'ils délivraient ensuite aux parties. — Placés d'abord au dernier rang parmi les greffiers, les *cancellarii* ne tardèrent pas à s'élever au premier.

Les *actuarii* enfin (dont le nom vient de *ab actis*) avaient pour mission de recevoir les actes de juridiction volontaire, comme les émancipations, les adoptions, les affranchissements, et surtout les contrats et les testaments qui devaient être insinués et publiés.

64. — Les derniers Empereurs avaient enfin établi auprès d'eux, sous le nom de *notarii*, un certain nombre d'officiers dont les fonctions, hautement considérées puisqu'elles attribuaient à ceux qui en étaient revêtus la qualité de *spectabiles* (1), correspondaient à celles de secrétaires. Appelés aussi tantôt *tribuni* et tantôt *candidati*, soit parce qu'ils étaient destinés aux charges les plus élevées, soit parce qu'ils portaient une robe blanche, insigne de leur dignité (2), ces officiers se divisaient hiérarchiquement en trois classes.

---

(1) « *Præclaram nobilemque militiam spectabilium tribunorum no-* « *tariorum qui gloriosis obsequiis nonnihil reipublicæ commoditatis* « *afferunt et decoris, diversis beneficiorum titulis muniendam cre-* « *dimus et augendam.* » (Code, *De primicerio et sec. et not.*, L. 12, t. 7), l. 2.

(2) « *Qui familiaritate regum utebantur, purpurati regum voca-* « *bantur, sicut apud nos a toga candida candidati.* » (Tertullien, lib. *De Idolatria.*)

Ceux de la première portaient le nom de *tribuni præ-toriani et notarii*, et avaient le titre de comtes (*comites*).

On donnait aux officiers de la seconde la qualification de *tribuni et notarii*.

Les autres étaient rangés dans la troisième classe, sous la dénomination de *notarii familiares sive domestici*.

Le doyen d'âge était appelé *primicerius notariorum*. Il était revêtu de la dignité de proconsul et faisait partie de la classe des *illustres* (1).

65. — II. Des *Procuratores ad lites*. — Ce ne fut que lorsque la procédure formulaire se substitua à la procédure des actions de la loi, c'est-à-dire près de six siècles après la fondation de Rome, qu'il fut possible de se faire représenter en justice. Les premiers représentants furent les *cognitores* et les *procuratores*. Sous le Bas-Empire, les *cognitores* avaient disparu. Il n'y avait plus, vers le ${IV}^e$ siècle de notre ère, que des *procuratores*.

A aucune époque, ni sous la procédure des actions de la loi, ni pendant que le système formulaire fut en vigueur, ni enfin sous la procédure extraordinaire, les *procuratores ad lites* ne furent investis d'un caractère public. Le fait de représenter une partie devant le juge n'était pas l'exercice d'une profession, c'était simplement un bon office, un devoir d'ami.

(1) Code Théod., *De primicerio et notariis*, l. 2 et 3.

66. — III. Des *Viatores* ou *Executores*. — Les officiers ministériels que nous désignons aujourd'hui sous le nom d'huissiers furent longtemps inconnus à Rome. Ce n'est pas à dire cependant que la nécessité des fonctions remplies par ces officiers ne s'y soit pas fait sentir de bonne heure. Sous la République, on trouve des *apparitores* et des *statores*, dont les devoirs n'étaient pas sans analogie avec ceux de nos huissiers audienciers (1). Mais c'est seulement lorsque la procédure extraordinaire prend la place de la procédure par formules, que l'on trouve dans l'Empire romain des fonctionnaires chargés de notifier aux parties les actes de la procédure (2). Les auteurs les appellent communément *executores*, et quelquefois *accensi* et *viatores*. — Comme les *scribæ* et les *tabularii*, et ainsi que les *procuratores ad lites*, ces officiers n'avaient guère de commun avec nos huissiers que l'identité des fonctions.

(1) Isidore, Lib. 10, ch. 1. — Cicéron, *Verr.* 5.
(2) Code Théod., L. 2, t. 4. — L. 4, t. 13, l. 1, § 1. — L. 15, t. 14, l. 19.

DEUXIÈME PARTIE.

——

DES OFFICES DANS L'ANCIEN DROIT FRANÇAIS.

——

Aperçu général.

67. — L'Empire romain avait, pendant onze siècles d'existence, jeté de trop profondes racines pour que l'esprit de ses institutions ne se retrouvât pas dans les premières tentatives d'organisation qui suivirent les désordres de la conquête (1). Les Empereurs s'étaient toujours déchargés sur des gouverneurs des embarras et des soins de l'administration des provinces. Les premiers conqué-

---

(1) Les lois barbares sont à peu près muettes sur les offices. L'édit de Théodoric (*edictum Theodorici regis*) est le seul monument législatif où il soit fait quelque allusion à cette intéressante matière. Ce prince, on le sait, voulut imposer aux Goths les institutions romaines, et, d'après le témoignage de Cassiodore, on suivait, notamment pour les lettres de provision, la formule adoptée à Rome à l'égard des officiers de l'Empire.

rants les imitèrent. Sous le titre de ducs et de comtes
(*comites*), leurs compagnons s'établirent sur les diverses
parties du territoire conquis, sous l'obligation de faire
hommage au souverain. La féodalité n'a pas une autre
origine.

En ces temps, où la plus effroyable confusion régnait
partout et où l'idée de l'unité territoriale n'était pas
même en germe dans les esprits, la force tenait lieu de
loi. Fiers de leur audace et de l'appui mutuel qu'ils se
prêtaient, les ducs et les comtes ne tardèrent pas à se
poser en maîtres absolus dans les contrées où ils s'étaient
établis. Comme les anciens présidents de province, ils
réunirent autour d'eux un grand nombre d'officiers dont
ils s'attribuèrent la nomination. Armes, finances, justices,
ils pourvurent à tous les emplois. On sait assez combien
il fallut d'énergie à nos rois pour faire disparaître les
traces de ces usurpations, et comment cette œuvre, com-
mencée par Louis-le-Gros, ne dut son achèvement qu'à
la volonté énergique de Louis XI. A la fin du xve siècle,
le droit de nommer aux charges des armes et des finances
était rentré dans les mains de la Royauté. Les seigneurs
n'avaient plus que la nomination (c'était encore trop sans
doute) des officiers de judicature.

Sous l'ancienne Monarchie comme dans le dernier état
du droit romain, les offices n'étaient donc plus conférés
par un seul collateur. Il y avait des officiers royaux et
des officiers seigneuriaux, des officiers nommés par le

roi et des officiers qui devaient leur titre aux seigneurs. Comme sous le Bas-Empire aussi, les offices s'étaient multipliés outre mesure. Dès le commencement du ixe siècle, on trouvait à la Cour de Charlemagne, non moins fastueuse que celle des Empereurs d'Orient, et dans les diverses parties de l'Empire franc, un grand nombre de hauts dignitaires et d'officiers dont il serait curieux d'étudier dans les Capitulaires les droits et les attributions. A la fin du xiie, on distinguait déjà des offices féodaux et des offices domaniaux. Moins de trois siècles plus tard, on rencontrait des offices vénaux et des offices *dits* non vénaux, et depuis ce moment jusqu'à la chute de l'ancienne Monarchie, il n'y a guère d'années qui ne soient marquées par la création de nouvelles fonctions. On se fera une idée de la multiplication en sachant que, pour ne parler que d'une seule classe d'offices, il n'y avait pas moins de six espèces de greffiers. L'ancien droit avait les greffiers du Parlement, les greffiers des insinuations ecclésiastiques, les greffiers des juridictions subalternes, les greffiers des notifications, les greffiers des insinuations civiles, et enfin les greffiers civils et criminels pour les affirmations aux Cours souveraines et autres juridictions royales. Ce n'était pas tout. Toutes ces charges étaient exercées par un nombre illimité de sujets. Dès la fin du xve siècle, les Etats Généraux se plaignaient d'un excès à cet égard et demandaient des réductions qui étaient toujours promises, quelquefois décrétées et

jamais exécutées (1). Les harangues du chancelier L'Hospital ne sont remplies que de remontrances sur l'augmentation incessante du nombre des officiers; et lorsque
commença la Révolution française, l'Assemblée constituante se vit assaillie de pétitions exposant qu'il y avait
dans l'État trop « de bureaux, de commissions, d'a-
« gences, d'administrations, de places non nécessaires,
« trop de fonctionnaires, d'employés, de commis et d'a-
« gents. »

68. — A quoi tenait cette multiplication? A une cause
inconnue sous la République romaine, et dont l'Empire
avait déjà subi les pernicieux effets : aux besoins d'argent. Pour remplir leurs coffres toujours vides, nos rois,
lorsque le mécontentement public ne permettait plus de
demander à l'impôt des ressources sans cesse épuisées,
recouraient à des créations d'offices, et, il faut le dire,
leurs espérances n'étaient jamais trompées. Aussitôt les
ambitions s'agitaient : on courait aux parties casuelles,
on engageait sa fortune pour se faire pourvoir d'un titre
souvent improductif : « Que le roy, disait Loyseau dont
« on ne révoquera pas le témoignage en doute, en fasse
« tant qu'il voudra; il trouvera toujours à les débiter,
« car, comme dit le sage, le nombre des fols est infiny,
« et c'est maintenant un commun dire parmy nous qu'il
« y a toujours plus de fols que d'estats. — S'il y a

(1) *Cahiers des États Généraux de 1483.*

« jamais un roy de France qui ait dessein de s'appro-
« prier tous les biens de ses sujets comme fit ce roy
« d'Égypte en la chère année, il ne faut que créer force
« offices. Chascun à l'envy portera sa bourse au roy :
« qui n'aura argent vendra sa terre, qui n'aura assez de
« terre se vendra soy-même si on luy permet et consen-
« tira d'estre esclave pour devenir officier (1). »

Est-il maintenant besoin d'ajouter que les titulaires de
ces innombrables offices cherchaient à revendre ce qu'ils
avaient acheté? Faut-il insister pour démontrer que la
vénalité telle que nous la comprenons, la vénalité organisée, qui n'exista qu'exceptionnellement en droit romain,
a été pendant près de trois siècles le droit commun de la
France? Doit-on enfin s'étonner si, suivant les expressions de L'Hospital, il se fait « ung trafic, commerce et
« négociation des offices comme des espèces de vin, de
« bled, de bestail et aultres denrées que l'on expose en
« vente ès foires et marchés? » si Loyseau nous dit que
« depuis que l'or a trouvé entrée parmi les offices, il y a
« tellement exercé sa domination que, pour régner seul,
« il a bouché les autres entrées de la vertu et de la
« faveur (1)? » si les premiers discours prononcés à la
tribune de l'Assemblée Constituante présentent presque
tous la plupart des officiers ministériels comme le fléau
du peuple et le tourment de la société?

---

(1) *Offices*, L. 3, ch. 1, n° 11.
(1) *Off.*, avant-propos, n° 9.

69. — Mais il faut remonter assez haut dans notre histoire pour y trouver la vénalité et l'hérédité ainsi établies dans les offices. Avant le xvᵉ siècle, les charges sont temporaires, révocables et essentiellement intransmissibles. En 1467, Louis XI y attache le caractère de la perpétuité. Louis XII et François Iᵉʳ les rendent vénales. Henri II, Charles IX et Henri III accordent à quelques-unes, par une faveur spéciale, le privilége de l'hérédité. Henri IV enfin offre à tous les officiers, dans l'édit de Paulet, un moyen assuré de les transmettre à leurs héritiers. Dans l'espace d'un siècle environ, la vénalité, déjà préparée par l'ordonnance de Louis XI, et l'hérédité se trouvent donc constituées dans les offices.

Par suite, deux époques bien distinctes se présentent ici. Dans tout le cours de la première, les charges publiques ne sont ni vénales ni héréditaires ; sous la seconde, l'officier peut en disposer de son vivant, et s'il meurt dans l'exercice de ses fonctions, il les transmet à ses héritiers.

PREMIÈRE PÉRIODE. — PÉRIODE DE LA NON-VÉNALITÉ.

Depuis le commencement de la Monarchie jusqu'à la fin du xvᵉ siècle.

70. — Tous les auteurs du xvιᵉ et du xvιιᵉ siècle s'accordent pour attester que l'usage de vendre et d'acheter les offices ne date que des règnes de Louis XII et de François Iᵉʳ. Conférées gratuitement, toutes les charges étaient antérieurement (avant l'ordonnance de Louis XI

au moins) révocables *ad nutum* et rentraient à la mort du titulaire dans les mains du collateur. Ce point, s'il pouvait faire quelque doute, serait établi, à défaut d'autre preuve, par les vives récriminations auxquelles donnèrent lieu les premières collations à prix d'argent. La manière dont elles furent accueillies prouve qu'elles inspirèrent autant d'étonnement que de réprobation. Mais pour établir cette proposition, il n'est pas nécessaire d'avoir recours aux inductions. L'histoire nous a conservé, à la date des xiiie et xive siècles, de nombreuses dispositions législatives ou réglementaires qui, quelquefois même sous des peines sévères, prohibent impérieusement la vénalité.

Une ordonnance du 19 mars 1314 est ainsi conçue : « *Quod de cætero nullus serviens noster spatarius, vel* « *quicumque alius cujuscumque conditionis existat, servi-* « *tium vel officium sibi concessum alii cuicumque locare* « *valeat, quocumque colore quæsito, alias ipso facto, ser-* « *vitium vel officium amittat.* »

On lit dans une autre ordonnance du 13 février 1327, relative aux notaires du Châtelet de Paris : « Audit Chas- « telet seront soixante notaires, tant seulement suffi- « sants..... ne pourront vendre ne bailler à ferme leurs « dits offices. Et si aucuns ont fait au temps passé ou « faisaient d'oresnavant le contraire, dès maintenant nous « les privons de leur office. »

Il est inutile de multiplier les citations. On doit cé-

pendant indiquer encore une ordonnance du 19 novembre 1393, une autre du 7 janvier 1407, et surtout la
fameuse ordonnance cabochienne du 25 mai 1413, qui
signale en termes qui méritent d'être rapportés le motif
de ces prohibitions : « Pour ce que ceux qui les achètent
« ou autrement en baillent prouffit, en sont plus en-
« clins et curieux d'eux faire payer excessivement, et de
« nous demander par importunité ou autrement dons et
« prouffits pour recouvrer ce que lesdicts offices leur ont
« cousté, qui est chose de très-mauvais exemple. » Ci-
tons enfin une ordonnance de 1440, qui défend expressément de vendre « offices par résignation, soit de justice,
« soit des finances, » et une ordonnance de 1493 dans
laquelle Charles VIII défend que « doresnavant aulcun
« achète office en la cour de Parlement et semblablement
« aucun office de judicature. »

71. — Ces prohibitions n'étaient pas sans doute toujours respectées. A certaines époques malheureuses de
notre histoire, sous les règnes de Jean-le-Bon et de
Charles VI notamment, on vit même les rois vendre les
offices de judicature. Mais la vénalité n'était pas le droit
commun. Elle était clandestine, et les tribunaux agis-
saient sévèrement lorsqu'elle était découverte. Pasquier,
au 4e livre de ses *Recherches*, chap. 15, rapporte un
arrêt de la Chambre des Comptes qui priva un auditeur
de la charge qu'il exerçait depuis six ans, pour n'avoir

obtenu la démission de son prédécesseur qu'en s'obligeant à lui payer « six queues de vin et soixante livres chaque « année. » Trente ans plus tard la même Chambre, avertie que deux trésoriers, dont les charges avaient été supprimées l'année précédente, avaient été réintégrés dans leurs fonctions moyennant le paiement d'une somme de cinq mille livres, députa deux de ses membres pour faire une remontrance qui fut écoutée.

72. — En droit, il y avait cependant une exception au principe de la non-vénalité. L'usage s'étant introduit de donner à ferme ce que l'on appelait les droits et profits domaniaux de la justice, c'est-à-dire les confiscations, les greffes, les tabellionnages et les sceaux, on finit par affermer les prévôtés, les vicomtés, les vigueries et les châtellenies. Ce fait, plus curieux qu'important, est attesté par le Grand Coutumier rédigé du temps de Charles VI (titre des baillis et sénéchaux), et par le témoignage d'un ancien praticien du nom de Masuel (1). On en trouve aussi la preuve dans une ordonnance de saint Louis rapportée par Benedicti (2), et surtout dans le motif du refus par lequel Boniface VIII répondit d'abord à la demande de canonisation de saint Louis : *Parce qu'il fust trouvé qu'il avait mis les bailliages et*

(1) Tit. *De judicibus.*
(2) Sur le ch. *Raynutius.*

prevostez à ferme. Des prévôtés ainsi affermées, la
plus célèbre était celle de Paris : « *Per id tempus præ-
positura Parisiensis vænalis (1) habebatur,* » et il est
curieux de lire dans les anciennes chroniques qu'elle
était si mal administrée, que « chascun citoyen se reti-
« rait sur les territoires des hauts justiciers ecclésias-
« tiques, et demeurait la terre du roi comme déserte. »
Saint Louis porta remède à ce mal.

Cette exception, au reste, était unique, et on doit y
attacher d'autant moins d'importance qu'on y chercherait
en vain les caractères de la vénalité telle qu'on la trouve
organisée quelques siècles plus tard. Les seuls rapports
auxquels la mise en ferme donnait lieu étaient des rapports analogues à ceux que les sociétés formées à Rome
pour la rentrée des impôts avaient avec le fisc. Au point
de vue des conventions privées, les effets en étaient complètement nuls. La portée en fut, du reste, considérablement amoindrie sous Charles VIII. — L'ordonnance rendue en 1493 par ce prince fait une sage distinction entre
les profits domaniaux et les offices des juges. Les droits
dépendant des prévôtés devaient à l'avenir être affermés
comme par le passé; le choix des juges, des prévôts, des

(1) Il ne faut pas prendre le mot *vænalis* à la lettre. Dans la pensée
des écrivains des xiiie et xive siècles, *vendere* signifiait simplement
donner à ferme : « *Quia venditio et locatio iisdem juris regulis con-
« sistunt.* »

vicomtes, des châtelains, des viguiers était, au contraire,
laissé aux praticiens de chaque siége réunis en assemblées.

73. — Les formes de la collation participaient à la
fois de celles qui étaient suivies à Rome sous la République et de celles qui étaient en vigueur sous l'Empire.
Les grands officiers recevaient leur titre du roi, qui le
leur conférait sur l'avis de son conseil, et nommaient eux-
mêmes aux charges subalternes. Les officiers de justice
et ceux de finance sortaient, comme les consuls romains
et les autres magistrats, de l'élection. Les premiers
étaient élus par le Parlement en présence du chancelier,
les autres par la Chambre des Comptes (1). Cette distinction se perdit au milieu de troubles occasionnés par
la guerre de Cent Ans. Lorsque le royaume eut recon-
quis son autonomie, les rois se rappelèrent que les
princes anglais avaient introduit et pratiqué la collation
dans tous les offices et voulurent suivre le même exemple.
Combattue par les officiers, cette prétention amena une
transaction. On convint que le prince nommerait aux
offices vacants, sur la présentation qui serait faite de
trois candidats par le Parlement ou par la Chambre des
Comptes.

(1) Ch. 6. — Ord. de 1440.

SECONDE PÉRIODE. — PÉRIODE DE LA VÉNALITÉ
ET DE L'HÉRÉDITÉ.

Depuis la fin du xve siècle jusqu'à la fin du xviiie.

§ 1. — *Ordonnance du 21 octobre 1467. Irrévocabilité*
des officiers.

74. — De bonne heure, et longtemps avant que
Louis XII et François Ier eussent vendu les premières
charges de finance et de judicature, les officiers, révocables au bon plaisir du prince, s'étaient agités afin de
se créer une position moins précaire. Ce besoin de stabilité se révèle pour la première fois au commencement
du xive siècle. En 1302, Philippe-le-Bel soumet les différents officiers du royaume à une révision sévère, et
déclare que ceux qui sont conservés jouiront du privilége de l'inamovibilité. Cette ordonnance, rendue sous
l'empire des circonstances, fut bientôt oubliée. Mais, en
1467, le roi Louis XI, sorti à grand'peine vainqueur de
la ligue du bien public, dont la formation avait été
déterminée par les nombreuses destitutions qu'il avait
prononcées à son avènement, reprit l'idée de son prédécesseur. Nul officier ne dut à l'avenir être privé de ses
fonctions que pour « forfaiture préalablement jugée et
« déclairée judiciairement et selon les termes de justice,
« par juge compettant et dont il apperra semblable-
« ment. »

Cette ordonnance, connue sous le nom d'ordonnance du 21 octobre 1467, bien que restreinte dans sa portée par Charles VIII qui, malgré le serment fait au lit de mort de Louis XI, voulut que les charges des finances fussent conférées non plus en qualité d'offices, mais à titre de commissions, a dans notre histoire une importance incontestable. Avant 1467, tous les offices étaient révocables, non vénaux et intransmissibles. En attribuant aux officiers le privilége de l'irrévocabilité, Louis XI ne détruisit pas seulement le premier de ces trois caractères; l'ordonnance de 1467 eut encore sur les deux autres une influence marquée. Tant que les offices furent révocables à la volonté du prince, l'idée d'en disposer en faveur ne pouvait prendre une consistance sérieuse. L'achat d'un titre aussi précaire, puisqu'il était livré au caprice du collateur, ne devait tenter personne. L'irrévocabilité fut la première cause de la vénalité. Aussi ne s'est-il pas écoulé quarante ans depuis l'ordonnance de Louis XI, lorsque Louis XII vend les premiers offices de finances. — Quant à l'hérédité, elle ne sera définitivement établie qu'un siècle plus tard (1604).

Les phases diverses par lesquelles passèrent les offices dans l'ancien droit sont, on le voit, aisées à suivre : avec Louis XI la perpétuité, avec Louis XII et Francois Ier la vénalité, avec Henri IV l'hérédité. C'est au commencement du xviie siècle seulement que la transformation est complète.

§ II. — *Établissement de la vénalité avec Louis XII et François Ier.*

75. — Deux de nos plus vieux auteurs, Nicole Gilles et Gaguin, nous apprennent que ce fut Louis XII qui, pour payer les dettes de son prédécesseur, vendit les premiers offices de finances. Cet expédient, s'il faut en croire Loyseau (1), fut suggéré au roi par l'exemple des Vénitiens. Sans vouloir contester cette assertion d'une manière absolue, il est permis de croire que l'idée de la vénalité a plutôt été inspirée à nos rois par le trafic dont, au xve siècle, les bénéfices ecclésiastiques étaient l'objet depuis longtemps déjà. Ce qui le prouve, c'est que dès l'origine les règles d'après lesquelles s'opérait la transmission des bénéfices furent appliquées aux offices. Les conditions de la transmission, le mode de nomination, la forme de la collation étaient les mêmes dans l'un et l'autre cas.

76. — On appelait bénéfice le droit attribué à un ecclésiastique de jouir sa vie durant des revenus de certains biens consacrés à Dieu, à cause de l'office spirituel dont il était chargé par l'autorité de l'Église.

Conférés à l'origine par tout le peuple assemblé (*per electionem populi*) (2), et plus tard par les ordinaires sur

(1) *Offices*, L. 3, ch. 1, n° 87.
(2) *Can. plebs — Cum seq.* 63 — *Distinct. can. ordinat.*

la présentation des patrons, les bénéfices ne devenaient guère vacants que par la mort des possesseurs. La démission était cependant admise; mais pendant longtemps elle dut être pure et simple. Les lois de l'Église condamnaient non-seulement la transmission directe, mais elles réprouvaient même toute stipulation, toute présentation, toute résignation conditionnelle : « *Superior Ecclesia* « *adeo speciem omnem et suspicionem negotiationis in his* « *adversabatur, ut resignationem in favorem certæ per-* « *sonæ, etiam nulla pensione, nullo jure retento execra-* « *retur, impietatis quæ simoniacæ damnaret* (1). »

Telle était la pureté primitive du droit aux bénéfices. Mais peu à peu les Papes, invoquant leur qualité de fils de l'Église, enlevèrent aux communautés, aux monastères, aux chapitres, aux abbayes, le droit d'élection, aux patrons le droit de présentation, aux ordinaires la collation, et réussirent, malgré la résistance souvent énergique des rois de France, à s'emparer du droit de conférer la presque totalité des bénéfices ecclésiastiques, qu'ils ne tardèrent pas à vendre au plus offrant (2). Dans une pareille voie on ne s'arrête guère. La vente des bénéfices ne suffisant pas à leur avidité, les Papes engagèrent l'avenir. On imagina des promesses de bénéfices,

(1) Dumoulin, *De reg. cancellariæ romanæ.*

(2) Aujourd'hui encore, si le chef de l'État nomme aux évêchés et archevêchés vacants, c'est le Pape qui institue ces prélats et leur confère leur caractère. — (*Concordat du 18 germinal an X, art. 18.*)

des réserves, des grâces expectatives (*gratias ad beneficia vacatura expectativas*) qui, comme les bénéfices déjà vacants, se vendirent à beaux deniers comptants.

Qu'arriva-t-il? le résultat devait être prévu. Les bénéficiers avaient acheté, ils voulurent revendre. Mais alors se présenta une difficulté. Les bénéfices appartenaient à l'Église. Toute concession était personnelle et limitée à la vie du concessionnaire. A la mort du bénéficier, la transmission ne pouvait se faire que par les mains de ses représentants, c'est-à-dire, à l'origine, des électeurs et des ordinaires, et plus tard des Papes.

Les bénéfices n'avaient donc pas dans le patrimoine des titulaires le même caractère que leurs autres biens. Les bénéficiers avaient simplement un droit de jouissance et non un droit de propriété. Par suite, la cession qu'ils faisaient était, par elle-même et par elle seule, impuissante à faire passer le bénéfice sur la tête du cessionnaire. La transmission n'était possible qu'à la condition d'être opérée par le collateur lui-même, c'est-à-dire par le Pape (1).

On tourna la difficulté. Les démissions étaient autrefois pures et simples, sans indication de personnes : on en modifia la forme. On continua bien de se démettre, et même les démissions (il est facile de le comprendre)

---

(1) C'était, en effet, un principe reçu que : « *Beneficium ecclesiasticum non potest sine institutione canonica obtineri.* »

furent plus nombreuses que jamais. Seulement, en remettant entre les mains du collateur le bénéfice qu'il avait vendu, les bénéficiers déclarèrent n'en faire abandon que si le Pape en investissait la personne qu'ils lui désignaient, se réservant de reprendre, de rétracter leur démission si les sujets présentés n'étaient pas agréés. A la résignation pure et simple du temps passé on substitua ainsi une résignation conditionnelle : la résignation en faveur.

La présentation, il est inutile de le dire, était toujours accueillie. Le Pape, sans examen aucun, délivrait les bulles sollicitées, en ayant soin toutefois de soumettre à de grosses taxes le résignant et le résignataire.

77. — Au début du xvie siècle, ce trafic était en pleine vigueur. Nos rois, lorsqu'ils se décidèrent à vendre les offices, trouvèrent donc la voie toute tracée. Aussi ce ne fut pas seulement l'idée qu'ils empruntèrent, ils copièrent comme à la lettre les moyens de mise à exécution. Comme les Papes, ils vendirent, mais sans se dépouiller entièrement; comme les Papes, ils accordèrent bien aux officiers pourvus à prix d'argent le droit de revendre ce qu'ils avaient acheté, mais ce fut à condition que les cessionnaires seraient présentés à leur agrément; comme les Papes, enfin, ils se réservèrent la collation et surent mettre cette réserve à profit en exigeant des taxes, en percevant des droits sur chaque résignation.

Si cet aperçu n'avait qu'un intérêt purement histo-
rique, il serait superflu d'y insister. Mais à défaut d'autre
avantage, il a certainement celui de jeter une vive lu-
mière sur la condition de nos offices actuels. C'est parce
qu'il a trouvé dans l'ancien droit la pratique des résignations en faveur, que Louis XII et François Ier avaient
eux-mêmes puisée dans les usages de la chancellerie
romaine, que le législateur de 1816 a permis à certains
officiers de présenter des successeurs à l'agrément du
chef de l'État. — Comme les bénéficiers, comme les officiers de l'ancienne Monarchie, nos officiers ministériels,
échappant (je dirai plus tard pourquoi) au principe de
la non-vénalité proclamé en 1789, n'ont pas la disposition libre et absolue de leurs charges. De même que les
bénéficiers s'adressaient autrefois au Pape et les officiers
au roi, de même ils doivent faire agréer les candidats de
leur choix par le chef de l'État. Ce n'est pas la convention qui transporte au cessionnaire les droits du cédant;
tout officier, aujourd'hui comme autrefois, ne peut obtenir son titre que du souverain, de sorte que maintenant il
est encore vrai de dire, ainsi que dans notre ancien
droit, que *resignatarius non habet jus a resignante sed a
collatore.* »

78. — Louis XII ne s'était décidé à conférer quelques
offices à prix d'argent qu'avec une extrême répugnance.
C'est du moins le témoignage que lui rendent les auteurs
contemporains, qui s'empressent comme à l'envi de l'en

excuser (1). François Ier entra plus résolument dans la même voie et ne tarda pas à l'élargir. Restreinte à l'avènement de ce prince aux offices de finance, la vénalité s'étendit bientôt à presque toutes les charges publiques. C'est de ce règne que date l'établissement du bureau des *parties casuelles*, espèce de salle de vente où les offices nouvellement créés (et les créations étaient presque journalières) étaient vendus comme à l'encan (2).

Les successeurs de ce prince suivirent la même voie. En 1556, Henri II établit des charges de jurés ou huissiers-priseurs qui sont l'origine des fonctions remplies aujourd'hui par nos commissaires-priseurs. A la même époque, divers édits multiplient les offices d'huissiers et de sergents. — En 1569, Charles IX donne le titre d'officiers à tous les courtiers de change. Trois ans plus tard (1572), les charges des procureurs sont érigées en titre d'offices. Le même système est suivi par Henri III, qui crée, notamment en 1581, des sergents proclamateurs. Faire l'énumération de tous les offices ainsi établis serait une tâche impossible. Qu'il suffise de savoir que jusqu'à

---

(1) Lebret. *Traité de la Souveraineté.* — L'histoire nous atteste même que dès l'année 1508, ce prince révoqua l'édit rendu au début de son règne.

(2) Les offices s'y vendaient au plus offrant et dernier enchérisseur, sur une mise à prix fixée par la chancellerie et affichée pendant quinze jours (Loys. *Offices.* L. 3, ch. 2).

Suivant les étymologistes, le nom de *parties casuelles* vient du *casus militiæ*, en usage dans les milices romaines.

la veille de la Révolution les créations ne cessèrent pas, et que les dernières années du règne de Louis XIV, notamment, dont la première commença par l'érection en titre d'offices des charges des avocats aux conseils du roi, sont remplies par d'innombrables édits portant augmentation du nombre des officiers. En vain Louis XV tenta-t-il en 1771 de réagir contre le mal. Trois années plus tard, Louis XVI était obligé de rétablir et d'appliquer le principe de la vénalité dans toute sa rigueur.

79. — Quand on a ainsi parcouru les nombreuses ordonnances rendues pendant trois siècles par nos rois dans le but intéressé de multiplier le nombre des fonctions et celui des officiers publics, on se fait difficilement à cette idée que sous l'ancienne Monarchie toutes les charges n'étaient pas vénales. Nos ancêtres distinguaient cependant des offices vénaux et des offices non vénaux. Les premiers étaient ceux dont la vente était permise par les ordonnances, les seconds ceux dont la vente n'était pas autorisée. Dans la première classe, on trouvait notamment les offices de finance, les offices domaniaux que nos anciens auteurs ne rangeaient cependant pas tous parmi les offices vénaux proprement dits, et enfin les offices de judicature à l'égard desquels la vénalité avait été difficilement admise (1). Jusqu'en 1597, en

_____

(1) La taxe des offices de judicature aux parties casuelles affecta d'abord la forme d'un prêt; « mais, dit Loyseau, c'était un prêt à jamais « rendre. »

effet, bien qu'il fût constant que ces charges se vendissent et s'achetassent publiquement, on imposa aux officiers, à leur entrée en fonctions, la prestation d'un serment de non-achat dont la teneur était reproduite de la loi dernière, *Ad legem Juliam repetundarum*, au Code (1). Les offices non vénaux étaient les offices de la couronne, les offices de la maison du roi, les charges militaires et les commissions. On rangeait aussi dans cette classe les offices sur lesquels il y avait des brevets de retenue.

Mais cette distinction n'existait qu'en droit. Les offices *dits* non vénaux se vendaient absolument comme les offices vénaux. « Si nous appelons offices vénaux, dit « Loyseau, tous ceux qui se vendent en effet, il faudra « dire que tous les offices sont vénaux ; car l'or a main-« tenant pénétré partout, et n'y a office quelque grand, « quelque petit, quelque mal assuré qu'il soit, qui ne « se vende (2). » Seulement il y avait toujours entre les offices vénaux et les offices non-vénaux cette différence essentielle que la vénalité avait à l'égard des premiers une existence légale, tandis qu'elle n'était pas reconnue en droit à l'égard des autres.

80. — L'auteur des cinq livres du droit des offices range les offices non vénaux en trois catégories.

(1) Code, Lib. 9, t. 27, l. 6.
(2) *Off.*, L. 3, ch, 2, n° 3.

Dans la première, il place tous ceux qui ne tombaient pas en commerce.

La seconde comprend les offices qui n'entraient point aux parties casuelles, mais dont on tolérait la vente entre particuliers.

Dans la troisième enfin, Loyseau classe ceux qui avaient été vendus par le collateur, mais aux possesseurs desquels aucune ordonnance n'avait reconnu la faculté de résigner en faveur.

Des droits fort différents et tantôt plus, tantôt moins étendus, étaient attachés à ces différents offices. Les uns étaient révocables à volonté et non susceptibles de résignation; d'autres étaient irrévocables, mais l'admission de la résignation était facultative pour le collateur; d'autres avaient, enfin, le privilége de l'irrévocabilité et étaient résignables. Les offices de cette dernière classe, dans laquelle on trouvait notamment les offices de la couronne et les offices de la maison du roi, avaient une assez grande analogie avec les offices purement vénaux.

Les officiers de la couronne étaient les premiers dignitaires du royaume. Ce titre n'appartenait à l'origine qu'au connétable, au chancelier, au grand trésorier, au grand maître de France. Peu à peu il fut étendu aux maréchaux, au grand amiral, au colonel de l'infanterie, au grand maître de l'artillerie, et même plus tard aux grands officiers de la maison du roi. Comme les officiers de la Cour de Constantinople, dont la plupart avaient les attri-

butions, ces officiers disposaient des offices subalternes
de leur charge et présentaient des successeurs qui n'é-
taient jamais refusés, « ce qui est cause, dit Loyseau,
« que ces offices se vendent et se trafiquent communé-
« ment entre eux (1). »

On trouvait aussi à la Cour des anciens Rois de France,
comme autour des derniers Empereurs romains, un grand
nombre d'officiers dont les fonctions étaient pour la plupart assez élevées. Dans cette classe, on distinguait surtout les conseillers et secrétaires d'État qui correspondaient aux *comites consistoriani* sous le Bas-Empire, et
les intendants, surintendants et contrôleurs généraux des
finances (*magistri scriniorum*). Il faut citer aussi les notaires et secrétaires du roi, maison et couronne de France,
qui remplissaient auprès du monarque les mêmes fonctions que les *notarii* ou *tribuni* à Constantinople, et dont
le nombre, relativement peu considérable d'abord, ne
tarda pas à s'élever beaucoup lorsque les créations d'offices se multiplièrent.

L'organisation de ces charges se rapprochait en plusieurs points de celle des milices palatines. On y trouvait,
comme sous le Bas-Empire, des chefs et des officiers
inférieurs. Les chefs, comme autrefois dans les milices
le premier de chaque compagnie, choisissaient les officiers subalternes auxquels le roi délivrait ensuite des

---

(1) *Offices.* L. 4, ch. 2, n° 116.

lettres de provision. Comme le choix était toujours déterminé par les offres les plus élevées, le résultat de cet usage fut bientôt une vénalité d'autant plus effrénée qu'elle était à l'abri de tout contrôle. Pourvus à prix d'argent, les officiers subalternes cherchèrent et trouvèrent bientôt des cessionnaires. Les résignations en faveur s'introduisirent donc ici comme aux offices de finance, et le principe en fut même si rigoureusement appliqué, que, lorsqu'un officier se rendait indigne d'exercer plus longtemps ses fonctions, on se contentait de lui enjoindre de résigner dans un certain délai.

81. — Les brevets de retenue étaient une gratification accordée par la royauté aux possesseurs de certains offices qui, ayant été pourvus gratuitement, ne pouvaient invoquer le droit de résigner en faveur. En disposant de la charge de ces officiers lorsqu'elle devenait vacante nos rois imposaient au nouveau titulaire l'obligation de payer soit à son prédécesseur, soit à sa veuve, à ses enfants ou à ses plus proches héritiers une somme d'argent dont ils arbitraient eux-mêmes le montant. L'officier ainsi nommé recevait la promesse que, lorsqu'il cesserait ses fonctions, son successeur serait soumis à la même condition.

Les brevets de retenue avaient, on le voit, la plus grande analogie avec les milices de l'Empire romain. Ainsi que ces charges, ils étaient accordés gratuite-

ment. En second lieu, de même que le *casus militiæ*,
le montant de la somme à payer par le nouvel officier
était connu et déterminé à l'avance. Cette similitude
n'est pas la seule. Dans la condition de nos offices ministériels, telle qu'elle résulte de la loi des 28 avril —
4 mai 1816, on trouve aussi des points d'une analogie
frappante avec ces brevets.

§ III. — *L'hérédité ne fut pas d'abord la conséquence de*
la vénalité. — De la règle des quarante jours. — Édit
de Paulet.

82. — L'un des attributs de la propriété est la faculté
de transmettre par voie héréditaire les choses sur lesquelles ce droit s'exerce. Nos biens à notre mort ne
tombent pas dans le domaine commun ; ils passent à nos
enfants, et, d'une manière plus générale, à nos héritiers.
En concédant aux officiers, moyennant la finance versée
aux parties casuelles, le droit de vendre (ou mieux de
résigner en faveur, car la chancellerie ne toléra jamais le
verbe *vendre*), il semble que la royauté avait par là même
fait des offices un bien patrimonial qui passait aux héritiers du titulaire en cas de décès. Cette induction, qui
semble si naturelle, fut cependant longtemps avant d'être
admise. L'hérédité ne fut point la conséquence nécessaire
de la vénalité. Elle ne fit son chemin, pour ainsi dire,

que peu à peu, et jamais, même à la veille de la Révolution, elle ne fut acceptée sans restriction.

Lorsque Louis XII et François Ier accordèrent à leurs officiers, en échange des lettres de provision intéressées qu'ils leur délivraient, la faculté de présenter des successeurs, ils se gardèrent d'attribuer le même droit à leurs veuves et à leurs enfants. Ce privilége fut déclaré personnel aux titulaires. Bien plus, l'exercice en fut entravé par une règle rigoureuse que nos rois puisèrent dans la matière des bénéfices ecclésiastiques, à laquelle ils avaient déjà emprunté l'idée des collations à prix d'argent.

83. — Intéressés à jouir aussi longtemps que possible des revenus de leurs bénéfices, les bénéficiers ne se décidaient à résigner qu'à l'article de la mort. Cet usage ne tendait à rien moins qu'à rendre les bénéfices héréditaires. Les Papes y virent un abus, et, pour y remédier, déclarèrent qu'ils n'agréeraient le successeur présenté que si le bénéficier survivait vingt jours à la résignation. L'histoire nous a conservé cette règle sous le nom bien connu de règle *de infirmis resignantibus*.

François Ier en adopta le principe. Seulement, comme le délai ne lui parut pas assez long, il le doubla. L'office devenait donc vacant toutes les fois que la mort du résignant se plaçait dans les quarante jours qui suivaient l'expédition des lettres de provision. Dans ce cas, la finance, originairement versée aux parties casuelles, restait acquise au.roi (1). Cette règle ne fut pas rigoureusement observée, et elle ne pouvait pas l'être. Les nécessités financières, jointes au désir bien légitime des titulaires de laisser en mourant leurs offices à leurs enfants, finirent, sinon par en amener l'abrogation, du moins par en modifier considérablement le principe.

84. — La première atteinte, qui y fut portée vint de l'invention des survivances. On appelait de ce nom la résignation de l'office faite pour le cas du prédécès ou de la démission volontaire de l'officier. L'effet principal des survivances était d'empêcher l'office de vaquer par la mort du résignant.

On en comptait de plusieurs sortes : les survivances *simples*, qui étaient révocables au gré du collateur; les survivances *reçues*, ainsi nommées parce que le titulaire, pour mettre son successeur à l'abri de la révocation, le faisait recevoir et installer de son vivant; les survivances *jouissantes*, qui donnaient au résignant et au résignataire le droit d'exercer l'office concurremment ou en l'absence l'un de l'autre; enfin, les survivances *en blanc*, désignées sous ce nom parce qu'elles étaient expédiées en blanc ou données par édit en termes généraux.

85. — Les offices domaniaux devinrent à leur tour

---

(1) Suivant Loyseau, la règle des vingt jours dans les bénéfices et des quarante jours dans les offices aurait été fondée sur ce principe du droit romain, que toute disposition qui serait illicite après notre mort ne peut être valablement faite lorsque nous en approchons.

l'objet d'une faveur exceptionnelle. Certaines charges faisant partie du domaine royal, telles que les greffes, les *notairies*, les tabellionnages, les sceaux, les recettes des consignations furent, sous le règne de Henri II, aliénées à faculté perpétuelle de rachat. Plus heureux sous ce rapport que les autres officiers, les titulaires de ces différents offices acquirent un véritable droit de propriété analogue en tous points à celui qu'acquiert aujourd'hui l'acheteur d'un immeuble vendu à réméré, c'est-à-dire un droit pur et simple subordonné à une condition résolutoire. Ils transmettaient donc leurs charges à leurs héritiers de la même manière qu'ils auraient transmis une maison ou un fonds de terre. Quant à eux, la règle des quarante jours n'avait pas d'application. Leur droit ne se perdait que par le rachat ou par la confiscation (1).

86. — C'est aussi de ce règne (quelques écrivains attribuent cependant cette innovation à François II) que date l'établissement d'un privilége dans lequel on a cru trouver, et non sans quelque raison, l'origine de la faculté accordée aujourd'hui aux héritiers des officiers ministériels de présenter des successeurs à l'agrément du chef de l'État. En 1558, Henri II donna *aux*

---

(1) Décl. du 5 févr. 1551. — Ord. du mois de sept. 1561. — Édit du mois de mars 1580.

Nos rois usèrent souvent de la faculté de racheter. Parmi les édits qui ordonnèrent la réunion au domaine royal des greffes, tabellionnages, sceaux, etc., etc., on remarque surtout un édit de Henri IV du mois de juillet 1595.

veuves, enfants et héritiers des sergents et archers qui seraient tués dans l'exercice de leurs charges, le droit de disposer de l'office comme auraient pu le faire les titulaires eux-mêmes.

87. — Charles IX fut fidèle à ces traditions. Au mois de janvier 1568, ce prince déclara que les officiers établis dans le ressort du Parlement de Paris, qui dans un délai de deux mois verseraient aux parties casuelles le tiers de la valeur de leur office, seraient affranchis de la règle des quarante jours, ajoutant, sans doute pour faire cesser les hésitations, que les officiers qui ne profiteraient pas de la faveur qui leur était offerte *ne seraient reçus à résigner leur office en faveur qu'en payant préalablement la moitié de la juste valeur d'iceux au lieu du tiers.* — Les titulaires qui satisferaient à cette condition devaient d'ailleurs rester, comme par le passé, sous l'empire de la règle des quarante jours.

Un second édit rendu au mois de juin suivant et conçu dans le même esprit, mais d'une application beaucoup plus étendue puisqu'il s'adressait à tous les officiers du royaume, donna au versement de la somme demandée un caractère obligatoire.

Quatre ans plus tard, Charles IX dispensa de la règle des quarante jours ceux de ses secrétaires qui pourraient justifier de vingt années d'exercice.

88. — Toutefois, ce n'est que sous Henri III que le caractère de l'hérédité, tel qu'il se rencontre dans nos

offices ministériels, commence réellement à se faire jour.
« On ne savait encore il y a trente ans, écrit Loyseau
« au commencement du xviie siècle, ce que c'estoit que
« des offices héréditaires, fors les féodaux..... Ce ne fut
« qu'en 1580, lors de la grande peste, que cette peste
« d'estats apparut, ayant lors les greffes esté faits héré-
« ditaires (1). » — Un édit de 1583, en effet, accorda,
moyennant finance bien entendu, aux différents officiers des eaux et forêts, « gruyers, verdiers, forestiers,
chastelains, segrayers, gardes-marteaux, maistres, sergents des eaux et forêts, » le droit de jouir de leurs
charges, « eux et leurs successeurs et ayant-cause, à
« *toujours, perpétuellement, comme de leur propre héri-*
« *tage et chose.* »

La haute portée de cette ordonnance est incontestable.
Sous les règnes précédents, l'hérédité était une faveur
spéciale, une grâce personnelle accordée à certains officiers, à leurs veuves et à leurs enfants. L'édit de 1583
confère, au contraire, une hérédité parfaite. Les différents offices des eaux et forêts ne peuvent jamais rentrer
dans les mains du roi. Comme les officiers domaniaux et
même plus favorisés qu'eux, puisque leur droit n'est pas
sujet au rachat, les détenteurs des offices héréditaires ne
sont ni astreints à résigner de leur vivant ni soumis à la
règle des quarante jours. Leurs veuves, leurs enfants et

(1) *Offices.* L. 2, ch. 8, n° 1.

leurs autres héritiers peuvent, à leur décès, disposer de l'office, comme ils auraient pu le faire eux-mêmes de leur vivant. Leur droit serait absolu s'il n'était modifié par une seule restriction : la nécessité de recourir au roi pour chaque mutation.

89. — Les règles observées à l'égard de ces offices sont, en général, les mêmes que celles qui étaient suivies dans les milices sous le Bas-Empire. Toute transmission, en effet, donnait lieu à la délivrance de lettres de provision et à la perception d'un droit appelé *quart denier*, analogue au droit d'entrée des milices.

Ces charges sont, au reste, les seules qui, sous l'ancienne Monarchie, jouissent de l'hérédité parfaite (1). Ce n'est pas à dire qu'il n'y ait pas d'autres offices héréditaires; mais l'hérédité n'y est que conditionnelle. Aussi Loyseau distingue-t-il des offices « héréditaires par privilége » (les offices des eaux et forêts) et des offices héréditaires « qui ne le sont que conditionnellement et en certains cas. » Quels étaient ces derniers? Qu'appelait-on autrefois hérédité imparfaite? Nous touchons ici à la plus célèbre combinaison financière du xviie siècle.

90. — Sous le règne de Henri IV, les édits de survivance rendus dans le cours du xvie siècle avaient pour la plupart produit leur effet. Les priviléges accordés à

---

(1) Il faut peut-être cependant y joindre les offices des chauffecires de la grande chancellerie et de la chancellerie du Parlement (Loys. *Off.*, L. 2, ch. 8, nos 18 et 19.)

certains officiers avaient été révoqués. Les offices domaniaux enfin avaient été en grande partie réunis au domaine de la couronne. La règle des quarante jours était
donc plus que jamais menaçante pour les officiers.

D'un autre côté, les guerres civiles avaient épuisé les
finances de la royauté. A l'imitation de ses prédécesseurs, le roi Henri IV résolut de demander à l'ambition
des possesseurs d'offices les ressources qui lui manquaient. Mais instruit par leur exemple, et désireux
avant tout de concilier les intérêts de ses officiers avec
les siens et ceux de ses successeurs, il eut recours à
un expédient nouveau.

Ce fut en 1604 que parut l'édit Paulet ou l'édit pour
la Paulette, ainsi appelé du nom de Charles Paulet,
secrétaire du roi, qui en fut l'inventeur. Henri II et
Charles IX surtout avaient imposé à certains de leurs
officiers l'achat du privilége de l'hérédité. Henri IV fit
du moyen qu'il offrit aux titulaires de se soustraire à
la règle des quarante jours une mesure générale et
purement facultative. Tous les possesseurs d'offices qui,
au commencement de chaque année, paieraient la soixantième partie de la taxe de leur office, devaient jouir
d'une double faveur : s'ils mouraient dans l'année sans
avoir résigné, ou moins de quarante jours après leur résignation, l'office, au lieu de devenir vacant, serait conservé au résignataire, à sa veuve et à ses enfants; en
second lieu, le droit de résignation, fixé dans les cas or-

dinaires au quart denier, serait alors du huitième denier seulement.

Cet édit créait ainsi un véritable contrat d'assurance dans lequel le roi, ou plutôt le fermier du roi, jouait le rôle d'assureur, tandis que les officiers remplissaient celui d'assurés. La prime consistait dans la somme que les titulaires versaient chaque année au bureau des parties casuelles.

Le paiement du droit annuel, ou plus simplement de l'annuel, se faisait du 1er janvier au 15 février. L'assurance faite pour une année n'obligeait pas pour les années suivantes. L'officier pouvait à son gré interrompre et reprendre son paiement. Payait-il, il était affranchi de la règle des quarante jours; cessait-il de le faire, il retombait sous l'empire de cette règle.

91 — Cette innovation en appelait une autre. Il fallait désormais, pour déterminer le chiffre de l'annuel, connaître le nombre des offices conférés à prix d'argent, leur nature, leur quotité, leur valeur. L'édit pourvut à ce besoin en ordonnant que le conseil du roi évaluerait les différents offices vénaux et en dresserait un état estimatif. De cette manière, il devenait facile de déterminer le taux de la prime annuelle et le montant du droit de résignation. L'établissement d'un état estimatif eut un autre avantage, celui de fixer l'indemnité à payer aux titulaires en cas de suppression.

92. — Ce n'était qu'avec une certaine hésitation que

le roi s'était décidé à la mesure financière analysée ci-
dessus. On redoutait le mécontentement public, et surtout
l'opposition du Parlement. Ces craintes, il faut le dire,
étaient fondées. L'édit Paulet fut, à son origine, très-mal
accueilli (1). Aussi le chancelier n'osa-t-il, avant d'en
requérir l'exécution, le faire enregistrer au Parlement.
L'enregistrement se fit dans la petite chancellerie, en
présence des maîtres des requêtes et des secrétaires. Un
second fait confirme cette observation. Le roi ne voulut
pas contracter un engagement illimité. La durée de la
faculté attribuée aux officiers ne devait pas, à l'origine,
dépasser six ans. Ce fut pour ce laps de temps seulement que le droit fut affermé à Charles Paulet, moyennant la somme de 1 million 6,000 livres.

Mais peu à peu les esprits sentirent tous les avantages d'une combinaison qui, tout en laissant intacts les
droits de la royauté, accordait, sans rien exiger, un privilége vivement désiré et de nature à s'obtenir moyennant un sacrifice pécuniaire assez modique. L'édit Paulet resta donc en vigueur sous les successeurs du roi
Henri IV. Jusqu'à la chute de la Monarchie, les possesseurs d'offices continuèrent le paiement du droit annuel (2).

(1) Voyez à cet égard le *Journal de l'Estoile* (Déc. 1605), l'*Histoire
de France du Père Daniel*, l'*Histoire de de Thou*, les *Notes de Deré-
fuge* et le *Traité des offices de Loyseau* (L. 2, ch. 10).

(2) Supprimé en 1618, le droit annuel fut rétabli au mois de juillet
1620.

Il ne faudrait pas croire pourtant que les années n'y apportèrent aucune modification. Ainsi, pour ne citer que l'un des nombreux édits rendus dans le cours du XVIIe et du XVIIIe siècle, l'édit du mois de février 1771 ordonna une nouvelle évaluation des offices et fixa la Paulette au centième denier. Mais jusqu'en 1789, le paiement de l'annuel fut le moyen 1° d'acquérir la faculté de résigner son office, avec dispense de l'obligation de survivre quarante jours à la résignation pour en conserver le prix; 2° de transmettre la propriété de l'office, ou plutôt de la finance, à la veuve et aux héritiers, dans le cas où l'officier mourait sans avoir résigné en faveur.

93. — La règle des quarante jours, si peu connue, même de nom, aujourd'hui, a donc persisté jusqu'au dernier jour de notre ancienne Monarchie. Par suite, l'hérédité telle que nous la comprenons actuellement, l'hérédité sans condition, l'hérédité parfaite, ne fut guère qu'une exception chez nos ancêtres : on ne la retrouve véritablement que dans les offices héréditaires par privilége. Mais comme en fait les officiers payaient toujours le droit annuel, les offices devinrent rarement vacants par la mort des titulaires. De sorte qu'au commencement du XVIIe siècle, la perpétuité, la vénalité et l'hérédité sont la condition commune de toutes les charges publiques.

Ces trois caractères, et peut-être y étaient-ils encore

mieux marqués que dans toute autre classe, se ren-
contraient dans les offices qui portent maintenant le
nom d'offices ministériels.

§ IV. — *La vénalité et l'hérédité se retrouvent au plus
haut point sous l'ancienne Monarchie dans les offices
qui correspondent à nos offices ministériels.*

94. — Parmi les officiers de judicature, mais dans un
rang inférieur et avec le titre de ministres de la justice,
on plaçait autrefois la plupart des officiers que nous
appelons aujourd'hui officiers ministériels. L'importance
de ces charges s'était considérablement accrue depuis le
Bas-Empire. Les greffiers, les tabellions, les procureurs,
les sergents, les huissiers, exerçaient dans l'ancien droit
des professions dont les caractères étaient nettement dé-
finis. D'un autre côté, des fonctions nouvelles inconnues
à Rome avaient pris naissance. Dès le xve siècle, on
trouve des avocats aux conseils du roi, des huissiers ou
jurés priseurs, enfin des agents et des courtiers de commerce.

95. — 1. *Des Greffiers, des Tabellions et des Notaires.*
— La condition des greffiers et des notaires se maintint
longtemps en France telle qu'elle était dans les dernières
années de l'Empire romain. — Nos anciennes ordonnances nous apprennent que ces officiers, dont elles

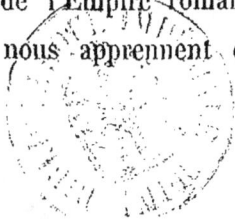

7

semblent confondre les attributions, expédiaient les actes
de juridiction contentieuse (les jugements), et tenaient
note des actes de juridiction gracieuse (les contrats).

A l'origine, ces fonctions étaient habituellement confiées par les juges à leurs clercs. C'est à cet usage qu'il
faut attribuer sans doute le nom même de clerc, qui ne
fit place que fort tard à celui de greffier, et celui de
clergie, par lequel on désignait l'exercice de la profession. Mais en 1303, Philippe-le-Bel changea ce mode de
nomination, et seize ans après, Philippe-le-Long déclara
que les greffes et les tabellionnages faisaient partie du
domaine royal (1319) (1). L'ordonnance de ce prince a
un côté bien remarquable. Il y est déclaré que « les
« greffes et les tabellionnages seraient doresnavant ven-
« dus aux enchères à bonnes gens et convenables. »
C'est donc à cette époque que la vénalité de ces charges
aurait commencé à se faire jour. Toutefois, il ne faut pas
exagérer la portée de cette disposition. Vendre, dans le
style du XIVᵉ siècle, signifiait seulement donner à ferme,
et non consommer une aliénation définitive (2). Pour
trouver le principe de la vénalité réellement appliqué, il
faut aller jusqu'à l'année 1521. Ce fut, en effet, François Iᵉʳ qui érigea en titre d'offices les greffes et les tabellionnages qui, comme les autres offices domaniaux,

(1) Loys., *Offices.* L. 2, ch. 5, nᵒ 53.
(2) Voy. *suprà*, page 71, note 1.

furent vendus dès lors à faculté perpétuelle de rachat.

Depuis cette époque, le nombre des greffiers et des tabellions alla toujours en augmentant. Parmi les nombreux édits de création rendus dans le cours du XVIe siècle, il faut citer notamment un édit du 11 juin 1543, un autre du mois de décembre 1567, et enfin un édit du mois de mai 1575 (1). Quand Henri IV monte sur le trône, il y a des greffiers aux Parlements, des greffiers des insinuations civiles, des greffiers des insinuations ecclésiastiques, etc., etc. Le nombre des notaires n'est pas moins multiplié. On trouve des notaires ou secrétaires du roi, maison et couronne de France, des notaires au Châtelet de Paris, des notaires, tabellions et garde-notes dans chaque bailliage et juridiction royale, des notaires apostoliques, etc. Vénaux dans toute l'acception du mot, ces innombrables offices ne tardent pas à obtenir le privilège de l'hérédité. Un édit du roi Henri III rend d'abord les greffes héréditaires (1580), et quelques années plus tard Henri IV attribue le même caractère aux offices des notaires et des tabellions.

Malgré ces concessions, le droit de ces officiers n'était pas un droit stable. Nos rois s'étaient réservé la faculté de réunir à leur domaine, au moyen du rachat, les greffes et les tabellionnages, et l'histoire nous atteste qu'ils en usèrent souvent.

(1) Joly, *Offices de France*, 3e Livre, p. 1058 et suiv.

96. — II. *Des Procureurs*. — L'usage de se faire représenter en justice passa du droit romain dans notre ancien droit. Le nom de procureur, dont l'origine est toute latine (*procurator*), s'est même conservé en France presque jusqu'à nos jours. Mais les représentants des parties ont sous l'ancienne Monarchie un caractère bien différent des *procuratores ad lites* dans le Bas-Empire. Le mandat de se présenter devant le juge pour autrui constituait sous l'ancienne jurisprudence l'exercice d'une profession. Dès le commencement du XIVe siècle, on trouve des procureurs établis près le Châtelet de Paris, et deux cents ans plus tard, nos anciens auteurs sont unanimes pour se plaindre du nombre excessif de ces officiers.

Ce fut en 1572 que les charges de procureurs furent érigées en titre d'offices. Révoqué en 1579 aux États de Blois, et remis en vigueur en 1595 pour être encore révoqué, l'édit d'érection fut définitivement maintenu par Louis XIII. Dans l'intervalle et depuis, les rois, comme ils le firent pour tous les autres offices, multiplièrent les créations; et sans doute l'excès du nombre ne fut pas une des moindres causes de cette cupidité que le chancelier L'Hospital reproche aux procureurs de son temps et qu'il flétrit en termes si énergiques (1).

(1) *Traité de la réformation de la justice.*

97. — III. *Des Huissiers et des Sergents.* — Les fonctions des huissiers et des sergents, comme celles des *viatores* ou *executores* à Rome, et comme celles de nos huissiers, consistaient à signifier soit les titres ou jugements, soit la plupart des actes qui en sont la préparation ou la suite, et à mettre en usage les voies indiquées par la loi pour assurer l'exécution des uns et des autres. — Par opposition aux sergents, les huissiers étaient, parmi ces officiers, ceux qui (ainsi que le mot l'indique) étaient spécialement chargés de veiller à l'ouverture et à la clôture des portes.

Les charges des huissiers et des sergents subirent de bonne heure les effets du système imaginé par Louis XII et continué par François Ier. De nombreux édits, rendus sous les règnes de Henri II, de Charles IX et de Henri III, portèrent le nombre de ces officiers à un chiffre excessif. Il n'y a pas d'exagération à affirmer que sous l'ancienne Monarchie il y avait plus de vingt classes de sergents et d'huissiers. Sans parler des huissiers de l'arsenal, des huissiers du bureau de la ville, des huissiers de la chambre des comptes, des huissiers de la grande chancellerie, des huissiers de la chaine, les seuls huissiers du Châtelet de Paris ne formaient pas moins de quatre catégories distinctes : il y avait des sergents fieffés, des sergents à cheval, des sergents à verge et des sergents à la douzaine. Il paraît que cette multiplication effrénée ne suffisait pas encore aux besoins de la royauté, car vers le milieu du xvɪᵉ siècle nos rois sont obligés d'inventer de nouvelles fonctions.

98. — IV. *Des Huissiers-priseurs vendeurs de meubles.* — En 1556, le roi Henri II, sous prétexte de remédier aux fraudes qui « chascung jour se commettaient tant à « son préjudice et retardement de ses deniers qu'au « grand dommage et intérêts de ses subjects dans les « prisées et ventes de meubles, » institua sous le nom d'huissiers-priseurs vendeurs de meubles des officiers chargés de faire après décès ou sur saisie les prisées, estimations et ventes publiques de tous les biens meubles.

Inutiles comme tant d'autres et créés dans un but purement fiscal, ces nouveaux offices, qui dans la suite furent quelquefois réunis aux offices des sergents ordinaires pour en être plus tard séparés, se maintinrent jusqu'à la fin du xvɪɪɪᵉ siècle (1).

99. — V. *Des Avocats aux conseils du roi.* — Denizart définit les avocats aux conseils du roi « des officiers « créés pour faire les fonctions de procureur et d'avocat « dans les différents conseils du roi et dans les commis-« sions extraordinaires du conseil (2). » — Ces charges furent plus longtemps que les autres inaccessibles à la

(1) Édits de mars 1575, de février 1691, d'octobre 1696. — Déclaration du 12 mars 1697. — Édit de février 1771.

(2) Vᵒ Avocats aux conseils du roi.

vénalité. Ce fut en 1643 seulement qu'elles furent érigées en titre d'offices. A partir de cette époque, plusieurs édits augmentèrent considérablement le nombre des avocats aux conseils du roi, qui subsistèrent sous ce nom jusqu'à la Révolution.

100. — VI. *Des Agents et des Courtiers de commerce.* — Lorsque Louis XII et François Ier vendirent les premières charges de finance et de judicature, les agents et courtiers de change et de marchandises existaient déjà depuis longtemps en France (1). L'érection de ces fonctions en titre d'offices fut une des mesures du règne de Charles IX. Toutefois, ce ne fut que sous Henri IV que l'édit de ce prince, renouvelé par un arrêt du conseil du 15 février 1595, fut mis en vigueur. — Dès lors, l'histoire des courtiers de change et de marchandises est celle de tous les officiers. Les créations, excellent moyen pour la royauté de rétablir l'ordre dans ses finances épuisées, se multiplient outre mesure, et la vénalité va toujours en croissant jusqu'au moment où l'Assemblée Constituante proclame le libre exercice de cette profession.

101. — On le voit par ce rapide exposé : nulle part

(1) Voyez une ordonnance de Philippe-le-Bel du mois de janvier 1312.

la vénalité n'imprima plus fortement son sceau que dans les offices que l'on désigne aujourd'hui du nom d'offices ministériels. Comment expliquer ce fait? S'il n'était trop téméraire de prétendre en indiquer la véritable cause, on pourrait peut-être dire que c'est uniquement parce que ces offices se prêtaient mieux que les autres aux conventions des parties, parce que la cession en était sinon plus naturelle, du moins plus légitime. Presque tous (il n'y a d'exception que pour les greffes) étaient des offices *à clientèle*, ou, pour employer l'expression ancienne, des offices *à pratique*, c'est-à-dire des offices auxquels aucun traitement n'était attaché. C'était la clientèle, et par ce mot il faut entendre le plus ou moins grand nombre de personnes qui fréquentaient l'étude de chaque officier, qui faisait toute la valeur de ces charges. Or, l'importance de la clientèle était en raison directe de la loyauté, de la capacité, de l'activité de chaque titulaire. — En vendant son office, l'officier disposait donc d'une propriété qu'il avait lui-même créée, c'est-à-dire du plus légitime de tous les biens.

102. — La longue transformation à laquelle nous venons d'assister ne put s'opérer sans donner naissance aux effets juridiques les plus graves. Ce sont ces effets qu'il faut maintenant développer et apprécier tant au point de vue des intérêts privés qu'au point de vue de l'intérêt public, et par conséquent d'abord dans les rap-

ports des particuliers entre eux, puis dans les rapports des officiers avec le collateur.

CHAPITRE PREMIER.

Des offices dans les rapports privés. — Vénalité. — Hérédité.

103. — L'acquisition d'un office moyennant le versement aux parties casuelles de la somme fixée par la royauté donnait à l'acquéreur le droit d'en disposer de son vivant et de le transmettre lors de son décès à ses héritiers, s'il s'était soumis aux conditions exigées, et notamment s'il avait payé le droit annuel, lorsque l'office n'était pas du nombre de ceux qui étaient héréditaires par privilége.

SECTION PREMIÈRE.

DE LA VÉNALITÉ.

104. — Le droit de tous les peuples comprend des choses qui sont dans le commerce (*res intra commercium,* — *res quæ sunt in nostro patrimonio*), et des choses qui sont hors du commerce (*res extra commercium*). En mettant le titre d'officier à prix, l'ancienne Monarchie avait par là même rangé les offices dans la première de ces deux classes. Les titulaires pouvaient donc disposer de leur charge à leur gré : à titre onéreux s'ils voulaient

recouvrer la somme qu'ils avaient donnée, à titre gratuit dans le cas contraire.

Ce n'est pas tout. Les offices, puisqu'ils étaient livrés aux conventions des parties, pouvaient faire l'objet d'une société (1), et comme le mariage n'est le plus souvent qu'une association de biens à côté d'une association de personnes, l'exercice d'une charge publique donnait lieu entre les époux à des rapports juridiques des plus intéressants.

Dans l'exposé de ces règles, il ne faut pas oublier toutefois que la propriété de cette espèce particulière de biens était imparfaite sous bien des rapports. Il importe de distinguer dans les offices deux éléments essentiels : la finance, c'est-à-dire la somme versée aux parties casuelles qui était dans le commerce, et le titre qui restait à la disposition du collateur.

ARTICLE I. — *Transmission à titre onéreux.* — *Ses caractères.*

105. — Les lois de toutes les nations permettent de revendre ce qu'on a acheté : « *Quæ emeris vendere jus*

----

(1) De ce que les sociétés en matière d'offices étaient permises autrefois (c'est un point que je démontrerai plus loin), il ne faut pas conclure qu'elles seraient licites aujourd'hui. — J'espère même établir, dans le cours de ce travail, que dans l'état actuel de notre législation toute convention de cette nature est, sauf une seule exception, atteinte d'une nullité radicale.

gentium est. » (1) En disposant à titre onéreux des offices qu'ils avaient payés, les titulaires usaient donc d'un droit consacré par la justice des siècles.

Cette disposition constituait-elle cependant une véritable vente? Si l'on parcourt les anciennes ordonnances, on voit que les rois de France préfèrent aux mots *vendre, céder, transmettre*, dont ils évitent l'emploi, les mots *résigner en faveur, présenter des successeurs*. Agissent-ils ainsi sans motifs? Ne faut-il voir là que l'œuvre du hasard?

Il faut distinguer deux choses dans un office : la finance et le titre. La finance était la créance acquise sur le roi moyennant le prix versé aux parties casuelles. Le titre était le droit d'exercer les fonctions publiques attachées à l'office. L'officier qui disposait de sa charge ne vendait en réalité que la finance. C'était au roi et au roi seul qu'il appartenait de conférer le titre. Le titulaire n'avait donc pas un droit de disposition absolu. Ce qu'il pouvait faire, c'était uniquement de se démettre en faveur, de présenter un successeur avec lequel il débattait auparavant les conditions de sa démission. On comprend dès lors que si les ordonnances rejettent les mots *vendre, céder, transmettre*, c'est que nos rois veulent que leurs officiers n'oublient pas qu'ils ne sont point autorisés à faire passer leurs charges à autrui directement, de leur

(1) Sénèque.

propre autorité et comme s'il s'agissait d'un bien ordinaire.

Les formes de la transmission attestent et prouveraient au besoin cette différence essentielle entre la propriété des offices et la propriété des autres choses. Ordinairement un seul acte suffisait; pour les offices, on en exigeait deux : un pour la finance, qu'on appelait spécialement contrat de vente ou traité, et l'autre pour le titre, qu'on désignait sous le nom de procuration *ad resignandum*. Le premier était passé entre le résignant et le résignataire; on y réglait le prix et les autres conditions de la cession. Dans le second, le titulaire donnait pouvoir de remettre l'office entre les mains du roi et du chancelier ou garde des sceaux pour en disposer en faveur de la personne qui y était désignée.

Le traité n'était pas d'une nécessité absolue. Le collateur, en effet, n'avait pas à rechercher, en principe au moins, si l'officier s'était démis gratuitement ou à titre onéreux. En recevant la somme représentative du prix de l'office, il s'était engagé envers l'acquéreur à ne pas disposer de l'office sans son consentement. Dès là que le consentement était donné, c'est-à-dire lorsque le titulaire avait remis une procuration *ad resignandum*, la transmission devait avoir lieu.

Jamais, au contraire, le contrat de vente ne pouvait suppléer la procuration *ad resignandum*, et il est facile d'en comprendre le motif. C'était du roi seul que les officiers tenaient leur titre. Or, la collation n'était possible qu'autant que l'office était retourné à sa source, que lorsque le titulaire, par conséquent, avait remis sa démission entre les mains du collateur.

106. — Faut-il cependant refuser de reconnaître d'une manière absolue les caractères de la vente dans la transmission d'un office? La confusion, je crois, est facile à éviter. Elle est plutôt dans les mots que dans les choses. Dans les rapports des officiers avec le collateur, la convention était simplement une démission, une résignation en faveur; dans les rapports du résignant et du résignataire, c'était une véritable vente. On y rencontrait donc les trois éléments essentiels à ce contrat. La cession imposait à chacune des parties des obligations distinctes. Enfin, il y avait lieu de se demander si elle était soumise aux causes de résolution et de rescision du droit commun.

§ 1. — *Des éléments essentiels à la cession.*

107. — Le consentement (*consensus*), la chose vendue (*res*) et le prix (*pretium*) étaient de l'essence même du traité. En l'absence de ces trois éléments, le contrat ne pouvait se former.

108. — I. Toute convention exige le consentement des parties. Mais il ne suffit pas que le consentement

existe; il faut qu'il soit librement donné et qu'il émane
d'une personne capable. Le contrat était donc annulable
lorsque l'un des contractants avait traité sous l'empire
du dol, ou de la violence, ou lorsqu'il n'avait pas la
capacité requise.

109. — II. Quel était l'objet de la convention? Il
importe de le bien déterminer.

En s'appauvrissant, en diminuant son patrimoine pour
obtenir l'office dont il sollicitait l'investiture, le titulaire
avait obtenu du roi la promesse qu'il ne serait remplacé
que sur la présentation qu'il ferait lui-même de son successeur. S'il achetait, c'était parce qu'on lui fournissait
le moyen de reprendre, à la cessation de ses fonctions,
la somme qu'il avait donnée. Que cédait-il par suite,
quel droit abandonnait-il lorsqu'il résignait en faveur?
Était-ce l'office considéré en lui-même, c'est-à-dire le
droit d'exercer une fonction publique? Non, c'était simplement la créance qu'il avait sur le roi, la créance qu'il
avait acquise au moyen du versement de fonds qu'il
avait fait à la caisse des parties casuelles. — L'objet du
contrat, la chose vendue, était donc la finance de l'office.

110. — III. D'après ce qui précède, il semble que le
prix aurait dû être exactement de la somme versée aux
parties casuelles. Car à un certain point de vue et même
dans la réalité des choses, la vente d'un office n'était

guère qu'un transport de créance. Mais les officiers ne se contentèrent pas de ce qu'ils avaient donné pour se faire pourvoir. De bonne heure ils tâchèrent de réaliser un bénéfice, et l'avidité avec laquelle les charges publiques furent recherchées pendant trois siècles, assura à leurs efforts un plein succès. De la part de certains titulaires, ce désir, il faut le reconnaître, n'avait rien d'ailleurs que de très-légitime. Les ministres de la justice et les agents et courtiers de commerce achetaient souvent un titre nu, et laissaient à leurs successeurs un office suivi par une nombreuse clientèle. On ne pouvait donc les blâmer lorsqu'ils demandaient un prix en rapport avec une valeur qui était leur propre ouvrage.

Cette augmentation dans le prix courant des offices attira de bonne heure l'attention de la royauté. Dès le milieu du xviie siècle, plusieurs ordonnances furent rendues dans le but de réprimer les exigences des titulaires. Mais elles échouèrent contre la résistance des officiers (1), qui trouvèrent dans les contre-lettres un moyen d'en éluder les prescriptions. Les rois voulurent alors sévir, et un arrêt de règlement du 7 décembre 1691 prononça la nullité de toutes les conventions dans lesquelles les parties stipulaient soit ouvertement, soit clandestinement, le paiement d'un prix trop élevé. Cet arrêt fut

(1) Voyez à cet égard des observations pleines d'intérêt publiées en 1714 par les notaires de Paris.

fort mal observé, et vingt ans plus tard le Parlement de Paris était obligé de défendre, conformément aux conclusions de l'avocat général, M. Joly de Fleury, de vendre les offices de procureurs « pour un prix supérieur à « quinze mille livres et les pratiques autrement que sur « l'estimation qui en serait faite par deux anciens pro- « cureurs de la communauté ; de vendre et d'acquérir « pour un prix supérieur à cette estimation, et de faire « sous peine de nullité aucun traité secret pour augmen- « tation de prix. » (1)

§ II. — *Des obligations des parties.*

111. — Toute cession d'office donnait naissance à deux ordres distincts d'obligations. Le résignant devait exécuter le contrat, c'est-à-dire faire la délivrance de l'objet vendu et garantir le résignataire contre toute éviction. Le principal engagement du cessionnaire était de payer son prix au jour convenu.

112. — I. *Obligations du résignant.* — 1° *Délivrance.* — La délivrance, suite naturelle de la convention dont elle était l'exécution, était le transport de l'office cédé en la possession du résignataire. — Les règles suivies en matière ordinaire n'étaient pas, on le comprend, applicables ici. Le cédant s'acquittait de son obligation en

(1) Voir *infrà* n° 152.

remettant au cessionnaire les pièces nécessaires pour arriver à l'expédition des lettres de provision, et notamment une procuration *ad resignandum* (1).

Ce dernier acte devait être spécial et authentique, c'est-à-dire reçu par un notaire. L'usage s'était introduit de le rédiger en brevet. Le nom du mandataire ou du procureur, comme l'appelle Loyseau, pouvait être laissé en blanc; mais la procuration était nulle lorsqu'elle n'indiquait pas le nom du résignataire; on devait également y trouver la désignation de l'office. Ajoutez qu'elle n'était valable que pendant un an. Toute procuration *surannée* était sans effet « parceque, dit Henrys, par « l'intervalle qui s'est écoulé, la volonté du résignant est « présumée changer, suivant la doctrine de nos inter- « prètes sur la loi *peregre, ff. de acq. poss.* » (2)

113. — Cette explication suppose que le résignant pouvait, si bon lui semblait, révoquer la procuration qu'il avait donnée et détruire, par suite, un contrat qui était, en même temps que son œuvre, l'œuvre d'une volonté étrangère. Cette faculté existait, en effet, dans notre ancien droit. Elle y est connue sous le nom de regrès.

Le regrès (de *regressus-regredi — rentrer dans*) était

---

(1) Si un officier faisait successivement cession à plusieurs candidats, la préférence entre les résignataires se déterminait par la date de la délivrance des lettres de provision.

(2) Livre 2, tome I, quest. 77.

le droit accordé par la jurisprudence des Parlements au titulaire d'un office de judicature ou de finances, de reprendre l'office dont il avait disposé, en révoquant la procuration *ad resignandum* et le traité dans lequel il s'était obligé à la donner (1). Emprunté à la matière des bénéfices ecclésiastiques, l'usage du regrès ne faisait que commencer à s'introduire du temps de Loyseau (2). Mais un siècle plus tard il est en pleine vigueur et si bien entré dans les mœurs, que Bourjon nous apprend qu'il forme, à l'époque où cet auteur écrit, le droit commun de la France.

On l'exerçait de la manière suivante : le résignant faisait signifier au résignataire la révocation de la procuration, et s'opposait à sa réception si les lettres de provision étaient déjà délivrées. Si elles ne l'étaient pas encore, il lui suffisait de former opposition au titre de l'office. Comme dommages-intérêts, le cédant devait tous les frais faits par le résignataire.

Le regrès était une faculté personnelle au résignant. Les héritiers ne pouvaient jamais l'exercer, le titulaire eût-il de son vivant manifesté l'intention de rentrer dans son office, eût-il déjà agi dans ce but.

114. — Même réduit à ces termes, le regrès ne se justifie pas en droit.

(1) Le regrès n'était pas en usage dans les offices domaniaux.
(2) *Offices.* L. 1, ch. 11, n° 58.

La cession d'un office comme la vente de tout autre bien est un contrat synallagmatique. L'obligation de chacune des parties a pour cause l'obligation de l'autre. Le cédant s'est engagé à se démettre de son office en faveur du cessionnaire; le cessionnaire s'est soumis à payer le prix stipulé comme condition de la démission; le lien de l'obligation est aussi étroit pour l'un que pour l'autre. Si le résignataire a imprudemment promis un prix trop élevé, on lui refuse la faculté de se désister du contrat; l'équité, d'accord avec la loi de la convention, demande également que le résignant soit tenu d'accomplir son engagement.

Aussi que les raisons invoquées pour établir en droit l'usage du regrès sont faibles! C'est d'abord sur la maxime *nemo potest præcise cogi ad factum* que l'on s'appuie. Un vendeur, disait-on en paraphrasant la règle de Bartole, n'est pas obligé de délivrer précisément la chose vendue, parce qu'il s'agit d'un fait et que personne ne peut être contraint à faire. — Sans doute l'exécution d'une obligation est impossible lorsqu'on ne peut en obtenir le bénéfice qu'en exerçant une contrainte physique sur la personne du débiteur. Mais cette impossibilité n'existe pas quand la chose promise consiste plutôt dans le fait de donner que dans le fait d'agir, et tel est ici le cas. Il faut, en d'autres termes, distinguer, pour employer le langage des anciens jurisconsultes, entre le *factum merum* et le *factum non merum*. Réprouvé dans la première hypothèse, l'accomplissement forcé de l'obligation est licite dans la seconde.

Dira-t-on (et cet argument, paraît-il, avait été souvent mis en avant) qu'il est de l'intérêt public que les anciens officiers conservent leurs charges, et que l'intérêt de tous doit l'emporter sur l'intérêt d'un seul? Considéré en lui-même, cet aperçu est d'abord fort contestable. Mais serait-il vrai en effet que l'ancien officier est toujours préférable au nouveau, il n'en faudrait pas moins reconnaître que le regrès n'étant pas autorisé par la législation, c'est faire la loi au lieu de l'appliquer que d'en permettre l'exercice.

L'art. 18 du tarif du contrôle du 29 septembre 1722 fixait, il est vrai, le droit qui devait être payé pour le regrès, et l'art. 2 de la déclaration du 29 avril 1738 permettait de faire des oppositions au titre des offices à ceux qui *auraient formé une demande pour rentrer à titre de regrès ou autrement dans un office par eux vendu.* — Mais (et ce point est fort nettement établi par Merlin) (1) ces dispositions n'avaient pas pour but de donner au regrès une existence légale. Elles se bornaient à constater l'usage qui admettait cette faculté.

Aussi si le regrès est admis par la jurisprudence, la doctrine est-elle unanime pour en condamner l'exer-

_____

(1) Merlin, *Rép.* v° *Office.*

cice (1). « La seule raison qu'on peut en rendre, dit Renusson, est que *sic placuit* en faveur des officiers. » (2) Sérieux affirme que « cet usage est contraire aux règles. » Suivant Henrys, « le titulaire d'un office en ayant une fois traité et passé contrat, il ne lui devrait pas être permis de s'en rétracter. » (3) Le seul qui donne son assentiment à la jurisprudence est Bourjon; encore n'essaie-t-il pas de la justifier. Dans l'opinion de cet auteur, le regrès est un droit particulier aux offices, fondé sur l'intérêt public et préférable par cette raison au droit de l'acquéreur. (4)

115. — 2° *Garantie.* — L'obligation de garantir la vente était une conséquence de son exécution. Elle ne pouvait naître que si le cédant n'était pas rentré dans la possession de son office au moyen du regrès.

D'une manière générale, la garantie est l'obligation de procurer à autrui la jouissance paisible d'une chose. En

---

(1) Loyseau admettait assez volontiers la révocation de la procuration *ad resignandum* en l'absence d'un traité, mais il la repoussait énergiquement quand un contrat était intervenu entre le résignant et le résignataire.

(2) *Traité des Propres*, ch. 5, sect. 4.

(3) Tome I. L. 2, quest. 67.

(4) L'exercice du regrès était également permis à la suite d'une adjudication par décret. Mais on exigeait de l'ancien titulaire qu'il consignât le prix de l'adjudication. On l'obligeait, en outre, à acquitter le montant des dettes pour lesquelles l'office avait été saisi, et à rapporter une main-levée des créanciers opposants. (Arrêt du 1er juin 1776.)

disposant de l'office, le résignant s'obligeait implicitement, à moins d'une manifestation de volonté contraire,
à lever tous les obstacles qui pourraient empêcher le cessionnaire d'exercer librement ses fonctions.

Sous ce rapport, ses engagements étaient assez étendus. L'action en garantie était recevable :

1° Quand l'office, soit qu'il n'eût jamais été créé, soit
qu'il eût été supprimé, n'existait pas à l'époque de la
convention. Cependant, si l'objet du contrat était non
l'office lui-même, mais l'espérance en l'office, c'est-à-
dire un droit incertain, l'obligation du résignant cessait.
Il en était de même si la cession avait été faite aux
risques et périls du résignataire. Loyseau enseigne même
que dans ce dernier cas le cédant n'était pas tenu à la
restitution du prix (1);

2° Lorsque le cessionnaire était menacé d'une éviction
totale ou même partielle. La durée de l'action était alors
de cinq ans, et le délai courait du jour de la réception
du résignataire. C'était, en effet, par ce laps de temps
que l'on prescrivait la propriété d'un office. Or, tant qu'il
n'était pas complet, l'officier était exposé à l'action en
revendication du véritable propriétaire. Quelques auteurs
enseignaient cependant, mais à tort, que le cédant était
après la réception à l'abri de tout recours;

3° Si le cédant négligeait de faire lever les oppositions

(1) *Offices*. L. 3, ch. 2, n° 34 et suiv.

formées au sceau des provisions par ses créanciers, ou si, les lettres de provision ayant été scellées, le cessionnaire avait désintéressé les opposants;

4° Quand le résignataire ne pouvait, par suite d'un vice de la résignation, entrer en possession de l'office.

116. — La responsabilité du résignant était également engagée si, faute d'acquitter le droit annuel, il laissait l'office retomber aux parties casuelles. C'était, en effet, son fait, je veux dire sa négligence, qui avait amené la perte de l'office. Un arrêt du conseil du 6 juillet 1772 avait même fait de ce point l'objet d'une disposition spéciale (1).

Mais dans aucun cas le cédant ne répondait des évènements postérieurs au contrat. On appliquait alors et avec raison ce principe du droit commun, que la chose vendue est, après la vente, aux risques et périls de l'acheteur. Le résignant n'était donc point garant du fait du prince. Tant pis pour le cessionnaire si depuis le traité les prérogatives attachées à l'office étaient amoindries. Même au cas de suppression, le résignataire n'était pas reçu à agir en garantie. Le contraire avait cependant été soutenu par Loyseau (2). Mais l'opinion de ce savant ju-

_____

(1) « Sa Majesté ordonne et entend que la perte ne puisse être à la « charge du résignataire, et qu'il ait son recours en garantie contre son « vendeur, tant pour le droit de résignation que pour le prix principal « de l'office s'il l'a payé. » (Art. 21.)

(2) *Offices.* L. 3, ch. 2, n° 59.

risconsulte heurtait de front, comme le dit si énergiquement Bourjon (1), tous les principes du droit, et elle avait été rejetée par une jurisprudence constante. C'est un point dont on peut se convaincre en parcourant notamment un arrêt du Parlement de Dijon du 6 juillet 1668, et un arrêt du Parlement de Paris du 26 mai 1742.

117. — II. *Obligations du résignataire.* — La principale obligation du résignataire était de payer son prix au terme fixé. Le paiement ne pouvait être éludé d'aucune manière, car c'était uniquement en faveur du cédant que le regrès avait été introduit. Les cessionnaires avaient, il est vrai, mais en vain, prétendu à la jouissance de la même faculté. La jurisprudence avait toujours repoussé toutes les tentatives de ce genre (2).

En matière ordinaire, dans l'ancien droit comme aujourd'hui, le paiement du prix était garanti par un droit de rétention, par une action en revendication, par l'action en résolution, et enfin par un privilége sur la chose vendue. Lorsqu'il s'agit de la cession d'un office, l'exercice du droit de rétention, et surtout des actions en revendication et en résolution, ne se conçoit guère ou se conçoit mal. Ce n'est point du résignant que le rési-

---

(1) *Droit commun de la France*, t. I, p. 370.
(2) Parlement de Paris, arrêt du 3 mai 1653.

gnataire, en effet, tient son titre, c'est du collateur. On ne comprend donc pas que, lorsque les lettres de provision ont été délivrées, l'ancien titulaire puisse, en brisant le contrat particulier qu'il a fait avec son successeur, défaire ce que le prince a fait, ôter un droit qu'il n'a pas conféré. La seule garantie que pût invoquer le résignant était un privilége sur l'office, c'est-à-dire le droit de se faire payer sur le prix par préférence aux autres créanciers du résignataire. La jurisprudence, par une faveur spéciale, lui accordait même cette sûreté sans l'astreindre, comme elle faisait à l'égard des créanciers ordinaires, à former opposition au sceau des provisions.

118. — Ce privilége n'était pas le seul. Les prêteurs de deniers, les créanciers pour faits de charge, la caution de l'officier et le fisc, quand l'office était celui d'un comptable, étaient également privilégiés sur la charge de leur débiteur.

119. — La législation romaine accordait déjà une hypothèque privilégiée au créancier dont l'argent avait servi à l'achat d'une milice vénale. Notre ancienne jurisprudence suivit la même règle et l'étendit même, attribuant un privilége à tous ceux qui avaient prêté quelque somme pour la conservation ou pour l'augmentation de l'office. Seulement elle voulut que le prêt fût suffisamment justifié. Comment l'était-il? à quelles conditions le prêteur pouvait-il invoquer un droit de préférence?

Parmi les auteurs qui ont examiné la question, quelques-uns pensaient qu'il suffisait que le créancier montrât que l'argent avait été, au moment du contrat, employé à l'acquisition ou au maintien de l'office dans les mains du cessionnaire. D'autres exigeaient qu'on trouvât dans l'acte d'emprunt une mention expresse de la destination du prêt. Dans une troisième opinion, on enseignait qu'il fallait une stipulation d'hypothèque au moins générale, conformément à la loi 17, Code, *De pign. et hyp.* Certains auteurs, enfin, en se fondant sur la décision de la fameuse loi *Licet*, Code, *Qui pot. in pign. habeantur*, n'admettaient le privilége que lorsque la stipulation d'hypothèque était spéciale.

De ces différents systèmes, le second était incontestablement le meilleur. Seul, il donnait l'assurance que le prêt invoqué avait réellement eu lieu et que les deniers avaient été employés à désintéresser le cédant. Il avait d'ailleurs pour lui l'autorité d'un précédent. Dans un cas analogue, la Novelle 53 exige que la cause du prêt soit formellement exprimée dans l'acte dressé pour le constater (1).

120. — On appelle faits de charge les prévarications et les abus dont un officier public se rend coupable dans l'exercice de ses fonctions, et créanciers pour faits de charge tous ceux au préjudice de qui ces abus et ces

(1) Voy. *suprà*, n° 39.

prévarications ont été commis. L'équité demandait que ces créances légitimes entre toutes, puisqu'elles proviennent de relations forcées avec l'officier (*ex necessitate officii*), fussent garanties par une sûreté spéciale. On les avait munies d'un privilége.

121. — Le prix de l'office était enfin affecté par préférence à celui qui avait cautionné l'officier lors de sa réception, et au trésor public quand le titulaire était un comptable.

122. — Les anciens auteurs, et Loyseau en particulier, se sont demandé dans quel ordre on devait classer ces différentes créances. Il est bien évident qu'il ne fallait pas s'attacher à la question de temps, mais uniquement à la qualité de chacune d'elles, et attribuer le même rang à tous les priviléges fondés sur la même cause. « *Privi-* « *legia non ex tempore æstimantur sed ex causa, et si* « *plures ejusdem tituli fuerint, concurrunt.* » Loyseau rappelle cette règle puisée dans la loi *Privilegia*, Dig., *De privileg. credit.*, et propose le classement suivant qui fut généralement adopté.

La créance la plus favorisée est celle du fisc. Au second rang viennent les créanciers pour faits de charge ; s'il y en a plusieurs, ils concourent entre eux. Au dernier plan apparaissent, avec des droits égaux, le cédant et les prêteurs de deniers.

123. — Ce n'étaient pas toujours les créanciers énumérés plus haut qui se présentaient à la distribution des

deniers provenant de la vente de l'office. Le cédant, le bailleur de fonds, le créancier pour faits de charge pouvaient se substituer des tiers, céder leurs créances à autrui. La subrogation était, en effet, licite dans tous ces cas.

Mais si le principe n'était pas contestable en lui-même, la manière dont la cession du privilége devait s'opérer prêtait beaucoup à la controverse. On ne compte pas moins de trois opinions sur cette importante question.

La première avait son fondement dans la loi 11, Code, *De fidejuss.* (L. 8, t. 41). Le privilége étant inhérent à la personne, disait-on, le fait du privilégié est nécessaire pour qu'il passe à autrui. Il faut donc qu'il y ait une cession expresse de la part du créancier.

La transmission du privilége, pensaient les auteurs qui se rattachaient au second système, peut se faire par le débiteur à l'insu du créancier; mais la subrogation doit être formelle, ou tout au moins il doit être déclaré que le prêt est fait pour acquitter la dette privilégiée.

La troisième opinion était beaucoup plus radicale que les deux premières. Elle se réduisait à dire qu'il suffit de prouver que l'argent prêté a servi à éteindre la créance, pourvu d'ailleurs que le paiement ait suivi le prêt. C'est la disposition de la loi *Si ventri*, § *penult.*, Dig., *De privileg. credit.* Telle est aussi la décision de la loi 2 au Code, *De his qui in prior. credit. locum succedunt* (1).

----

(1) Voir *suprà*, n° 40.

La vérité n'est, absolument parlant, dans aucun de ces systèmes. Mais on peut la tirer de la combinaison du premier et du second. Dans tous les cas, la subrogation devait être expresse. Seulement, si le créancier ne pouvait l'accorder (1) lorsqu'elle était demandée, il fallait s'adresser au juge pour l'obtenir. Si, au lieu de désintéresser le créancier, le bailleur de fonds entrait en relations avec le débiteur, l'intérêt des créanciers de l'emprunteur demandait que l'acte d'emprunt et la quittance fussent authentiques; que dans le premier de ces actes il fût déclaré que la somme avait été empruntée pour faire le paiement, et dans le second que le paiement avait été effectivement opéré à l'aide des deniers fournis par le nouveau créancier. Cette doctrine est aujourd'hui celle du Code Napoléon, et elle était enseignée autrefois par Dumoulin (2) et par Renusson (3).

Toutefois, la jurisprudence avait dispensé les femmes de l'accomplissement de ces formalités. Un arrêt du Parlement de Paris, du 12 juin 1603, rapporté par Gouget dans son *Traité des Criées et Nantissements*, reconnaît à la femme qui a stipulé dans son contrat de mariage que la somme qu'elle apportait en dot à son mari serait employée à payer le prix de l'office ou à désintéresser les

---

(1) Tel était le cas où le paiement était fait au fisc créancier d'un comptable.

(2) Dumoulin, *Tractatus Usurarum.*

(3) *Traité de la Subrogation*, ch. 11, nos 18 et 31.

créanciers qui avaient prêté pour payer ce prix, un privilége sur l'office, sans l'astreindre à justifier que l'emploi des deniers dotaux a été fait conformément à la stipulation du contrat de mariage. Cet arrêt, rendu peut-
être sous l'influence des faits, se justifie d'ailleurs en
droit tant par la faveur de la dot *(in ambiguis pro dotibus
respondere melius est)* (1), que par cette considération que
l'emploi des deniers étant postérieur au mariage, il n'a
guère été possible à la femme d'en faire énoncer l'origine
dans la quittance.

124. — A défaut de créanciers privilégiés, le prix de
l'office ne revenait pas nécessairement au cédant ; il
était attribué aux créanciers hypothécaires, s'il y en
avait, et, dans le cas contraire, aux créanciers chirographaires.

On suivait donc, dans la répartition des deniers, le
même ordre que dans la distribution du prix provenant
de la vente de tout autre bien. L'office était, en effet,
depuis la fin du XVIᵉ siècle, le gage commun de tous les
créanciers de l'officier, qui pouvaient par suite, après
discussion préalable des autres biens toutefois, le saisir
sur le débiteur et le faire vendre aux enchères comme
un immeuble réel. Telle était la disposition expresse de
l'art. 95 de la Coutume de Paris réformée en 1580, qui
accordait en outre aux titulaires le droit de consentir des

_____

(1) Dig., *De jure dotium*, l. 70. — *De reg. juris*, l. 85.

hypothèques sur leurs charges : concession inutile, puisqu'il a toujours été de principe en France que tout ce qui peut être vendu aux enchères peut à plus forte raison être hypothéqué.

Toutefois, au temps de Loyseau au moins, les créanciers ne trouvaient pas dans l'hypothèque une garantie bien efficace : car la saisie de l'office était une condition nécessaire à l'exercice du droit de suite (1). Le cessionnaire ne pouvait être inquiété lorsque la vente était volontaire : « Office vénal est réputé immeuble et a suite « par hypothèque, portait l'art. 95 de la Coutume de « Paris, quand il est saisi sur le debteur par authorité « de justice, paravant résignation admise et provision « faite au profit d'un tiers. » Quant au droit de préférence, il n'existait pas à vrai dire : en effet, d'après le même article, « les deniers provenant de l'adjudica« tion se partageaient entre tous les créanciers au sol « la livre, » c'est-à-dire au marc le franc.

Des ordonnances, édits, déclarations et arrêts du conseil, vinrent plus tard modifier favorablement la condition de ces créanciers. On doit citer surtout la déclaration du 6 octobre 1638, des édits rendus en décembre 1665 et en août 1669, les arrêts du conseil des 31 mars 1674 et 11 juillet 1676, l'édit de février

---

(1) Les offices domaniaux étaient par exception dispensés de cette règle rigoureuse. Ils avaient suite par hypothèque, quelle que fût la manière dont ils sortaient des mains de l'officier.

1683, et les déclarations des 27 janvier 1685, 5 juillet 1689, 17 juin 1703 et 29 avril 1738. Ces nombreuses dispositions donnent aux droits des intéressés
toutes les garanties désirables. Tant que les lettres de
provision, de ratification ou de confirmation n'ont pas
été délivrées par la chancellerie, les créanciers sont
reçus, lorsque la cession est volontaire, à s'opposer à la
nomination du résignataire qui refuserait de leur donner
satisfaction. Dans le cas où l'office a été saisi et vendu aux
enchères, les oppositions doivent venir dans la quinzaine
qui suit l'adjudication (1). Les créanciers opposants sont
payés avant les créanciers non opposants. Parmi les premiers, on donne la préférence aux créanciers privilégiés;
les créanciers hypothécaires sont ensuite payés selon
l'ordre de leurs hypothèques; au dernier rang viennent
les créanciers chirographaires, qui concourent entre eux.
On suit la même marche à l'égard des créanciers non
opposants, lorsque le prix de l'adjudication est plus que
suffisant pour désintéresser tous les créanciers qui ont
formé opposition.

(1) On doit distinguer ces oppositions, que l'on appelait spécialement
oppositions au prix, des *oppositions au titre* qui avaient pour but
d'empêcher la transmission de l'office. Les unes et les autres se faisaient à l'origine entre les mains du chancelier, et, à partir de
Henri IV, entre les mains du garde-rôles. Pour plus de sûreté, on les
signifiait en outre au trésorier des parties casuelles, et même au procureur du roi du siège où le résignataire devait être reçu. (Voy. Denizart, vᵒ *Opposition au titre des offices*.)

§ III. — *Des clauses accessoires au contrat, et des causes
de résolution et de rescision de la cession.*

125. — Le droit commun permet aux contractants
d'insérer dans leurs conventions toutes les stipulations qui
ne sont pas contraires à l'ordre public, et notamment
d'affecter le contrat d'une clause résolutoire. Le vendeur
peut, même en l'absence d'une disposition particulière,
obtenir la résolution de la vente s'il n'est pas payé au
jour convenu. Expresse dans le premier cas, la condition
résolutoire est tacite dans le second.

Expresse ou tacite, la résolution n'était pas admise
quand le contrat avait pour objet un office. La raison en
est que le résignant ne faisait que préparer la voie au
résignataire, que c'était du prince seul que le cessionnaire tenait son titre : « *Resignatarius jus non habet a
resignante sed a collatore.* » Dès que l'ancien titulaire
avait donné une procuration *ad resignandum*, son droit
était épuisé. La convention, par suite, acquérait un caractère irrévocable; jamais l'office ne pouvait rentrer dans
ses mains par une conséquence du contrat.

De ce principe il suit, notamment, que la transmission
de l'office ne devait pas être accompagnée de la clause
de rachat.

126. — On appelle action en nullité ou en rescision
toute action qui a pour but de faire rescinder une con-

vention entachée de dol, de violence, d'erreur ou même de lésion, quand il y a vilité dans le prix de vente. La cession d'un office pouvait, nous dit Loyseau, être attaquée *ex capite doli, metus, vis et minoris ætatis*. Mais l'action n'était pas recevable lorsqu'elle était fondée sur la lésion, et le même jurisconsulte nous en fait parfaitement sentir le motif : « Tant, dit-il, pour ce que le juste « prix des offices est incertain, sujet à changement con- « tinuel comme consistant du tout en l'opinion et affec- « tion, mesme en la folie des hommes, ainsi que le prix « des pierres précieuses; aussi que le droit du résigna- « taire et acheteur ne dépend pas du tout du marché « qu'il a fait avec son résignant, mais dépend principa- « lement du collateur. » (1)

Cette solution fut acceptée sans difficulté par tous les jurisconsultes du XVIIe et du XVIIIe siècle, au moins lorsque les parties étaient l'une et l'autre majeures. C'est la doctrine enseignée par Ferrière (2), par Brillon (3), par La Peyrère (4), par Bourjon (5), par d'Olive, par Bouchel (6), et enfin par Rousseau de Lacombe (7). La question n'était pas résolue avec la même unanimité

(1) *Offices.* L. 3, ch. 2, n° 28.
(2) *Dictionnaire de droit et de pratique.*
(3) V° *Lésion-vente d'offices.*
(4) *Lettre O,* n° 35.
(5) *Droit commun de la France,* tom. I.
(6) *Trésor du droit français.*
(7) *Jurisprudence civile,* v° *Restitution.*

quand la cession procédait du fait d'un mineur. Loyseau laisse croire, dans cette hypothèse, que le moyen tiré de la lésion devait être admis (1). C'est aussi le sentiment de Bourjon et celui de Raviot (2). D'Olive, au contraire, ne fait aucune distinction, et rejette, dans tous les cas, l'action en rescision. Cette dernière opinion, confirmée par de nombreux arrêts, et notamment par une décision du Parlement de Toulouse du 31 juillet 1638, finit par prévaloir.

§ IV. — *Des contestations sur l'exécution des traités. — Juridiction compétente.*

127. — Considérés comme faisant partie du patrimoine des titulaires, et par conséquent comme tombant en commerce, les offices tenaient essentiellement aux intérêts privés. C'était donc devant les tribunaux que devaient être portées toutes les contestations qui se présentaient à l'occasion des traités; car il est de principe que la juridiction ordinaire est compétente pour connaître de tout ce qui se rattache au droit privé.

Appendice.

Du confidentiaire ou intérimaire.

128. — Restreints jusqu'ici à la personne du résignant

(1) *Offices.* L. 3, ch. 2, *loc. cit.*
(2) *Sur les arrêts de Perrier, quest.* 144, n° 8.

et du résignataire, les effets produits par la cession d'un office s'étendaient quelquefois davantage. A côté des principaux intéressés, il fallait dans certaines circonstances placer un tiers que l'on désignait sous le nom spécial de confidentiaire.

Il arrivait fréquemment que le titulaire d'un office était contraint de se démettre avant que son futur successeur, celui à qui il destinait sa charge, fils, neveu ou gendre, eût atteint l'âge requis pour s'en faire pourvoir. Souvent aussi, en présence d'une occasion favorable, on traitait avec un officier sans remplir encore toutes les conditions nécessaires pour le remplacer. Comme l'office, dans ces divers cas, ne devait pas rester vacant, on sollicitait la délivrance des lettres de provision en faveur d'un tiers, d'un prête-nom qui exerçait la charge à titre provisoire, après avoir pris l'engagement (*contracta fiducia*) de cesser ses fonctions lorsque le cessionnaire réunirait les qualités qui lui manquaient au moment de la cession.

Ces substitutions de personnes étaient parfaitement licites sous l'ancienne jurisprudence, et, paraît-il, même assez habituelles. Cependant elles n'étaient pas sans inconvénient. Le confidentiaire, le *fiduciarius possessor*, celui en faveur de qui les lettres de provision étaient délivrées, pouvait être indigne de la confiance qu'on avait mise en lui, et refuser à l'époque convenue de donner sa démission en faveur du résignataire. Comment l'y contraindre? La question serait assez embarrassante aujourd'hui : l'ancien droit avait trouvé un moyen ingénieux de trancher la difficulté. Le propriétaire de l'office faisait condamner par corps le confidentiaire à fournir une procuration en blanc pour résigner l'office. Au cas de refus, la délivrance des lettres de provision se faisait en vertu du jugement.

ARTICLE II. — *Transmission à titre gratuit.*

129. — Nos anciens auteurs, qui se sont si longuement étendus sur la transmission des offices à titre onéreux, gardent un silence à peu près complet sur les dispositions à titre gratuit. Ce fait s'explique sans doute par cette considération que la donation et le legs d'un office devaient, dans la pratique, se présenter fort rarement. Les libéralités, au moins quand elles atteignent une certaine importance, ne sont guère dans notre nature, et la règle *nemo donare facile præsumitur* a certainement sa source dans une observation profonde du cœur humain. Il n'est pas inutile néanmoins de poser ici quelques règles. Et d'abord, il est évident que le principe n'est pas contestable. Avoir le droit de propriété, c'est pouvoir à sa volonté disposer de la chose sur laquelle ce droit s'exerce : en échange d'une autre chose si l'on ne veut pas s'appauvrir, sans compensation si l'on veut se montrer libéral.

Ce point établi, le titulaire d'un office pouvait donner

à sa libéralité deux formes différentes : la forme d'une donation s'il se dépouillait de son vivant, la forme d'un testament s'il voulait conserver son titre jusqu'à sa mort.

§ I. — *Des donations d'offices.*

130. — L'ancien droit avait emprunté à la législation romaine la division des donations en donations entre-vifs et donations à cause de mort. Les donations à cause de mort, pouvant se faire et se faisant sous condition résolutoire assez souvent, durent, à raison de la nature particulière des offices, être beaucoup plus rares que les autres. C'est donc sur les donations entre-vifs qu'il convient d'insister particulièrement.

131. — Avant 1789, la donation d'un office avait les mêmes caractères, suivait les mêmes formes et produisait les mêmes effets que la donation de tout autre bien. Ainsi, elle était en principe irrévocable; elle pouvait être faite à titre rémunératoire ou à titre purement gratuit, à terme ou sous condition, avec ou sans charges; elle était enfin soumise à la formalité de l'acceptation, et elle devait, conformément à l'ordonnance de 1731, être insinuée sur un registre tenu au greffe du bailliage ou de la sénéchaussée du domicile du donateur. Les causes de révocation étaient généralement celles du droit commun. Mais la sentence qui déclarait la donation révoquée ne produisait pas ici ses effets ordinaires.

Régulièrement, lorsqu'une donation était révoquée soit pour inexécution des charges, soit pour cause d'ingratitude ou de survenance d'enfants, c'était l'objet donné lui-même qui rentrait dans le patrimoine du donateur. Une règle bien différente était suivie lorsque l'objet de la donation était un office. Le donataire ne pouvait, dans tous les cas, être contraint qu'à tenir compte au donateur de dommages-intérêts équivalents au préjudice qu'il éprouvait par suite de l'inexécution des conditions dans la première hypothèse, de la valeur de l'office dans la seconde. Le motif qui avait fait admettre cette dérogation aux principes ordinaires est évident. C'était dans les lettres de provision délivrées en exécution de la donation que le donataire puisait son droit; il le tenait du collateur et non du précédent titulaire (*jus tenebat non a resignante sed a collatore*). Par suite, le donateur ne pouvait reprendre un titre qu'il n'avait pas conféré.

Le résultat était le même quand la donation était révoquée après la réception du donataire, comme faite en fraude des droits des créanciers. Le titulaire conservait l'office, mais sous l'obligation d'en payer aux créanciers la valeur au moment de la révocation. Cependant si le donateur avait inséré dans la donation des conditions onéreuses qui avaient reçu leur accomplissement, le donataire devait être autorisé à en prélever le montant sur le prix d'estimation. Il en était de même lorsque la donation était à titre rémunératoire. L'équité voulait que l'annulation ne fût prononcée que jusqu'à concurrence de ce qui excédait la somme pour laquelle le donataire aurait pu agir en justice.

§ II. — *Du legs des offices.*

132. — Les offices pouvaient également faire l'objet d'un legs. Le legs dut même être plus fréquent que la donation. Car, à part cette considération que le testament dans lequel il était contenu était toujours révocable, il n'avait pas, comme la donation, pour conséquence la dépossession immédiate du titulaire; à vrai dire même, l'officier ne se dépouillait pas, puisqu'il ne disposait que pour le temps où il ne pourrait plus continuer l'exercice de ses fonctions.

La délivrance devait être faite par les héritiers du testateur, et consistait dans la présentation du légataire à l'agrément du roi L'héritier devait donc, ainsi que le titulaire qui disposait entre-vifs, fournir une procuration *ad resignandum*. S'il s'y refusait, le légataire invoquait l'office du juge, et la sentence tenait lieu de procuration.

Lorsqu'il existait des créanciers privilégiés sur l'office, ou même lorsque les autres biens du disposant n'étaient pas suffisants pour désintéresser les créanciers ordinaires, la délivrance des lettres de provision pouvait être arrêtée par des oppositions au sceau. Le légataire n'obtenait alors le titre d'officier qu'après le paiement de toutes les créances.

Article III. — *Des offices en matière de société.*

133. — Quand le principe de la vénalité fut définitivement établi, l'acquisition d'un office ne tarda pas à être considérée comme un emploi utile de capitaux. Dès lors dut naître aussi la pensée de s'associer pour en partager les produits. Ajoutez que le prix élevé de certaines charges fit de l'association à quelques égards une sorte de nécessité.

Dès l'époque où écrivait Loyseau, ces idées avaient porté leur fruit. Ce savant auteur nous apprend que de son temps les sociétés entre les officiers de finance, particulièrement, étaient très-fréquentes. (1)

Comment étaient réglées ces associations? Nos anciens jurisconsultes ne le disent nulle part; mais il est bien certain que la nature toute particulière des offices avait fait introduire quelques dérogations aux règles en vigueur dans les sociétés ordinaires.

Ainsi, l'exercice des fonctions ne devait et ne pouvait évidemment être confié qu'à un seul, à l'officier en faveur de qui les lettres de provision avaient été expédiées. Les associés prenaient part aux bénéfices, mais

---

(1) *Offices.* L. 3, ch. 10, n° 10.

l'accès de l'office leur était interdit. Leur condition avait donc, sous certains rapports, la plus grande analogie avec celle des commanditaires dans les sociétés en commandite.

La répartition des produits se faisait d'après les règles usitées en matière ordinaire. On suivait également les principes du droit commun pour les changements survenus dans la nature de l'office. Venait-il à être supprimé, des créations en amoindrissaient-elles la valeur, imposait-on aux officiers le paiement de certaines taxes; la perte dans le premier cas, la diminution de valeur dans les deux autres, étaient supportées par tous les associés dans la proportion de leur intérêt. Réciproquement, l'augmentation de l'office profitait à chacun d'eux dans la même mesure.

Ces règles, toutefois, cessaient d'être applicables lorsque la perte avait pour cause un fait personnel au titulaire : par exemple, des malversations commises dans l'exercice de ses fonctions. Il y avait faute dans ce cas, et, par voie de conséquence, faute dommageable; c'en était assez pour que l'officier fût tenu d'indemniser ses copropriétaires du préjudice que sa destitution leur faisait éprouver.

La société finissait naturellement au temps convenu, à moins que des circonstances imprévues ou l'inexécution des conditions acceptées par l'un des associés ne vinssent en avancer le terme. Si la durée n'avait pas été

déterminée, la dissolution pouvait être demandée au gré
de chacun des intéressés.

Sous ce rapport, la masse des associés était d'ailleurs
à la discrétion du titulaire. Celui à qui le titre avait été
conféré avait, en effet, seul la faculté de résigner en
faveur. Rien ne l'empêchait donc de disposer de l'office
quand il le jugeait à propos, même au préjudice de ses
copropriétaires. Dans une pareille hypothèse, la seule
ressource des associés était une action en dommages-
intérêts.

A un autre point de vue, le titulaire était encore en
dehors du droit commun des sociétés. On ne pouvait le
contraindre à mettre l'office en licitation, « pour ce que,
« dit Loyseau, l'office en soy ne peut être à deux, ni
« quant à la qualité de l'officier, ni quant à la parfaite
« seigneurie de l'office qui gist en la provision (1). » Il
devait seulement rembourser à ses associés, d'après estimation, la valeur du droit de chacun d'eux. Encore lui
laissait-on la faculté de se soustraire à cette obligation
en rapportant l'office, c'est-à-dire en offrant de l'abandonner par forme de déguerpissement pour qu'il fût
vendu en commun. Si le titulaire optait pour la conservation, l'estimation à laquelle il fallait se livrer portait
tant sur les accessoires que sur l'office même. On y faisait entrer notamment le droit de résignation et les frais

(1) *Offices*. L. 3, ch. 9, n° 54.

nécessités par la délivrance des lettres de provision et par la réception de l'officier.

ARTICLE IV. — *Des offices en matière de communauté et de douaire.*

§ I. — *Des offices en matière de communauté.*

134. — La communauté est une société de biens entre époux régie par des règles spéciales. Les offices tombant en commerce et pouvant faire l'objet d'une association, on fut de bonne heure amené à examiner si l'office exercé par le mari faisait partie des biens communs. Nos anciens auteurs résolvaient la question à l'aide d'une distinction. Et en effet, tantôt le mari était déjà officier au moment de la célébration du mariage, tantôt il n'acquérait ce titre que postérieurement.

135. — I. *De l'office possédé par le mari au jour de la célébration du mariage.* — La Coutume de Paris (art. 220) et, à son exemple, presque toutes les Coutumes du royaume posaient en principe que l'actif de la communauté se composait du mobilier appartenant à chaque époux au moment où le mariage était célébré, et de tous les immeubles acquis depuis la célébration. Les offices avaient-ils la qualité de meubles? Les réputait-on immeubles? La question était fort controversée au commencement du XVIIᵉ siècle. Loyseau, et peut-être avec

raison, pense qu'ils n'étaient, à proprement parler, ni meubles ni immeubles, mais qu'ils étaient, suivant les cas, tantôt meubles et tantôt immeubles. C'est ce dernier caractère qu'il leur attribue en matière de communauté. Par suite, suivant ce jurisconsulte, l'office dont le mari était pourvu à l'époque du mariage lui restait propre. À l'appui de son opinion, qui du reste ne rencontra guère de contradicteurs, et que l'édit de 1683 affermit définitivement, Loyseau disait que l'office était une qualité inhérente à la personne, un accident, pour employer un terme emprunté au vocabulaire de la philosophie, et qu'il était par conséquent essentiellement « incommunicable » à la femme (1).

Il faut se garder toutefois de donner à cette règle une portée trop étendue. Dans tout office, on doit distinguer le titre et, suivant l'expression des anciens jurisconsultes, la *pratique*. — Le titre ne tombait pas en communauté; la pratique, au contraire, c'est-à-dire, suivant le senti-

---

(1) C'est en ce sens que la jurisprudence se fixa dès la fin du XVIe siècle. (Voyez notamment un arrêt du Parlement de Toulouse du 23 mars 1592, et trois arrêts rendus par le Parlement de Paris en 1598 et rapportés par Peleus dans ses *Questions illustres*). — C'est aussi la doctrine que l'on trouve enseignée par tous les écrivains du XVIIIe siècle, et particulièrement par Bourjon (*Droit commun de la France*, t. 1, p. 372), par Lebrun (*Traité de la communauté*, L. 1, ch. 5, dist. 4, n° 1), et enfin par Pothier (*Traité de la communauté*, part. 1, ch. 2, n° 91.)

ment de Pothier et de Bourjon (1), toutes les dettes actives de l'officier, faisait, à moins de stipulation contraire, partie, comme toutes les choses mobilières, des biens communs.

De ce que le mari conservait la propriété de l'office dont il était titulaire au jour où le mariage était célébré, on doit immédiatement conclure que dans le cas de cession la créance du prix lui restait propre, et par suite qu'il avait droit à une récompense lorsque les deniers étaient versés dans la caisse de la communauté. Ce point cependant avait, parait-il, fait d'abord quelque difficulté. Mais l'affirmative admise par deux arrêts du Parlement de Paris (12 juin 1598 — septembre 1607) avait prévalu. — Le principe était le même quand l'office était supprimé. L'indemnité allouée au titulaire était la représentation de la finance de l'office; elle lui appartenait donc à titre de propre, et par conséquent il y avait lieu à récompense lorsqu'elle était reçue par la communauté.

Que décider à l'égard des taxes imposées au titulaire et payées des deniers communs? Loyseau et tous les anciens jurisconsultes avec lui enseignent qu'un tel paiement ne donnait à la femme aucun droit à la propriété de l'office. Mais le mari ne devait-il pas au moins récompenser la communauté des sommes qu'il en avait

(1) Pothier, *Traité de la communauté*, part. 1, ch. 2, n° 93 : — Bourjon, t. 1, p. 375.

tirées? On distinguait : la récompense était due si le versement des deniers avait eu pour conséquence d'augmenter notablement la valeur de l'office. Le principe de l'indemnité était, au contraire, rejeté quand le paiement n'avait procuré à l'officier aucun profit personnel (1).

136. — II. *De l'office acquis pendant le mariage.* — Les règles à suivre dans cette seconde hypothèse ne présentent pas les caractères de simplicité et d'uniformité qui se rencontrent dans la première. La diversité que l'on observe ici dans les causes d'acquisition entraîne comme conséquence une grande variété dans les solutions. Trois cas sont possibles : ou l'office a été acquis avec l'argent de la communauté, ou bien le paiement a été fait des deniers du mari, ou enfin le mari a été pourvu gratuitement.

137. — 1er cas. — Deux écrivains du xve siècle, Benedictus (*in verbo uxorem; dec.* 5, n° 687) et Chassanée ou Chasseneuz (sur le titre 4, art. 2 de la Cout. de Bourgogne) avaient émis l'opinion que non-seulement la femme n'avait aucun droit sur l'office acquis par le mari avec les deniers de la communauté, mais même que dans ce cas toute indemnité devait lui être refusée. Cette doctrine, aisément réfutée par Gomez (Lib. 3, *var. res.*,

(1) Lebrun, *Traité de la communauté*, L. 1, ch. 5, sect. 2, dist. 1, n° 57 ; — Pothier, *Traité de la communauté*, t. II, part. 4, ch. 1, sect. 2, art. 6, n° 660.

cap. 16) et par Garsias (*Tractat. de expens. et meliorat.*, cap. 4), n'eut pas d'écho. Selon Loyseau, lorsque l'office a été payé des deniers communs, le mari en est seul propriétaire; mais on doit tenir compte à la femme ou à ses héritiers de la moitié de l'estimation faite au jour du décès. Un siècle plus tard, Bourjon et Pothier vont encore plus loin et n'hésitent pas à donner au bien ainsi acquis la qualification de conquêt. Toutefois, comme Loyseau, ces jurisconsultes accordent au mari, s'il survit, le droit de conserver l'office, sauf récompense à la communauté du prix qu'il a coûté, déduction faite toutefois des frais de provision et de réception. Si le titulaire usait de cette faculté, l'effet de la déclaration était de faire considérer l'office comme lui ayant toujours appartenu en propre (1). Dans le cas contraire (car le mari conservait toujours le droit d'abandon), l'office était vendu et le prix se partageait par moitié entre le mari et les héritiers de la femme, ou la femme elle-même, lorsque la communauté s'était dissoute du vivant des deux époux (2).

Quel que fût le parti adopté par le mari, et bien que,

---

(1) Cette faculté n'avait lieu ni à l'égard des offices domaniaux ni à l'égard des offices qui ne constituaient pas l'état de la personne. — (Pothier, *Traité de la communauté*, part. 4, ch. 1, sect. 2, art. 7; n° 673; — Lebrun, *Traité de la communauté*, L. 1, ch. 5, sect. 2, dist. 1, n° 53.)

(2) La déclaration du mari devait être faite à la dissolution de la communauté, et au plus tard la veille ou le jour même de la clôture de l'inventaire.

lorsqu'il gardait son titre, il fût censé en avoir toujours eu la propriété exclusive, l'office était pendant le mariage aux risques et périls de la communauté (1). On aurait dû dès lors, semble-t-il, décider par application des lois 22, § 3, Code, *De furtis* (L. 6, t. 2), et 10, Dig., *De reg. juris* (L. 50, t. 17), qui posent en principe que *ubi est periculum ibi est lucrum*, que la communauté, qui supportait la perte ou souffrait de la diminution de valeur, devait profiter de l'augmentation de l'office. Cette conséquence, commandée par l'équité et admise par Dumoulin et par Loyseau, qui ne la considèrent même pas comme douteuse, n'avait pas cependant été appliquée dans la pratique. La jurisprudence, lorsqu'il s'agissait de déterminer l'indemnité à payer à la femme ou à ses héritiers, prenait toujours pour base la valeur de l'office, non au moment de la dissolution de la communauté, mais au jour de l'acquisition. Le mari n'était donc jamais débiteur que de la moitié du prix d'achat.

138. — 2e cas. — On peut supposer (et ce cas devait nécessairement se présenter assez fréquemment) que le mari, au lieu de s'adresser à la caisse de la commu-

---

(1) Pothier, *Traité de la Communauté*, part. 4, ch. 1, sect. 2, art. 7, no 663. — Dans la pratique, les femmes se dérobaient aux conséquences de la perte de l'office en se réservant le droit dans leur contrat de mariage de reprendre leur apport au cas de renonciation. Cette clause était notamment fort usitée à Paris. Aussi Loyseau fait-il aux Parisiens le reproche que la postérité a adressé à Justinien, les accusant d'être *nimium uxorii*.

nauté, payait l'office de ses propres deniers. Quel était alors le sort de l'acquisition? Quelques sous-distinctions sont ici nécessaires.

Il était possible que l'office fût acquis en échange d'un bien appartenant au mari. Cette première hypothèse est sans difficulté, l'office prenant évidemment dans .les biens de l'acquéreur la place du meuble ou de l'immeuble échangé.

Faut-il donner la même solution lorsque le paiement était fait avec l'argent provenant de la vente d'un propre du mari? L'affirmative à première vue ne semble pas douteuse. Cependant on faisait une distinction : l'office appartenait au mari lorsqu'il déclarait expressément que la somme avec laquelle il l'avait payé était le prix de l'un de ses propres, et que l'acquisition en était faite à titre de remploi. A défaut de cette déclaration, l'office entrait en communauté (1).

Il se pouvait enfin que les deniers donnés en paiement provinssent de la vente d'un bien de la femme. Dans ce cas, les auteurs enseignent que l'office faisait partie des biens communs. La femme avait seulement droit à une récompense lors de la dissolution de la communauté.

139. — 3° cas. — Que décider lorsque l'acquisition avait lieu à titre gratuit? Un office est donné ou légué, ou même, si l'on veut, échoit par succession au mari

---

(1) Loys. *Offices*. L. 3, ch. 9, nos 63-64.

pendant le mariage : à qui appartient-il? Au mari seul? ou seulement pour une moitié au mari et pour l'autre moitié à la femme? Au commencement du xviie siècle, les jurisconsultes étaient loin de s'accorder sur la solution de cette question. Loyseau, pour attribuer l'office au mari, invoquait la loi *Denique*, § *si quid minori*, Dig., *De minoribus*, qui décide que le don d'une milice fait à un fils de famille est personnel au donataire. La jurisprudence ne suivit cette opinion que dans un cas exceptionnel : lorsque l'office était donné à un successible en ligne directe.

Relativement à la donation faite par le roi, on appliquait avant le xviiie siècle ce principe consacré par une jurisprudence très-ancienne, que les dons du prince ne doivent pas être communiqués aux femmes (1). Combattue par Bacquet (2), cette doctrine, conforme à la décision de la loi *Quum multa*, au Code, *De bonis quæ liberis*, etc. (L. 6, t. 61), et à la disposition des deux lois du titre *Si petitionis socius sine herede decesserit*, au Code Théodosien, ne s'était pas maintenue. Dans son *Traité des Propres*, Renusson déclare d'une manière gé-

---

(1) Choppin (Lib. 5, *De domanio*, ch. 12) rapporte deux arrêts rendus dans ce sens dès le xiiie siècle (l'un en 1258, l'autre en 1267), et cite comme consacrant la même règle une loi des Lombards et une ordonnance de Portugal. (*Lusitan. leg.*, L. 4, t. 77.)

(2) *Des droits de justice*, ch. 20, nº 16.

nérale, et sans faire aucune distinction, que tout office
donné tombe en communauté, à moins que le titre constitutif de la donation n'en attribue la propriété exclusive au mari (1).

Cependant, on faisait une exception à l'égard des
offices qui étaient, selon l'expression de Loyseau, « par-
« tie donnés, partie vendus. » — On regardait dans ce
cas la convention comme une vente, *quia venditio, licet
viliori pretio facta donationis causa, donatio tamen non
est, si modo non sit facta nummo uno* (2), et par suite,
on attribuait l'office au mari lorsque le paiement avait
été fait de ses deniers.

§ II. — *Des offices en matière de douaire.*

140. — Le douaire est une institution du règne de
Philippe-Auguste (1214). — C'était la jouissance d'une
certaine partie des immeubles du mari accordée par les
coutumes ou par les conventions matrimoniales à la
femme survivante.

Les offices étaient-ils soumis au douaire? Aux yeux
de Loyseau, la question n'était pas sans difficulté. L'affirmative, disait cet éminent jurisconsulte, pourrait se
déduire du raisonnement suivant : ou les offices sont

---

(1) *Traité des propres*, ch. 5, sect. 2, n° 41.
(2) Dig., *Pro donato* (L. 41, t. 6); l. *ult.* (l. 6).

meubles, ou ils sont immeubles; s'ils sont meubles, la femme en a la moitié par droit de communauté; s'ils sont immeubles, elle en a également la moitié, mais cette fois par droit de douaire. Or, les offices sont immeubles sans contredit; donc ils sont assujettis au douaire. Mais il ne faut pas oublier, ajoutait Loyseau, que la négative est puissamment défendue par cette considération que l'office, étant inhérent à la personne du mari, n'est pas « communicable » à la femme. Et c'était, en définitive, à cette dernière opinion qu'il se rangeait, tout en prévoyant que le temps n'était pas loin où le sentiment le plus favorable aux femmes finirait par l'emporter (1).

Un siècle plus tard, les prévisions de Loyseau s'étaient réalisées. Bourjon nous apprend que de son temps les offices domaniaux entraient en douaire; et s'il hésite à y soumettre les autres, la jurisprudence n'a pas les mêmes scrupules (2). Vers le milieu du xviiie siècle, le douaire s'étend sur les offices comme sur les immeubles réels; seulement, par un privilége spécial, ils n'y sont assujettis que subsidiairement : lorsqu'il n'existe pas d'autres biens sur lesquels le douaire puisse être assigné (3).

(1) *Offices*, L. 3, ch. 9, n° 80.
(2) *Droit commun de la France*.
(3) Lebrun, *Traité des successions*, ch. 5, sect. 1, dist. 1, n° 89. — Pothier, *Traité du douaire*, part. 1re, ch. 2, n° 14.

SECTION II.

DE L'HÉRÉDITÉ.

141. — Avec le droit de disposition de leur vivant,
les officiers avaient, au bout d'un siècle d'efforts, obtenu
le droit de transmission, tantôt sans condition, tantôt en
se soumettant à payer annuellement le soixantième d'a-
bord, puis le centième de la valeur de leurs charges.
Comme tous ses autres biens, l'office faisait donc partie
de la succession du titulaire. Compris dans la masse
partageable si l'officier mourait dans l'exercice de ses
fonctions, il était soumis aux règles du rapport si le
titulaire en avait pendant sa vie investi l'un de ses héritiers.

ARTICLE I. — *Des offices considérés relativement au
partage entre cohéritiers.*

142. — Actuellement, la dévolution des biens se fait
entre tous les héritiers du défunt sans distinction entre
les meubles et les immeubles. Cette règle fort sage, et
qui a le grand avantage de fixer invariablement et d'une
manière fort simple les droits de chacun, n'était pas en
vigueur dans les pays de Coutume. Il y avait anciennement des héritiers *mobiliaires* et des héritiers *immobi-*

liaires. Les meubles étaient dévolus à une classe d'héritiers, les immeubles à une autre classe.

Quel était, dans la transmission, le sort réservé à l'office? La solution dépend du point de savoir si on devait le considérer comme meuble ou comme immeuble. La même question s'était déjà présentée en matière de communauté. Dans les successions, Loyseau estime qu'il fallait ranger les offices parmi les droits mobiliers; d'où ce jurisconsulte conclut qu'ils devaient entrer dans le lot attribué à l'héritier des meubles (1).

Ce ne fut pas l'opinion qui prévalut. Déterminée sans doute par leur importance toujours croissante, la jurisprudence donna aux offices la qualité d'immeubles, et même d'immeubles propres. Au xviiie siècle, cette qualification était admise sans difficulté, et les écrivains de cette époque, Bourjon et Lebrun notamment, présentent ce point comme ne pouvant faire dfficulté.

143. — Cela posé, était-ce l'office lui-même qui faisait l'objet de la transmission? A ne consulter que les anciens documents, on serait tenté de répondre affirmativement. Mais le mot est inexact. Ce qui passe du titulaire décédé à ses héritiers, ce n'est et ce ne peut être que la faculté de résigner en faveur. Il est de principe, en effet, qu'un ayant-cause ne peut avoir plus de droits que son auteur. Or, le droit de l'officier se bornait à

(1) *Offices.* L. 3, ch. 10, no 15.

présenter son successeur. C'est donc ce droit seulement, ou, si l'on veut, le bénéfice qu'il est possible d'en retirer en le mettant en mouvement, qui fait partie de la succession.

Comment les héritiers l'exerceront-ils? de la même manière que le titulaire lui-même : à quelle condition? en consentant à représenter le défunt. Ils sont libres d'user ou non du droit de présentation, mais, s'ils en usent, ils font nécessairement par là même acte d'héritiers, et ils s'obligent par conséquent au paiement de toutes les dettes héréditaires.

Cette conséquence fort logique n'avait cependant pas été admise dans le dernier état du droit romain (1), ni même au XVIᵉ siècle, à l'égard des offices des sergents et des archers tués dans l'exercice de leurs fonctions. La faculté de présenter un successeur, disait-on à ces deux époques, est attachée uniquement au droit du sang; les héritiers peuvent l'exercer sans s'obliger envers les créanciers de la succession. Mais quand les édits de survivance se furent multipliés, lorsque les offices héréditaires eurent été créés, quand enfin et surtout l'édit Paulet eut offert à tous les officiers le moyen de rendre leurs charges héréditaires, la règle changea. L'hérédité n'eut plus, comme antérieurement, sa source dans la libéralité du prince, la cause de la transmission fut le versement des deniers

(1) Voir *suprà*, nº 51.

fait chaque année à la caisse des parties casuelles. Les offices eurent donc dans le patrimoine des titulaires identiquement le même caractère que tout autre bien, et il en résulta qu'on ne put y succéder sans accepter l'hérédité, et sans, par suite, être tenu des dettes du *de cujus* (1).

144. — Quant à la forme de la transmission, on imposait aux héritiers les mêmes formalités qu'aux titulaires qui résignaient eux-mêmes en faveur. On exigeait une procuration *ad resignandum*, sans distinguer si les ayant-cause de l'officier présentaient l'un d'eux pour successeur au défunt, ou si le candidat désigné était un étranger.

ARTICLE II. — *Du rapport des offices à la succession du titulaire.*

145. — Lorsque pendant sa vie un officier s'était démis de son titre en faveur de l'un de ses héritiers, ou lorsque par une clause de son testament il avait fait de son office l'objet d'un legs, le légataire devait compte à ses cohéritiers, dont une pareille disposition blessait sensiblement les intérêts, de la valeur qui était ainsi entrée dans son patrimoine. Rien n'était plus juste, car ainsi que le fait remarquer Bourjon, les offices, autrefois comme aujour-

(1) Loys., *Offices.* L. 3, ch. 10, n° 34.

d'hui, formaient déjà, en général, la portion la plus considérable de la fortune des familles. Aussi l'obligation du rapport écrite en termes exprès dans plusieurs Coutumes, et particulièrement dans les Coutumes de Laon (Titre 9, art. 96) et de Reims (T. 10, art. 324), n'avait-elle jamais fait doute. On y soumettait même certains offices non-vénaux, et notamment les offices de la maison du roi (1).

146. — Que devait rapporter l'héritier avantagé? En principe, le rapport se faisait en nature : c'était (et le mot même de rapport en est une preuve), la remise de l'objet donné ou légué dans la masse partageable. Mais dans notre matière, l'application de cette règle avait paru trop rigoureuse. Le donataire devait seulement à ses cohéritiers l'estimation de l'office. Deux motifs justifiaient suffisamment cette dérogation au droit commun. D'abord l'office était inhérent à la personne du titulaire et ne pouvait, comme les autres biens, se partager entre les ayant-cause du *de cujus*; il était peu décent d'ailleurs de dépouiller un officier d'un titre d'où il tirait son rang et son état dans la société. En second lieu (et cette raison

---

(1) Tel est du moins le dire de Loyseau, mais ce n'est pas le sentiment de Pothier. En faisant passer un pareil office à son fils, le père, dit ce jurisconsulte, ne lui a rien donné de ses biens : car les offices de la maison du roi ne sont pas dans le commerce. Par suite, l'obligation du rapport n'a pas de raison d'être.

est décisive), les cohéritiers du titulaire n'étaient nullement intéressés au rapport en nature, il leur suffisait que le donataire leur fît raison de la valeur estimative de l'office.

147. — Maintenant, comment se faisait l'évaluation? à quelle époque l'office devait-il être estimé? Sur ce point, les opinions étaient partagées. Alexandre sur la loi *Illud*, Code, *De collat.*, et Garsias (*tractatus de expensis et meliorationibus*, ch. 4, n° 4), étaient d'avis qu'il fallait s'attacher au moment du partage. D'autres, en se fondant sur la loi 20, Code, *De collat.*, et sur la loi 30, Code, *De inoff. testam*, enseignaient que l'on devait se reporter à l'époque de l'ouverture de la succession. Ce second système tendait à introduire dans la jurisprudence française les règles applicables au rapport des milices vénales sous le Bas-Empire. Loyseau en avait parfaitement démontré la fausseté en prouvant que la théorie du rapport ne s'appuyait pas sur les mêmes principes dans notre ancien droit que la *collatio bonorum* en droit romain. Suivant cet auteur, l'office devait être estimé d'après sa valeur au jour de la résignation. Et en effet, disait Loyseau, l'office tombe aux risques du donataire du jour de la délivrance des lettres de provision. D'ailleurs, il est de principe, ajoutait-il, que l'estimation doit se faire au temps de la donation, lorsque l'objet donné se consomme par l'usage qu'on en fait ou est de nature à diminuer de valeur. Or tel est ici le cas, puisque si le titulaire néglige

de payer le droit annuel, l'office rentre aux parties casuelles (1).

Cette doctrine prévalut. Consacrée par un arrêt du
14 avril 1603 et reproduite dans les *Arrêtés* de La-
moignon (2), on la trouve au xviii⁰ siècle enseignée par
Lebrun dans son *Traité des successions*.

148. — D'ordinaire, l'estimation était facile à faire.
Elle était même toute faite lorsque les parties avaient
pris soin d'évaluer l'office dans l'acte constitutif de la
donation. Cette évaluation ne portait d'ailleurs aucune
atteinte au droit des cohéritiers du donataire, qui étaient
recevables à la critiquer si elle leur paraissait entachée
de fraude. Toutefois, si la donation avait été faite par
contrat de mariage et en faveur du mariage, on s'accordait assez généralement à reconnaître que les attaques
dirigées contre le défaut de sincérité de l'estimation devaient être rejetées, si le prix indiqué n'était pas de beaucoup inférieur à la valeur réelle de l'office. Les réclamations étaient également inutiles lorsque l'office était un
don du roi, et même lorsqu'il avait été cédé pour le prix
qu'il avait coûté au père, quoique ce prix n'en repré-
sentât pas la valeur au moment de la résignation. Cette
dernière faveur, fondée, suivant Pothier, sur l'intérêt
qu'il y avait à conserver les offices dans les familles, ne

(1) *Offices*. L. 3, ch. 10, n° 30.
(2) *Titre des successions*, art. 17.

s'appliquait cependant qu'aux charges de judicature. Elle ne fut jamais étendue aux offices des ministres de la justice et des agents et courtiers de change et de marchandises.

Si enfin la donation avait un caractère rémunératoire, la jurisprudence restreignait avec raison l'obligation du donataire à l'excédant de la somme pour laquelle il aurait eu action en justice.

149. — Pour établir que l'estimation devait se faire sur le pied de la valeur de l'office à l'époque de la donation, Loyseau se fondait sur ce motif que les risques et périls étaient à la charge du donataire. Cette décision n'allait cependant pas de soi. Lorsque l'office périssait par la suppression qui en était prononcée par le prince (c'était à peu près le seul risque auquel il était exposé), quelques jurisconsultes voulaient que l'héritier fût dispensé de l'obligation d'en rapporter la valeur. Cette opinion pouvait se justifier par la décision de la loi 2, § 2, *De collat.*, qui décharge le fils émancipé de l'obligation du rapport lorsque l'objet du don a péri sans dol ni faute de sa part. Mais le sentiment contraire avait été consacré par un arrêt du 12 décembre 1610, et il est unanimement adopté par tous les auteurs un siècle plus tard. Et, en effet, il en est de la donation comme de la vente. L'office donné entre dans le patrimoine du nouveau titulaire qui, profitant dès lors de l'augmentation de valeur, doit, par une juste réciprocité, être soumis aux chances

de perte. Le donataire d'ailleurs savait que l'office était sujet à suppression. Que ne stipulait-il que, cette hypothèse se réalisant, il ne serait pas tenu au rapport de l'estimation?

CHAPITRE II.

Des offices dans les rapports des officiers et du collateur.

150. — On se tromperait fort si, prenant à la lettre les mots *vénalité* et *vente* dans l'ancienne jurisprudence, on en venait à croire que les édits de Louis XII et de François Ier avaient fait des offices une propriété laissée à la libre disposition des titulaires (1). Les offices sont avant tout une délégation de la puissance publique, et ce caractère s'y retrouve à toutes les époques de notre législation. Si les rois, moyennant la finance qui leur est versée, permettent aux officiers d'intervenir dans la collation des charges, ils ne se dépouillent pas pour cela complètement. A chacun son rôle : l'officier indiquera son successeur, le souverain conférera le titre; au premier la présentation, au second l'investiture. Ces deux droits sont indépendants l'un de l'autre. Le choix du prince n'est pas nécessairement engagé par la désignation qui lui est faite, et tant qu'il n'y donne pas son

(1) Loyseau, *Offices*. L. 1, ch. 2, n° 36.

agrément, la convention particulière intervenue entre le résignant et le résignataire ne produit aucun effet.

Le droit réservé au collateur n'est pas effectivement un vain mot. S'il a livré au commerce la finance de l'office, le titre lui est resté; s'il a promis d'accepter les présentations qui lui seraient faites, c'est à condition qu'elles ne nuiraient pas à l'intérêt général et que les successeurs présentés offriraient des garanties suffisantes de capacité et de moralité. Il exerce donc un droit de contrôle sur les traités, et si le prix de la *composition* (1) notamment lui semble trop élevé, il refuse de délivrer les lettres de provision de l'office. Bien plus, il fixe lui-même le taux de la résignation. Son droit ne cesse même pas avec l'agrément qu'il donne au candidat présenté. Si, une fois pourvu, l'officier se rend indigne de continuer l'exercice de ses fonctions, il le prive de son office; si l'utilité publique exige des suppressions, il les fait; si, enfin, de nouveaux offices sont nécessaires, il les crée.

SECTION PREMIÈRE.

DE LA FORME DE LA COLLATION. — DES DROITS DU COLLATEUR. — DE LA TAXE DU QUART DENIER.

151. — La distinction entre le droit du résignant et

(1) On sait que nos rois évitent l'emploi des mots *vendre*, *céder*, *transmettre*, pour employer de préférence l'expression *résigner en*

le droit du collateur est nettement indiquée par Loyseau
dans le passage qui suit : « La vente d'un office ne sert
« de rien sans la résignation, ny la résignation sans l'ad-
« mission d'icelle qui est la provision. » (1) Dans un
autre endroit, le même auteur nous dit que l'effet de la
résignation est seulement de donner au résignataire droit
à l'office, c'est-à-dire une simple espérance, un droit
purement éventuel, un *jus ad rem* et non un *jus in re*.

Si le traité intervenu entre le titulaire et celui qui se
propose de le remplacer est impuissant à opérer la transmission de l'office, de quel fait résultera donc la réalisation du but que les parties ont voulu atteindre? Comment
le résignataire acquerra-t-il un droit définitif, *droit en
l'office*, pour employer l'expression usitée au xviie siècle?
Le recours au collateur deviendra nécessaire. Ce sera le
roi, et le roi seul qui investira le futur officier du titre
qu'il sollicite.

Le titulaire devra donc présenter son cocontractant à
l'agrément du souverain, c'est-à-dire donner dans une
procuration le pouvoir de résigner l'office.

Mais le prince sera-t-il obligé d'accueillir la présentation? Loyseau, se fondant sur cette considération que
l'officier n'a acheté que sous la condition qu'il lui serait

---

faveur. De même dans le style de la chancellerie on appelait *composition* et non *vente* la convention qui intervenait entre le titulaire et
son futur successeur.

(1) *Offices.* L. 3. ch. 3, nº 1.

permis de revendre, répond affirmativement (1). Cette solution est exacte si l'on se place dans l'hypothèse où il n'existe aucun motif particulier de rejeter la résignation. Dans le cas contraire, si, par exemple, le successeur indiqué ne remplit pas les conditions d'idonéité exigées ou si la démission est déterminée par la promesse d'un prix trop élevé, le collateur n'est pas lié. Il renvoie la procuration *ad resignandum* en réservant au résignant tous ses droits, ou nomme même un sujet de son choix à qui il impose l'obligation d'indemniser le titulaire.

152. — Cette faculté, fondée sur l'intérêt public, était une conséquence du droit d'examen que la royauté, moralement responsable des officiers qu'elle donnait au pays, s'était arrogé sur les traités. Déjà, comme aujourd'hui, le prix des offices n'avait pas tardé autrefois à atteindre un chiffre fort élevé. Nos rois voulurent réprimer cette exagération qu'ils regardaient comme un abus. Un édit du mois de décembre 1665 fit défense aux officiers des Cours souveraines, sous peine de perdre entièrement le prix de l'office, de stipuler un prix supérieur au prix fixé par cet édit. Révoquée en 1709, la fixation du prix de ces offices fut rétablie en septembre 1724, et consacrée enfin dans les termes les plus formels par l'édit de février 1771, qui en fit une mesure générale. L'art. 6 mérite surtout d'être remarqué : « Aucun office, y lit-

(1) *Offices.* L. 3, ch. 8, n° 10.

« on, ne pourra être vendu, soit en justice, soit autre-
« ment, au-delà de la fixation portée par les rôles ou
« état général, ou par les réformations qui auront été
« faites dans les cas portés par les articles ci-dessus. »

Cet édit fut confirmé par l'arrêt du conseil du 6 juillet
1772, et appliqué par les édits d'octobre 1781 et de janvier 1782, portant création d'offices de receveurs généraux et particuliers. S'il fallait en croire le témoignage
de Merlin, les officiers, abandonnant enfin le système de
résistance qu'ils avaient suivi pendant longtemps, ne l'auraient pas accueilli avec trop de défaveur, et au Châtelet
notamment on se serait empressé de s'y conformer (1).
Mais il semble difficile d'ajouter foi à cette assertion,
qui est d'ailleurs démentie par les écrivains contemporains.

153. — Si le collateur admettait la résignation, et il
était rare en fait qu'il ne l'admît pas, le droit du résignataire se transformait. Ce n'était plus un droit éventuel, c'était un droit désormais acquis. On appelait provision l'acte par lequel le roi prenait alors soin de pourvoir à l'office devenu vacant par la démission du titulaire,
et lettres de provision les lettres de chancellerie qui
portaient le choix du souverain à la connaissance du
nouvel officier.

Les lettres de provision donnaient à l'officier *droit en*

_____

(1) Rép. V° *Offices*.

l'office, c'est-à-dire un droit réel, un droit de propriété, la *seigneurie* de l'office. Ce n'était pas assez toutefois pour que le résignataire pût exercer ses nouvelles fonctions; il devait auparavant se faire recevoir (1). Mais désormais l'office était entré dans son patrimoine, et il ne pouvait plus en être privé que par son propre fait.

154. — La transmission ne s'effectuait d'ailleurs et par suite les lettres de provision n'étaient délivrées qu'autant que les parties avaient acquitté un certain droit que le Trésor percevait sur toutes les résignations. Cette taxe injuste dans son principe, puisque les officiers puisaient la faculté de résigner en faveur dans la finance qu'ils versaient aux parties casuelles, avait eu, comme la création des offices, les besoins de l'État pour cause. Ce fut, en effet, au plus fort des guerres de religion que Charles IX l'établit (édit de 1567), « de sorte que comme « les guerres d'Italie ont esté la cause de la vente des « offices, les guerres civiles ont causé la vente des rési- « gnations (2). » On avait tenté de la justifier en faisant remarquer qu'elle était depuis longtemps en usage aux bénéfices ecclésiastiques, et surtout en faisant observer que la transmission de tous les biens était frappée d'un droit de mutation.

(1) « La provision fait le pourvu seigneur de l'office, et la réception le fait officier. » (Loys., *Offices*. L. 1, ch. 2, n° 42.)

(2) Loys., *Offices*. L. 3, ch. 3, n° 15. — Voy. aussi Fontanon, t. 2, p. 561.

Nos anciens auteurs la désignent quelquefois sous le nom de marc d'or, le plus souvent sous le nom de taxe du quart denier. Cette dernière expression pourrait faire croire que ce droit s'élevait au quart de la valeur de l'office; il n'en était rien : c'était tout au plus s'il montait au dixième ou au douzième de cette valeur, et même pour les offices dont les titulaires recevaient un traitement (pour les offices à gages), il ne dépassait jamais le montant du traitement annuel. Loyseau estime que les mots *quart denier* désignent le quart du quart, c'est-à-dire le seizième de la valeur de l'office.

Par exception, certaines résignations n'étaient pas assujetties au paiement du marc d'or. On dispensait de cette taxe dans trois cas. Le premier était celui où le cessionnaire résignait avant sa réception. Le paiement du droit étant nul, faute de cause, on autorisait la répétition (1). En fait, d'ailleurs, le retrait des deniers versés n'avait pas lieu. La somme donnée restait aux parties casuelles et tournait à la décharge du second résignataire. — Le quart denier n'était pas exigé, en second

(1) On exigeait toutefois qu'il ne se fût pas écoulé plus de six mois entre la seconde résignation et la première.

L'application la plus fréquente de cette exception était le cas où un officier, atteint d'une maladie qui l'empêchait d'exercer ses fonctions, se démettait provisoirement en faveur d'un confidentiaire. Au cas de décès, l'investiture devenait définitive sans qu'il y eût lieu au paiement d'un droit nouveau. Si le résignant recouvrait la santé, il reprenait son office sans avoir besoin de lettres de provision.

lieu, quand le résignant levait un office dont l'exercice était incompatible avec celui dont il était pourvu. Ce droit enfin ne se percevait pas sur l'échange des charges dont la valeur était à peu près égale.

Quelquefois, sans dispenser de la taxe, on en réduisait le montant. Ainsi, le paiement de l'annuel faisait descendre le marc d'or du quart au huitième denier.

SECTION II.

DE LA DÉCHÉANCE DE LA FACULTÉ DE RÉSIGNER EN FAVEUR.

155. — En conférant à l'impétrant le titre qu'il recherchait, en faisant de l'office une sorte de propriété dans les mains du possesseur, la royauté réservait les droits de l'intérêt public. Si elle se dessaisissait, c'était sous cette condition, toujours sous-entendue, que le titulaire accomplirait avec zèle et loyauté le mandat dont il était chargé. Elle conservait donc, si l'officier ne remplissait pas ses obligations, la faculté soit de révoquer pour toujours la concession qu'elle avait faite, soit d'interdire au pourvu pendant un temps plus ou moins long l'exercice de ses fonctions.

156. — La privation absolue de l'office avait pour conséquence immédiate la déchéance de la faculté de résigner en faveur. Aussi nos rois ne recouraient-ils que rarement à cette mesure extrême. Dumoulin veut que nul ne soit privé de sa charge qu'après forfaiture préala-

blement jugée, et nous apprend que tel était le principe
posé dès le ix⁰ siècle dans un capitulaire de Charles-le-
Chauve, et plus tard dans une ordonnance de Philippe-
de-Valois (1). La célèbre ordonnance du 21 octobre 1467,
qui a mérité d'être appelée la grande charte des officiers,
donnait également à tous les titulaires, dans l'intervention des tribunaux, une garantie contre les caprices des
gouvernants.

L'usage des collations à prix d'argent confirma et for-
tifia encore ce principe. En vendant les offices, les rois
contractèrent l'engagement, sinon exprès au moins tacite,
de ne pas en dépouiller les titulaires sans une cause
légitime. La destitution (ainsi le voulait une ordonnance
de 1547, art. 85) ne dut être prononcée qu'autant qu'un
débat solennel avait donné la preuve que l'officier avait
failli, *forfait* à ses devoirs.

157. — « La *forfaiture* est la privation de l'office
« ordonnée par sentence du juge pour quelque faute de
« l'officier, et est la forfaiture ès-offices ce qui s'appelle
« *dévolut* aux bénéfices, *commise* aux fiefs et aux emphy-
« téoses, et *confiscation* aux autres biens. Forfaire signifie
« mettre hors de soi. » (2)

---

(1) *Præterea nullus officiarius destituetur ab ejus officio et statu,
neque alteri conferetur, nisi per mortem vacet vel resignationem vel
forefacturam per judicem competentem, officiario audito vel debite
vocato, declaratam.* — (*Stylus Curiæ Parlamenti*, part. III, *Ordina-
tiones regiæ*, t. 46, *de excessibus officialium*, § 9.)

(2) Loyseau, *Offices*. L. 1, ch. 13, n⁰ 1.

La forfaiture était donc le retour de l'office, à la suite d'une espèce de confiscation, entre les mains du prince qui en avait pourvu le titulaire. On en distinguait deux sortes : tantôt la privation résultait directement de la sentence du juge, tantôt elle était la conséquence d'une peine infamante prononcée contre l'officier. Expresse dans le premier cas, elle était tacite dans le second.

La privation expresse se présentait sous deux formes différentes. Quelquefois la sentence déclarait l'office vacant et impétrable; l'officier était alors privé purement et simplement de son titre. Le plus souvent le juge prononçait que l'officier était incapable de *tenir office*. L'effet du jugement était seulement, dans cette seconde hypothèse, de rendre l'officier incapable de continuer ses fonctions, et par conséquent de le contraindre à résigner dans un délai fixé.

Lorsque la vénalité fut devenue la règle, cette seconde forme fut à peu près la seule usitée. Les Cours souveraines (où aboutissaient d'ordinaire les procès de ce genre) enjoignirent presque toujours aux officiers de fournir une procuration *ad resignandum* dans un temps limité par la sentence. Cette jurisprudence conciliait ainsi d'une manière fort sage les intérêts des officiers avec les exigences de l'intérêt public.

158. — La garantie d'un jugement n'était accordée qu'aux possesseurs des offices qui tombaient aux parties casuelles. Elle ne l'était pas aux titulaires des autres

charges, et notamment aux officiers subalternes de la
maison du roi, qui cependant achetaient leur titre. Au
dire de Loyseau, ces officiers étaient à peu près destituables à la volonté des titulaires d'un ordre plus élevé
dont ils tenaient leurs fonctions; seulement ils pouvaient
s'adresser au roi pour se faire réintégrer dans leurs
charges. Si ce moyen ne réussissait pas, l'équité demandait qu'on leur permît de résigner en faveur.

159. — Sans être de nature à entraîner la privation
absolue de l'office, les fautes commises par un officier
pouvaient présenter encore assez de gravité pour que
l'intérêt public compromis exigeât satisfaction. Dans ce
cas, on avait recours à la suspension.

La suspension était un emprunt fait aux bénéfices
ecclésiastiques. Dans les usages de l'Église, le prêtre à
qui l'on avait quelque irrégularité à reprocher était privé
pour un temps déterminé, mais ordinairement assez
court, de l'exercice de son ministère. Ces maximes du
droit canonique passèrent dans la jurisprudence des
offices. La suspension ne portait aucune atteinte à la
seigneurie ou propriété de l'office; elle s'appliquait à
l'exercice seulement. L'officier suspendu conservait son
titre, son rang, et pouvait, même pendant la durée de
la suspension, résigner en faveur. Il y avait plus : si un
traitement était attaché à l'office, on le conservait, en
général, intact à l'officier. Cependant le juge pouvait,
pour plus grande peine, ordonner une réduction. Le titu-

laire était même nécessairement atteint dans ses intérêts pécuniaires lorsque l'intérêt public exigeait que ses fonctions fussent confiées à un intérimaire pendant qu'il était privé du droit de les exercer.

SECTION III.

DE LA SUPPRESSION DES OFFICES.

160. — Toute vente, quel qu'en soit l'objet, impose au vendeur l'obligation de garantie. Garantir, dans un sens large, ce n'est pas seulement protéger l'acheteur contre le fait d'autrui, c'est aussi, et à plus forte raison, se soumettre soi-même à l'obligation tacite de ne pas le troubler dans la jouissance des droits qu'on lui a cédés. Le vendeur doit donc être repoussé lorsqu'il introduit une demande dont le résultat serait l'éviction de la chose vendue. C'est le cas d'appliquer la maxime : *Quem de evictione tenet actio eumdem agentem repellit exceptio* (1).

Vrai en matière ordinaire, ce principe l'est également lorsqu'il s'agit de la cession d'un office. Il y a même ici pour maintenir le contrat des raisons qui n'existent pas suivant le droit commun. Tout office est, en effet, essentiellement inhérent à la personne du possesseur. Le reprendre, c'est en quelque sorte porter la main sur le

(1) Dig., *De evict.* (L. 21, t. 2), l. *Venditorem.*

titulaire lui-même. La dignité éminente du collateur exige d'ailleurs qu'il se maintienne plus scrupuleusement encore qu'un simple particulier dans les termes de la convention qu'il a faite.

Il suit de là que le roi ne pouvait priver un officier de son titre en offrant de lui rembourser la finance que celui-ci avait versée aux parties casuelles. La vente que le collateur avait faite l'obligeait non-seulement à l'égard du premier acheteur, mais même envers tous les résignataires cessionnaires successifs des droits du premier titulaire.

161. — Il y avait cependant une classe particulière d'officiers à l'égard de qui le remboursement était permis. Les offices domaniaux, tels que les greffes, les tabellionnages, les sceaux, n'avaient été aliénés que sous condition résolutoire. Le roi avait la faculté (et il en usait souvent) de les réunir à son domaine en exerçant le rachat. Mais, à vrai dire, il n'y avait pas là une exception au principe posé plus haut, puisque c'était dans les conventions mêmes des parties que le droit du collateur prenait sa source.

En thèse, la règle était donc absolue, et si on devait en faire fléchir quelquefois la rigueur, c'était uniquement lorsque l'intérêt public le demandait. Dans ces limites, le remboursement était équitable. Car ce n'était pas pour l'avantage des officiers, mais dans un but d'utilité générale que les offices avaient été établis. Seulement on devait rendre aux titulaires qui se trouvaient dépossédés la somme d'argent qu'ils avaient donnée pour obtenir leur titre. Jamais les Cours souveraines ne vérifiaient les édits de suppression qu'à la charge d'un remboursement préalable.

A cet égard, comment procédait-on? A l'origine, la royauté restituait simplement la finance qu'elle avait reçue. Mais la valeur vénale des offices s'étant accrue dans une proportion considérable, il y avait presque toujours, au grand préjudice des titulaires, une différence en moins entre l'indemnité et le prix d'achat. Dès le commencement du xviie siècle, on sentit la nécessité d'adopter une base nouvelle. L'édit du 7 décembre 1604 voulut qu'il fût dressé un état estimatif des différents offices, déclarant que dorénavant ce serait le montant de l'estimation qui serait remboursé aux officiers. Les progrès toujours croissants de la vénalité ne tardèrent pas à rendre insuffisantes les évaluations faites en vertu de cet édit, et dès l'année 1633 elles furent augmentées d'un quart.

On sait qu'à la fin de son règne le roi Louis XV avait eu l'idée d'opérer une réforme complète dans l'organisation des différentes charges publiques (1). L'ancienne

(1) Édit de 1771.

Monarchie voulait à cette époque révoquer les hérédi-
tés et les survivances, et surtout supprimer, lorsque les
circonstances le lui permettraient, un grand nombre
d'offices qui ne devaient leur création qu'aux nécessités
financières de l'État. Pour faciliter cette tâche, l'édit de
1771 décida que l'estimation de chaque office serait faite
sur les renseignements fournis par le titulaire lui-même,
qui, en cas de suppression, serait remboursé conformément à la fixation qui serait ainsi arrêtée.

162. — Ce mode de suppression était fort onéreux
pour le trésor royal. Il avait d'ailleurs le grave inconvénient de dépouiller inopinément les officiers d'un bien
sur lequel ils avaient assis de légitimes espérances. Il
eût mieux valu laisser les offices retomber aux parties
casuelles et ne prononcer les suppressions qu'au fur et
à mesure des vacations. Cette manière de procéder avait
été souvent proposée, et elle fut même admise aux États
de Blois et d'Orléans dans le cours du xvi⁰ siècle. Mais
la nécessité de faire face à des besoins sans cessé re-
naissants en empêcha toujours l'exécution. Sully, sous
Henri IV, imagina un autre moyen ; ce fut, sans supprimer tout à fait les offices devenus vacants, d'attendre
pour y pourvoir qu'il devînt nécessaire de trouver des
revenus que l'on ne pourrait demander aux sources ordinaires de l'impôt. Ce système n'eut qu'une durée éphé-
mère : il disparut avec le ministre qui l'avait inventé.

SECTION IV.

DES CRÉATIONS D'OFFICES ET DES MODIFICATIONS DANS LES ATTRIBUTIONS DES OFFICIERS.

163. — Si le droit de supprimer les offices inutiles trouve dans l'intérêt public sa raison d'être, le droit d'en créer de nouveaux, lorsque ceux qui existent déjà ne suffisent pas à des besoins devenus plus nombreux, n'est pas moins fondé. En vendant, le collateur n'a point, en effet, renoncé (et il ne le peut pas, car c'est un droit inaliénable) à la faculté d'accomplir les réformes qui ont un caractère d'utilité générale. Mais du moins les officiers en exercice n'ont-ils pas droit à une compensation pécuniaire dans le cas où l'augmentation du nombre blesserait trop sensiblement leurs intérêts ? On distinguait :

Si la création consistait dans l'adjonction de nouveaux officiers investis des mêmes fonctions, le principe de l'indemnité n'était pas admis. En décider autrement, c'eût été, disait-on, rendre souvent impossible l'exercice du droit, qui est en même temps un devoir pour le souverain, de donner satisfaction aux exigences de l'intérêt public. D'ailleurs, ajoutait-on, il n'y a aucune atteinte portée aux attributions des titulaires. Les anciens officiers conservent identiquement les mêmes prérogatives et les mêmes droits que par le passé (1).

Lorsque pour créer il fallait, au contraire, démembrer, quand le collateur dépouillait les possesseurs d'une partie de leurs attributions pour en investir de nouveaux officiers, le droit à l'indemnité était bien fondé. Ainsi, lorsque le roi Henri II enleva en 1556 aux huissiers, aux sergents et aux tabellions, le droit de procéder aux prisées et ventes publiques de meubles, qui appartint dès lors aux huissiers-priseurs vendeurs de meubles, un dédommagement fut dû à tous les officiers dont les fonctions se trouvèrent ainsi amoindries. L'accomplissement de l'obligation contractée dans ce cas par le collateur ne présentait d'ailleurs aucune difficulté sérieuse. La royauté ne créait que pour vendre. Rien ne l'empêchait, par suite, de distraire une partie de la somme qu'elle recevait des uns pour l'attribuer aux autres.

Les officiers étaient-ils tenus d'accepter l'indemnité qui leur était offerte? Loyseau enseigne que si elle leur paraissait insuffisante, ils étaient fondés à demander leur remboursement (2). Cette doctrine est une application de ce principe, que dans tout contrat l'inexécution des obligations de l'une des parties délie l'autre de ses engagements.

(1) Cette première partie de la distinction prête beaucoup à la critique. — Voy. *infrà*, n° 353.

(2) *Offices*. L. 3, ch. 2, n° 23.

Au lieu d'amoindrir, les rois étendaient quelquefois les attributions des possesseurs d'offices. Ils le faisaient même d'autant plus volontiers qu'ils y trouvaient un excellent moyen de se créer des ressources dont ils avaient sans cesse besoin. Jamais, en pareil cas, on ne manquait, en effet, d'imposer aux officiers le paiement de quelque taxe nouvelle. Mais ces extensions et le prix qu'on y mettait n'avaient d'autre valeur que celle d'une offre. Les titulaires, si la taxe leur paraissait trop lourde, avaient la faculté d'abandonner l'office et d'exiger leur remboursement.

APPENDICE.

DES OFFICES SEIGNEURIAUX (1).

164. — L'exercice des offices étant une délégation de la puissance publique, il semble que c'était au souverain, seul dépositaire de cette puissance, que devait appartenir le droit de conférer le titre d'officier. D'où vient donc que dans l'ancienne jurisprudence on a toujours distingué des officiers royaux et des officiers seigneuriaux, des

---

(1) Les mots *offices seigneuriaux* ont une double signification. Quelquefois on les employait pour désigner les offices auxquels était attachée cette propriété d'une partie de la puissance publique qu'on appelait seigneurie. Les pairies étaient des offices seigneuriaux dans ce premier sens. Le plus souvent on les appliquait aux offices dont les seigneurs, par suite de la patrimonialité de la justice, avaient la collation. — C'est exclusivement dans ce second sens qu'ils sont pris ici.

officiers nommés par le roi et des officiers nommés par les seigneurs? C'est à l'histoire qu'il faut demander l'explication de cette anomalie. Longtemps en France, le roi ne fut que le premier des seigneurs (*primus inter pares*), et si, après une lutte de plusieurs siècles, l'énergique volonté de quelques princes parvint à établir la prééminence de l'autorité royale, le triomphe ne fut jamais complet. Possesseurs à l'origine du droit de choisir les officiers de justice, de finance et des armes, les seigneurs conservèrent jusqu'à la chute de la Monarchie la nomination aux charges de judicature. Comme le roi dont ils n'étaient cependant que les sujets, ils eurent leurs juges, et à un degré au-dessous leurs greffiers, leurs notaires, leurs sergents, leurs huissiers, etc.

D'un autre côté, la plupart des princes successeurs de Philippe-de-Valois, se firent une loi de distraire du domaine de la couronne certaines provinces dont ils investirent, à titre d'apanage, leurs enfants puînés. Ces concessions avaient le caractère d'une véritable aliénation (1), et par suite les apanagistes avaient le choix de leurs officiers. Néanmoins, sous ce rapport, leur droit était moins étendu que celui des seigneurs. Le seigneur était, que l'on me passe l'expression, un collateur *à petits pieds*. Comme le roi, il conférait lui-même le titre sans

---

(1) Cependant les apanagistes n'avaient pas le plus essentiel des attributs du droit de propriété, le droit de disposition.

lequel l'exercice était impossible. L'apanagiste avait bien le droit de présentation (et il en usait au mieux de ses intérêts, donnant toujours la préférence au candidat qui lui offrait le prix le plus élevé), mais l'institution devait émaner du roi : le principe de la souveraineté abandonné dans le premier cas subsistait donc intact dans le second.

165. — La vénalité et l'hérédité ne sont pas dans notre ancien droit le partage exclusif des offices conférés par la royauté. Les ducs et les comtes imitèrent l'exemple donné par le roi et prirent pour règle à peu près constante de faire acheter les titres qu'on leur demandait. Cependant les collations étaient quelquefois gratuites; d'autrefois elles étaient faites à titre rémunératoire; dans certains cas enfin, les seigneurs se contentaient d'une somme inférieure à la valeur réelle de l'office. Les droits des officiers n'étaient pas les mêmes dans ces différentes hypothèses : ils variaient avec la manière dont la provision avait eu lieu.

La collation avait-elle été déterminée par le paiement d'une somme d'argent, on appliquait cette règle du droit des gens, qu'il est permis de revendre ce qu'on a acheté. L'office était à la fois vénal et héréditaire.

Si, au contraire, l'officier avait été pourvu gratuitement, il n'avait pas le droit de résigner en faveur. Les auteurs donnent la même solution au cas où l'office avait été conféré à titre rémunératoire. Cette dernière décision est évidemment trop absolue, si l'on se place dans l'hypothèse où le titulaire aurait eu action en justice pour les services qu'il avait rendus au collateur.

Il y avait plus de difficultés lorsque le titre d'acquisition présentait en même temps les caractères d'une vente et d'une donation. Fallait-il dire, conformément à la décision de la loi *Aristo* (l. 18), *De donat.* (L. 39, t. 5), que l'office n'était résignable que pour partie? Devait-on dans tous les cas, suivant l'opinion de Tiraqueau (1), refuser d'admettre la résignation? Ne valait-il pas mieux appliquer la règle « *Majori parte denominatur totum,* » et décider que la résignation, admissible si le caractère de la vente dominait dans la convention, devait être rejetée dans le cas contraire? La question est avant tout une question de fait. Il était donc téméraire de vouloir placer la variété souvent infinie des espèces sous l'empire d'un principe uniforme, et Loyseau ne tombait pas moins dans l'arbitraire que Tiraqueau, dont il critiquait la doctrine, en laissant au collateur le choix entre l'admission de la résignation et le remboursement du prix qu'il avait reçu (2).

166. — Que décider s'il y avait entre le collateur et l'officier contestation sur le point de savoir si la provision avait eu lieu à titre onéreux ou à titre rémunératoire? L'intérêt de la question se révèle de lui-même.

(1) Tiraqueau. *Ad legem Si unquam.*
(2) *Offices.* L. 5, ch. 3, n° 19.

S'il y avait eu vente, l'office était entré dans le patrimoine de l'officier, qui pouvait dès lors en disposer; s'il y avait eu donation, la résignation était impossible. On faisait une distinction : lorsque l'office était rangé dans la classe des offices vénaux, on admettait l'officier à prouver par témoins le fait de la vente; dans le cas contraire, on rejetait l'emploi de la preuve testimoniale.

§ I. — *Des offices seigneuriaux dans les rapports privés. — Vénalité. — Hérédité.*

167. — Les offices seigneuriaux, lorsqu'ils étaient conférés à titre onéreux, faisaient, comme les offices royaux, partie des biens des titulaires. Les officiers des seigneurs avaient donc le droit de revendre puisqu'ils avaient acheté, et s'ils mouraient dans l'exercice de leurs fonctions, ils transmettaient leurs droits à leurs héritiers.

Considérée dans les relations des particuliers entre eux, la vénalité était ici soumise aux mêmes conditions, avait les mêmes caractères, produisait les mêmes effets que dans les offices dont la provision appartenait à la royauté. Ainsi que l'officier du roi, l'officier du seigneur déterminait à l'avance avec son successeur les conditions de la résignation, ou, s'il le préférait, disposait de son droit à titre gratuit. La transmission du titre était la suite de la cession, et l'office entrait dans le patrimoine du résignataire avec le caractère qu'il avait déjà dans les biens du résignant.

L'hérédité était également organisée sur les mêmes bases que dans les offices royaux. Si le titulaire mourait sans avoir résigné en faveur, son droit passait à sa veuve et à ses enfants. L'office, ou pour parler plus exactement la faculté de choisir un successeur, entrait dans la masse héréditaire comme tous les autres biens du défunt, et le bénéfice s'en partageait entre les héritiers. Si l'un d'eux en avait été doté pendant sa vie, il était tenu de l'obligation du rapport dont on appliquait alors toutes les règles.

168. — Les droits du titulaire d'un office seigneurial et ceux de ses ayant-cause étaient même à certains égards, sinon plus étendus, au moins plus stables que les droits des officiers royaux. La règle d'après laquelle le résignant devait, faute de perdre son office, survivre quarante jours à la résignation, n'était pas, d'après l'opinion commune, suivie en cette matière. On justifiait cette différence avec les offices royaux en faisant remarquer que cet usage, odieux et injuste dans son principe, était essentiellement de droit étroit, et ne devait être appliqué qu'aux offices pour lesquels il avait été établi. C'était notamment, au xviie siècle, le sentiment de Loyseau (1), et c'est aussi

(1) *Offices*. L. 5, ch. 3, n° 90.

cent ans plus tard la doctrine enseignée par Bourjon et par Bacquet (1).

§ II. — *Des offices seigneuriaux dans les rapports des officiers avec le collateur.*

169. — La convention dans laquelle un officier prenait l'engagement de se démettre de ses fonctions n'avait pas pour effet de faire passer l'office entre les mains du cessionnaire. Ce résultat n'était atteint que lorsque le collateur avait agréé le successeur qui lui était présenté.

La condition des officiers seigneuriaux était, en effet, exactement la même que celle des officiers royaux. Le possesseur pourvu à titre onéreux avait le droit (et ce droit, il le faisait acheter) d'indiquer pour le remplacer le candidat avec lequel il avait traité. Mais la provision, qui seule donnait le titre d'officier, ne pouvait émaner que du seigneur. Comme aux bénéfices, comme à l'égard des offices conférés par le roi, c'était du collateur et non du résignant que les titulaires tenaient leurs charges : *Resignatarius non habet jus a resignante sed a collatore.* Le droit des possesseurs était, en d'autres termes, un droit imparfait. S'ils jouissaient de la faculté de présentation, l'institution, dépendance nécessaire de la puis-

(1) Bourjon, *Droit commun de la France,* t. 1, p. 400.

sance publique, demeurait attachée à la personne du seigneur.

170. — La présentation, la provision et la réception se faisaient dans les formes usitées aux offices conférés par la royauté. Les conditions mises à la collation étaient également les mêmes dans l'un et dans l'autre cas. Ainsi, un seigneur n'admettait jamais une résignation en faveur sans imposer au résignataire le paiement d'une certaine taxe, d'une sorte de droit de mutation. Nos anciens auteurs se sont élevés, et avec raison, contre cet usage, qu'ils ont qualifié d'inique. La concession d'un office à titre onéreux étant une véritable vente, le collateur s'obligeait tacitement, par la nature même du contrat, à en admettre la résignation. Imposer aux officiers, ainsi qu'il le faisait, l'obligation de verser entre ses mains une certaine somme d'argent à chaque mutation, c'était vendre une seconde fois ce qu'il avait déjà vendu une première, c'est-à-dire vendre ce qui ne lui appartenait plus. Les rois exigeaient, il est vrai, un droit semblable; mais une injustice suffit-elle donc pour en autoriser une autre? D'ailleurs, l'édit de 1569, auquel remonte l'établissement de la taxe du quart denier, en avait expressément limité l'application aux offices royaux, déclarant que les princes et les seigneurs ne pourraient lever cette finance sur les offices qui étaient en leur nomination.

Mais le fait l'avait emporté sur le droit, et c'est le cas de dire ici avec Javolenus : « *Hæc sententia rationem*

« *quidem habet, sed alio jure utimur* (1). » Les seigneurs refusaient obstinément de pourvoir le successeur présenté par l'officier, tant que ce marc d'or de nouvelle invention n'avait pas été payé (2).

171. — En droit, le collateur n'était pas non plus fondé à repousser la résignation en offrant de rendre le prix moyennant lequel l'officier avait été pourvu. « J'es-« time, dit Loyseau, qu'il faut garder pour droit com-« mun ès offices ce qui se garde en toutes autres ventes, « qu'après icelles il n'est pas permis au vendeur de « rendre le prix à l'acheteur. » Cette décision est une application des principes du droit commun. La vente d'un office, comme la vente de tout bien, est un contrat synallagmatique. L'obligation pour chacune des parties de respecter les droits qu'elle a consentis au profit de l'autre, est corrélative à la faculté qu'elle a d'exiger les avantages qui lui ont été promis. L'acheteur court d'ailleurs les risques de la perte ou de la diminution de va-

---

(1) Dig., l. *Stichum*, § *Stichum, De statuliberis*, L. 10, t. 7.

(2) Dans ce cas, on avait, paraît-il, trouvé un moyen d'avoir raison de l'injuste résistance du collateur. Voici comment on procédait : on faisait d'abord sommation au seigneur d'admettre la résignation et de délivrer en conséquence au résignataire des lettres de provision. S'il s'y refusait, on l'appelait devant le juge chargé de la réception pour entendre dire qu'il accorderait la provision demandée, ou sinon que le juge pourvoirait et recevrait lui-même l'officier présenté. Comme il est de principe que le fait du juge est le fait de la partie (*quia factum judicis factum partis*), la sentence rendue à la suite de cette procédure valait titre au profit du futur officier.

leur de l'office; il ne faut pas que le caprice du collateur lui enlève les chances d'augmentation.

On doit décider aussi, et même à plus forte raison, que l'officier qui ne résignait pas en faveur ne pouvait être contraint à recevoir son remboursement. En mettant à prix la provision qu'il avait accordée, le collateur s'était engagé à défendre l'officier non-seulement du fait d'autrui, mais aussi et surtout du sien propre. Si donc il tentait de dépouiller ainsi le titulaire de ses fonctions, on le repoussait à l'aide de la maxime : *Quem de evictione tenet actio eumdem agentem repellit exceptio.* — Sous ce rapport, le droit de tous les résignataires était le même que celui du premier possesseur pourvu à titre onéreux.

Les rois, à la vérité, reprenaient quelquefois à leurs officiers le titre dont ils les avaient investis. Mais c'était une mesure à laquelle ils n'avaient jamais recours que lorsque l'utilité générale en légitimait l'emploi : le bien public devait également autoriser la même exception en faveur des seigneurs. Toutefois, cette considération n'avait pas, dans ce dernier cas, une importance aussi grande que dans le premier. Le nombre des officiers seigneuriaux étant nécessairement fort restreint, les suppressions devenaient par suite rarement nécessaires. La même observation s'applique aux créations d'offices.

172. — Que dire du droit de destitution? Les garanties accordées aux officiers royaux par l'ordonnance du

21 octobre 1467 protégeaient-elles également les intérêts des officiers seigneuriaux? Les anciens auteurs s'é-
taient généralement prononcés pour l'affirmative sans
distinction. Cette décision, qui pouvait peut-être souffrir
quelque difficulté à l'égard des offices conférés à titre
gratuit, était essentiellement fondée en droit pour les
offices qui avaient été conférés à titre onéreux.

On considérait comme pourvus de cette dernière manière non-seulement les officiers qui avaient versé une
certaine somme d'argent entre les mains du collateur,
mais même ceux qui avaient été nommés en récompense
de services rendus ou pour services à rendre (1). Telle
était, en effet, la disposition de l'ordonnance de Rous-
sillon qui, après avoir posé le principe de la destitution,
faisait une exception pour les titulaires qui avaient été
pourvus pour récompense de services ou à titre onéreux.
Cette assimilation était, au reste, fort rationnelle. Car
de deux hypothèses l'une : ou les services étaient tels que
l'officier aurait eu action en justice pour s'en faire tenir
compte, ou l'obligation de celui qui en avait profité était
purement naturelle. Au premier cas, il y avait eu une
sorte de compensation tacite entre la somme indétermi-
née dont l'officier était créancier, et le prix de l'office
qui lui avait été conféré; dans le second, le collateur avait
volontairement accompli son obligation. Or, dans notre

(1) Dans ce dernier cas, les services devaient être spécifiés.

ancienne jurisprudence comme aujourd'hui, il était de principe que la reconnaissance d'une obligation naturelle produit les mêmes effets que si dès l'origine cette obligation avait existé civilement. (1)

Il y avait cependant au point de vue de la preuve une différence entre la collation à titre onéreux et la collation à titre rémunératoire. Lorsque la cause de la provision n'était pas énoncée, on n'admettait pas l'officier à établir qu'elle avait été faite en récompense de services rendus. Dans la même hypothèse, il était, au contraire, reçu à prouver qu'il devait l'acquisition de son titre au paiement d'une somme d'argent.

L'obligation imposée au collateur ne se restreignait pas à sa personne. Ses successeurs universels ou même à titre particulier étaient également tenus de maintenir dans leurs fonctions les officiers pourvus à titre onéreux ou en récompense de services rendus. Cependant il y avait quelques distinctions à faire quand la collation émanait d'un seigneur commutable, c'est-à-dire dont le droit était sujet à résolution. On considérait généralement comme à l'abri de la destitution les possesseurs qui avaient obtenu leur titre d'un mari, d'un héritier bénéficiaire ou d'un possesseur de bonne foi. On privait au contraire plus facilement les officiers de leurs fonctions si le collateur était un usufruitier ou un possesseur de

---

(1) Bardet, tome I. — Bacquet. *Des droits de justice*, ch. 17, nº 9.

mauvaise foi, surtout lorsque l'office était du nombre de ceux qui n'étaient pas habituellement conférés à prix d'argent.

D'un autre côté, le droit de destitution n'appartenait pas indistinctement à tout seigneur. Pour destituer, il fallait avoir le pouvoir d'instituer. Parmi ceux qui ne jouissaient pas de cette faculté, il faut citer notamment les acquéreurs du domaine aliéné. La jurisprudence décidait également que le droit de gardé-noble ne donnait pas au père le droit de priver de leurs fonctions les officiers qu'il trouvait établis dans les terres de ses enfants. (1)

Dans les cas où elle était possible et à l'égard des seigneurs qui pouvaient la prononcer, la destitution ne pouvait régulièrement avoir lieu, ainsi qu'il a été dit plus haut, qu'à la suite d'une sentence judiciaire. Mais ces formes protectrices n'étaient pas toujours observées. En fait, les seigneurs destituaient leurs officiers par lettre ou même verbalement. Le titulaire privé de ses fonctions pouvait d'ailleurs appeler de la décision qui l'avait frappé; et comme l'appel était suspensif, il restait jusqu'à la sentence en possession de son office.

Dépouillés par violence ou même simplement troublés dans l'exercice de leurs fonctions, les officiers avaient la ressource des actions en réintégrande ou en complainte.

(1) Arrêts des 23 novembre 1539, 16 février 1564, 5 août 1586.

Mais le respect dû à la dignité seigneuriale avait fait admettre un tempérament à la règle ordinaire. La victime de la violence ou du trouble devait se pourvoir par requête, implorant doucement, dit Loyseau, l'office du juge (1). Il y avait là une modification analogue à celle que subissaient à Rome les actions *de dolo malo* et *quod metûs causà*, que l'on déguisait sous la forme d'une action *in factum* lorsqu'elles étaient intentées par un fils contre son père ou par un affranchi contre son patron.

(1) *Offices*. L. 5, ch. 5, n° 64.

TROISIÈME PARTIE.

DES OFFICES SOUS LA LÉGISLATION ACTUELLE.

173. — Lorsque le 5 mai 1789 les États Généraux se réunirent à Versailles pour la dernière fois, les anciennes idées avaient fait leur temps. Compatibles avec des institutions alors surannées, la condition et le mode de collation des offices ne l'étaient plus avec le nouveau régime dont la France allait se trouver dotée. Aussi l'un des premiers soins de l'Assemblée Constituante fut-il de donner satisfaction aux exigences de l'esprit public. Décidée en un jour, cette réforme, demandée pendant plus de deux siècles, fut exécutée malgré le mécontentement de quelques-uns et les difficultés inséparables d'une organisation complètement nouvelle. Tel est encore, à une exception près, le principe qui nous régit aujourd'hui.

Vingt-cinq ans, en effet, ne s'étaient pas écoulés depuis les décrets de l'Assemblée Constituante que les besoins d'argent forcèrent l'État de recourir à une de ces combinaisons si familières à l'ancienne Monarchie. Proscrite dans toutes nos charges publiques, la vénalité revint avec la loi de finances du 28 avril 1816; mais ce ne fut pas, il faut se hâter de l'ajouter, avec les caractères qu'elle avait autrefois. L'État ne tient pas aujourd'hui, comme les rois de l'ancien régime, boutique des offices ministériels.

Deux époques se présentent donc ici. Sous la première, le principe de la non-vénalité est sévèrement appliqué; dans la seconde, il reparaît, mais à l'égard d'une seule classe d'officiers, de ces officiers que l'ancien droit appelait ministres de la justice et que nous nommons officiers ministériels.

PREMIÈRE PÉRIODE. — DEPUIS 1789 A 1816. — PÉRIODE DE LA NON-VÉNALITÉ.

§ I. — *Suppression de la vénalité et de l'hérédité des offices. — Organisation nouvelle des officiers ministériels. — Examen de la position faite et des attributions accordées aux avocats à la Cour de Cassation, aux notaires, aux avoués, aux greffiers, aux huissiers, aux commissaires-priseurs, aux agents de change et aux courtiers.*

174. — La révolution de 1789 a un caractère plus

social encore que politique. La suppression des juridictions seigneuriales et de la vénalité des offices de judicature et de municipalité, prononcée dans la séance de
nuit du 4 août 1789 et sanctionnée seulement le 21 septembre suivant, n'était que le prélude de réformes plus
complètes. Un an plus tard, la loi des 16-24 août 1790,
rompant radicalement avec les traditions du passé, donnait à la France une organisation judiciaire uniforme.
— Huit mois après, le décret des 21 avril—8 mai 1791
abolissait les offices des agents et des courtiers de
change, et quelque temps plus tard les notaires royaux
et les notaires des seigneurs, « ainsi que les tabellions
« et tous autres du même genre, sous quelque dénomi-
« nation qu'ils fussent connus, » étaient remplacés par
des notaires publics. (Décret des 29 septembre—6 octobre 1791.)

175. — De telles réformes ne s'accomplirent pas
sans modifier essentiellement les attributions des officiers
qu'elles concernaient. Quelques-uns disparurent pour être
rétablis plus tard ; ceux qui furent conservés exercèrent
sous un titre nouveau des fonctions différentes à certains
égards de celles qui leur étaient antérieurement attri-
buées. Tous furent privés du droit de disposer de la
charge qu'ils remplissaient.

176. — I. *Des Avocats à la Cour de Cassation.* —
Les anciens avocats aux conseils du roi eurent le sort

de la juridiction à laquelle ils étaient attachés. Rétablis auprès du tribunal de Cassation par la loi du 27 ventôse an VIII, mais sous la dénomination d'avoués, ils reçurent en 1806 le titre d'avocats. Un décret du 23 juin de la même année institua auprès du Conseil d'État, en les qualifiant d'avocats, un certain nombre d'officiers publics. Après avoir quelque temps formé deux classes distinctes, les avocats à la Cour de Cassation et au Conseil d'État ont été réunis en une seule corporation par une ordonnance du 10 septembre 1817.

Les avocats à la Cour de Cassation cumulent les fonctions d'avocats et d'avoués. Ils reçoivent les pourvois, mettent en état une procédure fort simple d'ailleurs, et présentent les moyens des parties.

177. — II. *Des Notaires*. — Les fonctions des notaires étaient anciennes, estimées, respectées. L'Assemblée Constituante conserva les officiers qui les remplissaient sous le nom de notaires publics, mais elle changea leur mode de nomination. Le système de la présentation avait disparu avec la vénalité. L'Assemblée décida que les fonctions des notaires seraient exercées à l'avenir par des sujets désignés dans un concours public.

Ce mode de collation, est-il besoin de le dire, fut impraticable. L'Assemblée Constituante, l'Assemblée Législative, la Convention et le Directoire se succédèrent sans qu'il eût été possible de le mettre à exécution.

En l'an VIII, les notaires et les tabellions de l'ancien régime exerçaient toujours leurs fonctions à titre provisoire. C'est le Consulat seulement qui donna au notariat une organisation définitive. Tel a été l'objet de la célèbre loi du 25 ventôse an XI, qui, écartant le système du concours, a attribué au chef de l'État le droit de nommer aux places vacantes.

Les notaires sont les fonctionnaires publics établis pour recevoir tous les actes et contrats auxquels les parties doivent ou veulent faire donner le caractère d'authenticité attaché aux actes de l'autorité publique, et pour en assurer la date, en conserver le dépôt, en délivrer des grosses et expéditions. (Loi du 25 ventôse an XI, art. 1.)

178. — III. *Des Avoués.* — S'il y a eu sous l'ancien régime une institution attaquée, critiquée, bafouée, c'est assurément celle des procureurs. Et ce n'est peut-être pas sans raison; car, d'après le témoignage de L'Hospital, qui assurément ne paraîtra pas suspect, ces officiers n'avaient « aucun grain de probité. » Aussi, quand l'Assemblée Constituante commence ses séances, les marques de défiance, les reproches, les sarcasmes leur sont-ils prodigués. Ces fonctions ne furent cependant pas immédiatement supprimées. L'Assemblée autorisa d'abord ceux qui les exerçaient à représenter les parties, devant les tribunaux de district, sous le nom d'avoués. Mais la

13

Convention montra moins de ménagements à leur égard, et un décret du 3 brumaire an II prononça la suppression de ces charges. Rétablis à une époque plus calme et institués même d'abord auprès des tribunaux criminels, les avoués ont été, depuis la loi du 27 ventôse an VIII, nommés par le chef de l'État, mais, avant 1816, sur la présentation du tribunal auprès duquel ils devaient exercer leur ministère.

Les fonctions de ces officiers sont de représenter les parties devant les tribunaux, et de faire tous les actes nécessaires à la régularité de la procédure et à la mise de l'affaire en état.

179. — IV. *Des Greffiers.* — Les greffiers prirent naturellement leur place dans le nouvel état de choses sorti de la loi des 16-24 août 1790. — Ces fonctionnaires devaient d'abord être nommés par la majorité des juges du tribunal près duquel ils seraient établis. Mais la loi du 27 ventôse an VIII voulut que le titre de greffier fût conféré par le premier consul (art. 92). Cette loi déclara en même temps que ces officiers seraient révocables à volonté. Depuis cette époque, le droit de nomination a toujours résidé dans la personne du chef de l'État.

On a dit assez ingénieusement que le greffier était la plume du juge. Institués auprès des cours, auprès des tribunaux et même auprès des justices de paix, les greffiers écrivent en effet, sous la dictée du juge, les arrêts, les jugements et les autres actes, même d'instruction, qui appartiennent à l'administration de la justice. Ils sont, en outre, dépositaires des minutes, des décisions et actes judiciaires, et chargés d'en délivrer des expéditions ou copies aux ayant-droit.

Comme tous les officiers ministériels, les greffiers sont salariés par les parties; mais ils reçoivent, de plus, un traitement de l'État.

180. — V. *Des Huissiers.* — Dans la séance du 13 décembre 1790, les comités de constitution et de judicature avaient proposé la suppression de tous les sergents et huissiers alors en exercice. L'Assemblée Constituante décida, le 29 janvier de l'année suivante, que ces officiers continueraient l'exercice de leurs fonctions en vertu de leurs anciennes immatricules. Le même décret autorisait les tribunaux à s'attacher, pour le service de leurs audiences, un certain nombre d'huissiers qu'ils choisiraient où ils voudraient et comme ils voudraient. Ces dispositions furent rappelées et expressément maintenues en l'an IV. (19 vendémiaire, 2 et 3 brumaire.)

Le Consulat ne pouvait pas oublier les huissiers. L'art. 70 de la loi du 27 ventôse an VIII créa auprès du tribunal de cassation huit huissiers que cette juridiction devait nommer et qu'elle pourrait révoquer à son gré

Auprès des tribunaux criminels, de première instance et d'appel, ces officiers devaient obtenir leur titre du chef de l'État, qui ferait les nominations sur des présentations émanées de l'autorité judiciaire.

La loi du 28 floréal an X et, sous l'Empire, un décret du 6 octobre 1809, donnèrent dans certains cas aux juges de paix et aux tribunaux de commerce la faculté exceptionnelle déjà attribuée sous le Consulat au tribunal de cassation.

Les attributions, les droits et les devoirs des huissiers sont réglés aujourd'hui par le décret du 14 juin 1813, qui est le code de la matière. Dans notre organisation judiciaire actuelle, ces officiers sont chargés d'appeler les parties en justice, de signifier les actes de procédure et certains actes extra-judiciaires, enfin de mettre à exécution les arrêts et jugements des cours et des tribunaux.

181. — VI. *Des Commissaires-priseurs.* — L'art. 1er du décret des 21-26 juillet 1790 est ainsi conçu : « Les « offices de jurés-priseurs créés par édit de février 1771 ou « autres, demeureront supprimés de ce jour. » L'Assemblée Constituante fit cependant une réserve pour les huissiers-priseurs de Paris et pour les huissiers de la prévôté de l'hôtel, qu'elle maintint provisoirement dans l'exercice de leurs fonctions. Mais deux ans plus tard, la Convention prononça la suppression de ces offices et attribua aux

notaires, aux greffiers et aux huissiers le droit de faire les prisées et ventes de meubles dans toute l'étendue de la république. (Décret du 17 septembre 1793.)

Les choses étaient en cet état quand la loi du 27 ventôse an IX, rendue uniquement sous l'influence de besoins financiers, créa à Paris quatre-vingts commissaires-priseurs vendeurs de meubles, qu'elle assujettit à un cautionnement de 1,000 francs chacun.

Les commissaires-priseurs ont été établis dans toute la France par l'ordonnance royale des 26 juin — 21 juillet 1816, rendue en exécution de l'art. 89 de la loi des 28 avril — 4 mai de la même année. Ils ont pour attributions de procéder, exclusivement à tous autres dans les localités où ils sont institués, aux prisées et ventes publiques de meubles et d'effets mobiliers.

182. — VII. *Des Agents de change et des Courtiers.* — Considérés comme des obstacles à la liberté du travail, du commerce et de l'industrie, les offices et commissions des agents et courtiers de change, de banque, de commerce et d'assurances ne pouvaient trouver grâce devant l'Assemblée Constituante. La suppression en fut prononcée par un décret des 21 avril — 8 mai 1791, qui déclara qu'il serait loisible à toutes personnes d'exercer les fonctions attachées à ces offices et commissions, et que nul ne serait forcé d'employer le ministère de ceux qui les rempliraient. Cette mesure ne pouvait être de longue

durée. Dès le 27 vendémiaire an X, les comités de salut public et des finances furent chargés de faire choix de vingt-cinq agents de change dont vingt seraient destinés aux opérations et négociations, en banque ou papier, sur l'étranger dans Paris, et cinq à l'achat et vente des espèces monnayées et des matières d'or et d'argent. Le même décret autorisait les comités à nommer soixante courtiers de commerce.

Toutefois, la réorganisation ne fut complète que sous le Consulat. Le rétablissement des agents de change et des courtiers fut la conséquence de la création des Bourses de commerce ordonnée par la loi du 28 ventôse an IX. L'art. 6 de cette loi décidait que « dans toutes « les villes où une Bourse serait établie, il y aurait des « agents de change et des courtiers nommés par le « gouvernement. » Un arrêté des consuls du 29 germinal de la même année, rendu en exécution de cette disposition, détermina la manière dont se feraient les nominations. Chaque tribunal de commerce dans le ressort duquel une Bourse serait créée, devait nommer dans une assemblée générale dix banquiers ou négociants, et pour Paris huit banquiers et huit négociants. Les commerçants élus formeraient une liste double des agents de change et des courtiers à nommer. Adressée d'abord au préfet, qui aurait le droit d'y ajouter les noms qu'il voudrait, sans pouvoir toutefois excéder le quart du total, cette liste devrait ensuite être envoyée au ministre de l'intérieur, qui pourrait également y faire des additions, mais dans les mêmes limites que le préfet. La liste alors formée définitivement serait remise au chef du gouvernement, qui ferait les nominations.

Ce système resta en vigueur jusqu'à la loi des 28 avril —4 mai 1816. Dans les années qui suivirent, et notamment en 1817 et en 1818, des ordonnances royales en assez grand nombre modifièrent la répartition des agents de change et des courtiers faite sous le Consulat et sous l'Empire. Les plus remarquables sont l'ordonnance des 29 mai—11 juin 1816, spéciale aux agents de change de Paris, et l'ordonnance des 3-12 juillet 1816, applicable aux agents de change des autres places et aux courtiers de commerce de toutes les villes de France.

Les fonctions des agents de change consistent dans la négociation des effets publics et de tous papiers commerçables, dans la constatation du cours des papiers de commerce et des matières métalliques, dans le courtage enfin des ventes et achats de ces dernières matières, pour lequel ils ont concurrence avec les courtiers de marchandises.

Les attributions des courtiers varient avec les différentes sortes de courtage. Il y a des courtiers d'assurances, des courtiers de marchandises, des courtiers interprètes et conducteurs de navires, des courtiers de transport par terre et par eau, des courtiers gourmets-piqueurs de vin. Comme les agents de change, ils ne sont que des intermédiaires. Leur mission est de rapprocher les parties, de mettre en présence vendeurs et acheteurs, assureurs et assurés, commettants et commissionnaires.

183. — Pendant que ces réformes s'accomplissaient dans la condition des officiers ministériels, des lois, des arrêtés, des décrets, des ordonnances posaient les bases de leur organisation intérieure. Le plan suivi fut le même pour chaque classe; à quelques modifications près, il est encore en vigueur aujourd'hui.

Les offices des avocats à la Cour de Cassation, des notaires, des avoués, des greffiers, des huissiers, des commissaires-priseurs, ressortissent au ministère de la justice; les agents de change établis près des Bourses pourvues d'un parquet sont placés dans les attributions du ministère des finances (1); les courtiers et les agents de change des autres places de l'Empire dépendent du ministère du commerce.

A la tête de chaque classe, on trouve sous le nom de Chambre de discipline un conseil composé de membres sortis de l'élection et dont les attributions, principalement

(1) « Les agents de change institués près des Bourses départemen- « tales pourvues d'un parquet sont placés dans les attributions du « ministre des finances. » (Décret du 2 juillet 1862.)

Avant ce décret, les agents de change, hormis ceux de Paris, dépendaient du ministère du commerce.

administratives, sont aussi celles d'un comité de surveillance, d'un tribunal de famille, d'un bureau de paix et de conciliation (1). L'organisation, la composition et les pouvoirs de ces Chambres ont été fixés pour les avocats au Conseil d'État et à la Cour de Cassation, par les ordonnances des 10-12 juillet 1814 et des 10-30 septembre 1817; pour les notaires, par un arrêté du 2 nivôse an XII; pour les avoués, par un arrêté du 13 frimaire an IX; pour les huissiers, par le décret du 14 juin 1813; pour les commissaires-priseurs, par un arrêté du 29 germinal an IX; pour les agents de change et les courtiers, par deux arrêtés, l'un du 29 germinal an IX, l'autre du 27 prairial an X.

Des conditions d'âge, de moralité et de capacité sont exigées de tous les aspirants. La Chambre de discipline est spécialement chargée de vérifier si les prescriptions de la loi à cet égard sont remplies. C'est sur son rapport que le gouvernement se décide le plus souvent à admettre ou à rejeter les présentations qui lui sont faites.

Porteur d'une démission, muni d'un certificat de moralité et de capacité, agréé par le chef de l'État, l'impétrant n'est pas encore officier ministériel. Avant d'entrer en fonctions, il doit prêter un serment politique et professionnel.

_____

(1) Les greffiers diffèrent sous ce rapport des autres officiers ministériels : ils n'ont pas de Chambre de discipline.

Ce n'est pas tout. La prestation de ce serment est elle-même soumise à certaines conditions. Nul n'est admis à le prêter, et nul, par suite, ne peut exercer des fonctions publiques s'il ne donne un gage pécuniaire qui réponde de sa gestion. Le dépôt d'un fonds de responsabilité est exigé de tous les officiers ministériels. La rigueur sous ce rapport est même poussée si loin, que si pendant que l'offficier est en exercice son cautionnement vient à être entamé par suite de condamnations prononcées contre lui, on le suspend tant qu'il n'a pas comblé le déficit. Le titulaire est même privé de sa charge si le rétablissement se fait trop attendre. Il y a alors aux yeux de l'Administration présomption légale de démission. (1)

§ II. — *Liquidation des différents offices. — Comment se fit le remboursement. — Distinction profonde à cet égard entre les offices ministériels et les autres offices.*

184. — En abolissant les juridictions seigneuriales et en prononçant la suppression de la vénalité des offices, l'Assemblée Constituante ne s'était pas fait illusion sur les difficultés qu'elle allait avoir à surmonter pour con-

_____

(1) Ainsi, la loi du 25 ventôse an XI (art. 33) répute démissionnaire le notaire qui n'a pas rétabli son cautionnement dans un délai de six mois, lorsque le chiffre en a été absorbé ou diminué par des condamnations pour faits de charge.

cilier aussi sagement que possible l'intérêt de la nation
avec les intérêts des officiers. Les titulaires avaient chè-
rement payé les charges qu'ils remplissaient. Les priver
du droit d'en disposer, c'était les dépouiller d'un bien
légitimement acquis, leur faire subir une véritable expropriation. L'équité demandait donc qu'on leur accordât un
dédommagement.

185. — Sous l'ancienne Monarchie, les offices n'a-
vaient pas tous le même caractère sous le rapport des
droits qui y étaient attachés. Certains officiers, les officiers de judicature par exemple, recevaient un traitement fixe. Pour les rendre complètement indemnes, il
suffisait de leur rembourser la finance qu'ils avaient
donnée pour se faire pourvoir. A d'autres, aux ministres
de justice particulièrement, la royauté ne conférait qu'un
titre nu. Les produits de l'office étaient le fruit du travail, de l'intelligence, de la probité des titulaires (1). Ils
variaient avec l'importance des affaires, et surtout avec le
nombre des personnes qui réclamaient le ministère de
l'officier. A aller au fond des choses, on découvrait dans
ces offices deux éléments : le *titre*, c'est-à-dire le droit
exclusif d'exercer certaines fonctions, conféré par le roi,

(1) « Le titre, disait à l'Assemblée Constituante le représentant
« Mougins, ne présente en lui-même *aucun bénéfice*, *aucun avan-*
« *tage;* c'est l'exercice qui constitue la véritable profession du pourvu,
« qui fait naître la clientèle, qui en forme toute la consistance. »

et la *pratique*, ou, comme nous dirions aujourd'hui, la *clientèle*, c'est-à-dire le nombre plus ou moins considérable des personnes qui fréquentaient un même office. Le titre se vendait aux parties casuelles, la pratique était l'œuvre du possesseur. Plus elle était importante, plus le titre avait de valeur. Aussi en tenait-on grand compte. Les différences souvent considérables que l'on observait dans le prix de vente des offices de la même catégorie n'avaient pas d'autre cause.

A l'égard des officiers de cette seconde classe, les obligations de l'Assemblée Constituante étaient plus étendues qu'à l'égard des officiers de la première. Il ne suffisait pas de leur rembourser le prix moyennant lequel ils avaient acquis leur titre; on devait de plus les indemniser du préjudice qu'on leur causait en leur enlevant, avec la faculté de résigner en faveur, le droit de disposer d'un bien fécondé par toute une vie de travail.

186. — Le principe du remboursement admis, l'Assemblée avait à se demander sur quel pied il se ferait. Trois systèmes étaient possibles : ou l'on rendrait aux titulaires la finance versée dans les caisses de l'État par le premier pourvu; ou l'on prendrait pour base le dernier contrat d'acquisition; ou enfin on s'attacherait aux évaluations faites en exécution de l'édit de 1771. Le premier moyen, juste en apparence, puisque l'État aurait

rendu ce qu'il avait reçu, ne donnait en réalité aux officiers qu'une satisfaction illusoire, si l'on considère que la valeur vénale des offices avait beaucoup augmenté depuis la délivrance des premières lettres de provision. Le second ouvrait la porte à la fraude en laissant aux officiers la faculté de dissimuler les anciens actes de cession sous seing privé, et d'en présenter de nouveaux dans lesquels le prix d'acquisition serait grossi. L'Assemblée adopta le troisième, et ajouta que toutes les sommes légitimement versées dans les caisses publiques comme droits de mutation, frais de sceau, etc., seraient remboursées aux titulaires (1).

187. — Comment procéder à l'égard des brevets de retenue? Et d'abord, les porteurs de ces brevets auraient-ils droit à leur remboursement? Le comité de judicature se prononça pour la négative. Mais l'Assemblée renvoya la question à l'examen des comités militaires et des pensions, et le 23 novembre 1790, le

---

(1) Décret des 7-12 sept. 1790. — Le rapport présenté au nom du comité disait en terminant que la nation était dans l'impossibilité de rembourser en argent. Un décret rendu quelques jours après (29 septembre) déclara que toute la dette non constituée de l'État serait payée en assignats. Trois ans plus tard, le remboursement fut converti en une inscription de rente sur le Grand-Livre de la dette publique (décret du 24 août 1793). On autorisa en même temps les anciens officiers à désintéresser au moyen d'un transfert leurs créanciers personnels ayant hypothèque sur l'objet liquidé, et notamment leur vendeur, lors même que l'acte de vente porterait indication de paiement.

représentant Camus présenta au nom de ces deux comités un projet de loi dans lequel il proposait : 1° le remboursement intégral des sommes que les porteurs de brevets justifieraient avoir été versées dans les caisses de l'État; 2° le paiement d'une indemnité à ceux qui ne feraient pas cette justification. Après quelques discussions assez vives, il fut décidé que les sommes portées aux brevets de retenue ne seraient remboursées qu'autant qu'il serait prouvé que ces sommes avaient été versées au Trésor public ou employées aux dépenses de l'État. Cependant on accorda, à titre et par forme d'indemnité, le montant de la somme comprise dans le brevet aux porteurs qui n'avaient payé cette somme à leurs prédécesseurs immédiats que parce qu'ils avaient obtenu la promesse qu'elle leur serait remise par leurs successeurs

188. — Dans la séance du 20 décembre 1790, le rapporteur des comités de constitution et de judicature demanda qu'on accordât une indemnité particulière aux titulaires qui « justifieraient de contrats ou autres actes « authentiques portant les offices et leurs accessoires à « un prix excédant celui de l'évaluation. » La justice de cette proposition, qui tendait à faire accorder aux officiers ministériels une indemnité pour la perte de leur clientèle, ne pouvait être contestée. Zélés défenseurs des intérêts des officiers ministériels, quelques orateurs voulaient que

le remboursement fût réglé sur le pied de la valeur marchande de l'office (1). D'autres, au contraire, se prononçaient d'une manière absolue pour le refus de toute indemnité. Quelques-uns enfin, et notamment Mirabeau, voulaient trancher la difficulté par une distinction. Il fallait, suivant eux, indemniser les officiers ministériels qui cesseraient leurs fonctions forcément ou volontairement, mais on devait refuser un dédommagement à ceux qui pourraient en continuer et qui en continueraient l'exercice sans se déplacer.

L'Assemblée n'adopta aucune de ces propositions. Elle reconnut bien le principe de l'indemnité, mais elle n'en régla pas le *quantum* sur des bases aussi larges que l'avaient demandé certains représentants. D'après l'art. 7 du décret des 21-24 décembre 1790—23 février 1791, la détermination devait se faire en raison du prix auquel les contrats se trouveraient monter, mais après certains prélèvements réglés par les articles suivants, dont il serait trop long et d'ailleurs sans aucun intérêt de rappeler les dispositions minutieuses.

Le même système fut appliqué, par le décret des 29 septembre—6 octobre 1791, à la liquidation des offices des notaires et tabellions.

(1) Voyez surtout les discours des représentants Mougins et Guillaume.

§ III. — *Il est facile d'expliquer comment, malgré les mesures prises par l'Assemblée Constituante, la vénalité proscrite en droit exista en fait dans les offices ministériels sous le Consulat et sous l'Empire. — L'organisation de ces offices est telle que la vénalité y est en quelque sorte une nécessité.*

189. — L'Assemblée Constituante avait pris, on le voit, les moyens les plus sages pour assurer le maintien de la réforme fondamentale qu'elle avait opérée dans la condition des offices. Le remboursement de tous les officiers, le vote d'une indemnité en faveur des titulaires des offices à clientèle, étaient des mesures de nature à faire croire que le principe de la vénalité était à jamais proscrit. Le résultat cherché ne fut cependant obtenu qu'en partie, et il ne pouvait guère en être autrement. La vénalité est, en effet, inhérente aux offices ministériels; elle y est à certains égards une nécessité, et pour en étouffer le germe, il n'aurait fallu et il ne faudrait rien moins que changer complètement la nature de ces offices.

190. — Tout office ministériel (il faut insister sur cette distinction, car c'est le fondement de la matière) comprend deux choses : le titre et la clientèle; la disposition du titre appartient au chef de l'État, la clientèle est la propriété de l'officier.

Les éléments de la clientèle varient avec les différentes classes d'officiers, mais ils se retrouvent dans toutes. Les avocats à la Cour de Cassation et les avoués ont les dossiers, les pièces et les pouvoirs qui leur ont été confiés; les notaires, leurs minutes; les huissiers, des répertoires; les commissaires-priseurs, les procès-verbaux des ventes auxquelles ils ont procédé; les greffiers, les minutes du greffe, dont ils peuvent seuls délivrer des expéditions; les agents de change et les courtiers, les registres sur lesquels ils constatent, avec les opérations qu'ils font, le nom et la demeure de leurs clients. Ces dossiers, ces minutes, ces répertoires, ces registres sont pour les titulaires un moyen d'augmenter et d'entretenir leurs relations. Comme la clientèle dont ils sont les causes, ils sont le prix du travail de l'officier; comme la clientèle, ils font donc partie de son patrimoine; c'est un bien créé par lui qu'il livre à son successeur.

101. — Que l'on me permette ici une comparaison. Le commerçant qui cède son fonds remet au cessionnaire tous les éléments nécessaires pour attirer et pour retenir les personnes qui fréquentent son établissement. Mieux le fonds est achalandé, plus le prix de la cession est élevé. Le cédant (et il paraît difficile de l'en blâmer) se fait tenir compte du développement que sa loyauté et son travail ont imprimé à ses relations commerciales. — La transmission d'un office n'a pas un autre caractère.

14

L'officier ministériel reçoit un titre qui, considéré en lui-même, est improductif. C'est, pour ainsi dire, un champ stérile à l'origine que le titulaire cultive et fertilise chaque jour. La valeur que l'office acquiert est due pour la plus grande partie à son zèle et à sa probité. De même que le commerçant, l'officier cherchera donc, lorsqu'il voudra cesser ses fonctions, à tirer parti de la plus-value qu'il a créée. Il ne livrera ses minutes, ses dossiers, ses répertoires, tous ces accessoires qui sont souvent le produit d'une longue vie de travail, que sous la condition d'une légitime indemnité : il vendra sa clientèle.

192. — Est-il possible d'empêcher ce résultat? L'entreprise serait difficile et dans tous les cas inique. Dépouiller les titulaires du droit de disposer des éléments de leur clientèle, leur défendre de stipuler un prix pour l'accroissement de valeur qu'ils ont donné à leurs charges, ce serait porter atteinte à la propriété de toutes, la plus légitime et la plus respectable, à la propriété, fille du travail, du désintéressement et de l'intelligence.

L'Assemblée Constituante l'avait bien compris, et ses illusions n'avaient pas été jusqu'à lui faire espérer que les officiers ministériels auraient assez d'abnégation pour abandonner sans compensation une plus-value dont ils étaient les créateurs. Aussi le décret des 29 septembre —6 octobre 1791 autorisa-t-il les notaires qui ne trouveraient pas place dans la nouvelle organisation à traiter de la possession de leurs minutes et de leurs répertoires. La loi des 25 ventôse—5 germinal an XI reconnut le même principe et le consacra d'une manière plus formelle encore. D'après l'art. 54 de cette loi, « les minutes « et les répertoires d'un notaire remplacé ou dont la « place aura été supprimée, *pourront être remis par* « *lui ou par ses héritiers* à l'un des notaires résidant « dans la même commune, ou à l'un des notaires rési-« dant dans le même canton si le remplacé était le « seul notaire établi dans la commune. » L'art. 55 ajoute que si « la remise des minutes et des réper-« toires du notaire remplacé n'a pas été effectuée, con-« formément à l'art. 54, dans le mois à compter du « jour de la prestation de serment du successeur, elle « sera faite à celui-ci. » Dans tous les cas (telle est la disposition de l'art. 59), « le titulaire ou ses héritiers, et « le notaire qui recevra les minutes *traiteront de gré à* « *gré des recouvrements à raison des actes dont les* « *honoraires sont encore dus et du bénéfice des expé-* « *ditions.* »

L'attention du législateur de l'an XI ne se borna pas aux accessoires de l'office. Les orateurs du gouvernement, et particulièrement M. Réal, reconnurent que la clientèle était aussi une propriété respectable entre toutes. Il y eut même plus : quelques dispositions éparses dans les nombreux articles de la loi du 25 ventôse attribuèrent aux possesseurs une influence indirecte sur la transmission de leurs charges (1).

193. — La condition des autres officiers ministériels n'est pas différente de celle des notaires. Les avocats à la Cour de Cassation, les greffiers, les avoués, les huissiers, les commissaires-priseurs, les agents de change et les courtiers ont une clientèle, et dans leurs dossiers, dans leurs répertoires, dans leurs procès-verbaux, dans leurs registres les moyens de conserver et d'augmenter cette clientèle. Ce qui est vrai des notaires l'est donc également ment de tous ces officiers, et par suite il y a lieu de suivre la même doctrine à leur égard, bien que leur droit n'ait jamais été établi d'une manière aussi formelle. Ce point, qui ne saurait être douteux, trouverait au besoin sa confirmation dans le décret du 30 mars 1808, et dans l'état actuel de la jurisprudence.

Sous l'Empire, le nombre des avoués était à Paris hors de proportion avec les affaires portées devant le tribunal de la Seine. Une réduction fut jugée nécessaire, et cent douze de ces officiers perdirent leur titre. Mais au décret qui prononça la suppression (19 mars 1808) en succéda immédiatement un autre (30 mars 1808), qui accorda aux titulaires dépossédés une indemnité basée sur l'importance de leur clientèle.

(1) On avait été plus loin encore en l'an VIII. Un projet d'organisation du notariat soumis à cette époque aux conseils législatifs renfermait un article qui permettait les dispositions en faveur.

Dans les cessions d'offices, on trouve souvent la stipulation de prix distincts pour l'office et pour la clientèle. Dans cette hypothèse, les Cours et les tribunaux
sont unanimes pour reconnaître que la convention est
parfaitement valable, et même que le paiement du prix
stipulé pour la clientèle et pour les accessoires de l'office
est garanti par un privilége (1).

194. — Mais si en droit la clientèle et ses éléments
sont la propriété de l'officier ministériel, comment en fait
lui sera-t-il possible d'en tirer parti? L'usage des résignations en faveur a disparu avec l'ancienne Monarchie.
Le chef de l'État nommant sans présentation les candidats qui aspirent aux places vacantes, l'ancien titulaire
est forcément étranger au choix de son successeur. Dira-
t-on qu'il pourra, et s'il n'est plus, que sa veuve et ses
enfants pourront traiter avec le nouvel officier de la
clientèle et des accessoires de l'office? Un traité dans ces
conditions n'est pas impossible sans doute, mais il donnera rarement satisfaction aux prétentions légitimes des
intéressés. Le titre et les éléments de la clientèle ne
s'isolent pas; il faut (l'intérêt public l'exige) qu'ils soient
réunis dans les mêmes mains. Les minutes, les répertoires, les dossiers, etc., ne peuvent aller qu'à un seul, à
celui qui est investi du titre. Le propriétaire des accessoires subira donc forcément la loi de son successeur.

(1) Paris, 8 juin 1836. Cass., 11 déc. 1847.

qui, s'il veut user des avantages de sa position, ne lui accordera qu'une indemnité dérisoire.

195. — La vénalité était trop profondément entrée dans les mœurs, les intérêts lésés par les décrets de l'Assemblée Constituante étaient trop nombreux et trop vivaces pour que ce résultat fût accepté. Il était inutile de songer à revenir au système des présentations en faveur. Toute démission conditionnelle eût été repoussée. Les officiers ministériels eurent recours aux moyens indirects.

196. — Lorsqu'un titulaire voulut cesser l'exercice de ses fonctions, il s'occupa de chercher lui-même son successeur. Un traité soigneusement dissimulé constata les conditions qu'il mettait à l'abandon de son titre, de ses minutes, de ses répertoires, de ses dossiers, de ses recouvrements, etc., etc. Porteur d'une démission pure et simple, l'aspirant sollicitait alors de la Chambre de discipline le certificat de bonnes mœurs et de capacité exigé par le gouvernement. Rarement un refus accueillait sa demande. Les Chambres de discipline étaient, en effet, éminemment favorables à l'emploi d'un moyen dont chacun de leurs membres devait recueillir les avantages à un instant donné. Elles contrôlaient bien la moralité, elles examinaient sans doute la capacité de l'aspirant; mais elles exigeaient avant tout qu'il eût traité avec l'officier qui cessait ses fonctions, ou, en cas de décès, avec sa veuve et ses héritiers. Si, informés de la

vacance de l'office, d'autres candidats se présentaient, la Chambre avait pour règle invariable de les repousser. Elles n'accordait qu'à un seul le certificat qu'elle était autorisée à délivrer, et c'était toujours à celui qui avait acheté la démission de l'officier ou offert un prix à ses ayant-cause. Au besoin, les membres de la Chambre fixaient eux-mêmes les bases du traité.

Reconnu apte à remplir les fonctions qu'il voulait exercer, le candidat se présentait ensuite au gouvernement pour se faire pourvoir de l'office. Un officier s'était démis, avait été destitué ou était décédé; il fallait lui donner un successeur. L'impétrant réunissait (le certificat délivré par la Chambre de discipline l'attestait du moins) toutes les conditions exigées par la loi. On n'en demandait pas davantage, et le décret de nomination était immédiatement rendu.

Les offices des greffiers ne sont pas des offices à clientèle. Comme aujourd'hui, ces officiers n'avaient pas de Chambre de discipline. Les agents de change et les courtiers étaient nommés sur des listes dressées par une assemblée de négociants et complétées par les préfets et par le ministre de l'intérieur. Le recours au procédé suivi pour la nomination des autres officiers ministériels n'était donc pas possible à l'égard de ces deux classes. Mais ici encore on tournait la difficulté, et toujours, à l'aide de moyens indirects, on arrivait au même résultat.

197. — Sous le Consulat et sous l'Empire, il y avait dans les esprits une tendance générale à la vénalité. Ce trafic était connu, mais on le tolérait, pourvu qu'il ne se produisît pas au grand jour ; on feignait de l'ignorer dès là qu'il ne violait pas ouvertement les lois de l'Assemblée Constituante. Le gouvernement aurait rejeté une résignation en faveur et repoussé toute présentation faite par l'officier démissionnaire, ou par sa veuve et ses héritiers ; de même, les tribunaux auraient refusé de reconnaître la validité d'une convention dans laquelle un office aurait été vendu et acheté (1). Mais on ne trouvait pas mauvais que les titulaires missent en secret des conditions à leur démission ; mais on n'empêchait pas la veuve et les héritiers de stipuler clandestinement un prix de celui qui se présentait pour remplacer l'officier décédé. On se tenait pour satisfait si la loi était respectée en apparence, et en 1815 M. Rolland de Villargues, proposant de rétablir dans une certaine mesure la vénalité et l'hérédité dans les fonctions des notaires, des avoués, des greffiers et des huissiers, appréciait sainement la situation quand il disait : « Il n'est question que de con- « sacrer dans la forme légale un usage conforme aux « mœurs, et qui a été toléré et publiquement avoué par « les différents gouvernements qui se sont succédé. »

(1) Paris, 11 fructidor an XIII, 23 avril 1814, 12 octobre 1815 ; Bordeaux, 27 janvier 1816.

SECONDE PÉRIODE. — PÉRIODE ACTUELLE. — PÉRIODE DE
LA VÉNALITÉ ET DE L'HÉRÉDITÉ DANS
LES OFFICES MINISTÉRIELS.

§ I. — *Loi du 28 avril 1816. — Quelle est au juste la
portée de l'art. 91 de cette loi. — En quel sens est-il
vrai de dire que les offices des avocats à la Cour
de Cassation, des notaires, des avoués, des greffiers,
des huissiers, des commissaires-priseurs, des agents de
change et des courtiers sont des offices vénaux.*

198. — Telle était en fait la condition des officiers
ministériels quand l'Empire prit fin. En 1815, les
charges de l'État étaient fort lourdes. Le chapitre des
dépenses pour l'année suivante ne s'élevait pas à moins
de huit cents millions, et le chapitre des recettes accusait
un déficit du seizième de cette somme. Dans cet embarras, le gouvernement de la Restauration revint, en tenant
compte de la différence des temps, au système imaginé
par Louis XII et par François Ier. Il n'était pas possible
de rétablir l'ancien bureau des parties casuelles et d'y
vendre les offices aux enchères; mais on se souvint que
l'Assemblée Constituante et le Consulat avaient imposé
aux officiers ministériels le versement d'un fonds de
responsabilité, et on imagina d'en élever le taux.

199. — On désigne sous le nom de cautionnement
(de *cavere, cautio*) une garantie demandée à certains fonc-

tionnaires publics contre les abus dont ils peuvent se rendre coupables dans la gestion des intérêts qui leur sont confiés. La sûreté exigée consiste dans le versement au trésor public d'une somme d'argent dont le montant est généralement fixé à raison de l'importance des fonctions.

L'idée de soumettre les officiers ministériels au dépôt d'un cautionnement appartient à l'Assemblée Constituante, mais c'est au Consulat que revient l'honneur de l'exécution. Le décret des 29 septembre—6 octobre 1791 portait que chaque notaire déposerait « un fonds de responsabilité en deniers, » dont ce décret déterminait le montant. La loi du 7 ventôse an VIII fit une nouvelle fixation modifiée par la loi du 25 ventôse an XI. — Des cautionnements furent demandés le 27 ventôse an VIII aux avoués, aux greffiers des tribunaux et aux huissiers. L'année suivante fut marquée par la création de quatre-vingts commissaires-priseurs dont la gestion dut être garantie par la consignation d'une somme de 1,000 francs (Loi du 27 ventôse an IX). La loi du 28 ventôse an IX enfin soumit au cautionnement les agents de change et les courtiers.

Dans les années qui suivirent, le taux des fonds de responsabilité subit de profondes modifications. L'Empire ne se fit pas faute de demander des suppléments aux officiers toutes les fois que les sources ordinaires de l'impôt se trouvèrent insuffisantes pour faire face à ses besoins. Parmi les lois rendues en cette matière, on remarque la loi de finances du 2 ventôse an XIII et la loi des 15-25 septembre 1807, qui réduisit à quatre et à cinq pour cent les intérêts des cautionnements. On justifiait ces mesures par le développement de la prospérité publique et par l'importance que prenaient chaque jour les fonctions exercées par les différents officiers ministériels.

200. — Le 23 décembre 1815, les ministres du roi Louis XVIII, après avoir exposé devant la Chambre des Députés l'insuffisance des ressources pour l'année 1816, proposèrent d'augmenter le cautionnement des possesseurs d'office. La demande n'était pas nouvelle : le gouvernement de la Restauration recourait simplement, on le voit, à un expédient souvent pratiqué sous les régimes qui l'avaient précédé. Cependant, soit qu'il prît en considération les malheurs du temps qui rendaient les transactions plus difficiles et plus rares, soit que, en présence de la vénalité occulte qui faisait chaque jour des progrès de plus en plus marqués, il n'attachât qu'une faible importance à la concession qu'il préparait, il ne crut pas devoir grever les officiers sans leur accorder quelque dédommagement. L'art. 49 du projet, comme compensation du secours supplémentaire qu'on leur demandait, donnait à tous les titulaires le droit de présenter des successeurs à l'agrément du chef de l'État lorsqu'ils voudraient se démettre de leurs fonctions.

Cette proposition ne souleva aucune objection dans le sein de la Chambre (1), et elle passa en ces termes dans l'art. 91 de la loi des 28 avril—4 mai 1816 :

« Les avocats à la Cour de Cassation, notaires, avoués, « greffiers huissiers, agents de change, courtiers, com- « missaires-priseurs, pourront présenter à l'agrément de « Sa Majesté des successeurs, pourvu qu'ils réunissent « les qualités exigées par la loi : cette faculté n'aura pas « lieu pour les titulaires destitués.

« Il sera statué par une loi particulière sur l'exécution « de cette disposition, et sur les moyens d'en faire jouir « les héritiers ou ayant-cause desdits officiers (2).

« Cette faculté de présenter des successeurs ne déroge « point, au surplus, au droit de Sa Majesté de réduire le « nombre desdits fonctionnaires, notamment celui des « notaires, dans les cas prévus par la loi du 25 ventôse « an XI sur le notariat. »

201. — Le gouvernement de la Restauration s'occupa activement de faire exécuter l'art. 91. Dans le cours des années 1816, 1817, 1818, 1819, et même en 1820 et en 1821, on voit paraître un grand nombre d'ordonnances relatives aux cautionnements et aux suppléments de cau-

---

(1) M. de Corbière, rapporteur de la Commission, disait le 9 mars 1816 que « le titre des cautionnements (c'était dans ce titre que se « trouvait l'art. 91) n'avait paru susceptible que de légers amende- « ments. »

(2) Cette loi, dont la promulgation aplanirait cependant bien des dif- ficultés, n'a jamais été faite

tionnements. Les plus importantes sont les ordonnances des 4-8 mai, 11-20 juin, 9-14 octobre 1816; 19-25 février 1817; 9-24 janvier 1818; 12-17 janvier, 1-8 mars, 28 juillet—14 août 1820; 4-13 juillet 1821. La plupart accordent des délais aux officiers ministériels pour se libérer. Fidèle aux traditions de l'ancien régime, la royauté cherchait en même temps à étendre les cas d'application de l'art. 91. Moins d'un mois après la promulgation de la loi des 28 avril—4 mai, le nombre des agents de change près la Bourse de Paris était porté à soixante (ord. des 29 mai—11 juin 1816), et quelques jours après, une ordonnance des 26 juin—22 juillet 1816 établissait des commissaires-priseurs dans tous les chefs-lieux d'arrondissement, et même dans les villes qui, n'ayant ni sous-préfecture ni tribunal, renfermeraient une population de cinq mille âmes (1).

(1) Le droit de présentation est-il restreint aux officiers désignés dans l'art. 91 de la loi des 28 avril—4 mai 1816? La question s'est présentée plusieurs fois devant les tribunaux : on a vu à diverses époques des fonctionnaires publics, notamment des percepteurs, tenter de soumettre leurs charges au principe de la vénalité en mettant leur démission à prix. Cette prétention, accueillie à l'origine par quelques arrêts (Amiens, 18 janv. 1820 ; Grenoble, 5 juillet 1825 ; Ch. des requêtes, 2 mars 1825), n'a pas réussi. La jurisprudence a pensé avec raison que la faculté consacrée par l'art. 91 n'est pas susceptible d'extension, et par suite elle a décidé, conformément à la doctrine des auteurs (Duvergier, vente, t. 1, n° 207 ; Troplong, vente, n° 220), que ces fonctions restaient sous l'empire des art. 1128 et 1598, C. N., qui prohibent la vente des choses placées hors du commerce.

Il y a plus de difficulté à l'égard des imprimeurs, des libraires, et

202. — Quelle est au juste la portée de l'art. 91? Quel caractère cet article a-t-il imprimé aux offices ministériels? Quels droits la Restauration a-t-elle en réalité accordés aux officiers? Questions difficiles, peu ou point approfondies, fort mal connues par suite, même aujourd'hui, mais questions fondamentales et sur lesquelles il est nécessaire de s'expliquer tout d'abord.

203. — Un premier point est certain. Le gouvernement du roi Louis XVIII voulut simplement fonder en

surtout des maîtres de poste, des agréés et des gardes du commerce.

La profession d'imprimeur et celle de libraire ne peuvent s'exercer qu'avec l'autorisation du gouvernement. Faut-il en conclure que l'imprimeur qui vend son établissement, que le libraire qui cède son fonds ont un droit analogue à celui des officiers ministériels, le droit de présenter le cessionnaire à l'agrément du chef de l'État? La négative est évidente. Il ne s'agit ici que de surveiller l'exercice d'une profession qui peut devenir dans certaines mains un moyen de porter atteinte à la stabilité des institutions politiques et au maintien de l'ordre social. L'intervention de l'autorité n'est donc qu'une mesure de police que l'on peut comparer avec assez de vérité à l'autorisation que doivent obtenir les fondateurs d'écrits périodiques, les journalistes, par exemple. — La jurisprudence du Conseil d'État est en ce sens (arrêt 10 mai 1828). Telle est aussi la doctrine enseignée par MM. Duvergier (vente, *loc. cit.*) et Troplong (vente, n° 221).

Le décret du 24 juillet 1793, dont la disposition est confirmée par un arrêté du 1er prairial an VII (art. 13), permet aux maîtres de poste de disposer de leur établissement en faveur d'un tiers auquel le gouvernement accorde une nouvelle commission s'il le juge convenable. De là la question de savoir si les brevets de maîtrise constituent, comme les offices ministériels, une sorte de propriété que les possesseurs puissent transmettre à leur gré, et qui fasse partie de leur succession. En réalité, l'exercice de la profession de maître de poste n'est qu'une entreprise commerciale. Si le gouvernement intervient dans la transmission du

droit ce qui existait en fait, donner, si l'on veut, au fait
la consécration du droit. Sous le Consulat et sous l'Empire, les démissions étaient intéressées; seulement c'était
en secret que les officiers ministériels traitaient du titre,
de la clientèle et des accessoires de leur office; la vénalité était occulte.

Depuis 1816, les moyens indirects ont disparu; les
titulaires ont traité de leurs charges non plus comme
autrefois à l'abri de la tolérance dont on couvrait leurs
agissements, mais sous l'égide du droit. Les traités se

brevet, c'est par des raisons de haute police qui, pour ce genre de spéculations, ont fait déroger au principe de la liberté du commerce.

Les agréés sont des mandataires accrédités auprès des tribunaux de
commerce. De même que les officiers ministériels, ils ont souvent une
clientèle fort étendue, et il est incontestable que la cession de leur ca-
binet peut faire l'objet d'un traité (C. Cass., Ch. des req., 14 déc.
1847). Mais ils n'ont aucun caractère officiel et on ne peut considérer leurs fonctions comme une délégation de la puissance publique. Ils
ne sont donc point officiers ministériels, et par suite la disposition de
l'art. 91 de la loi des 28 avril—4 mai 1816 ne leur est pas applicable.

Établis dans le département de la Seine seulement par le décret du
14 mars 1808, les gardes du commerce sont chargés de l'exécution des
jugements qui emportent la contrainte par corps. Il semble difficile
d'accorder à ces fonctionnaires la jouissance du droit de présentation.
Car d'après le décret précité, leur nomination doit se faire sur la présentation de deux listes dressées l'une par le tribunal civil, l'autre par
le tribunal de commerce. On doit de plus remarquer (et cette raison
est bien puissante) que les gardes du commerce ne sont pas au nombre
des officiers énumérés dans l'art. 91. Cependant, l'administration leur
permet de présenter des successeurs à l'agrément du chef de l'État.
Cette concession se fonde sans doute sur des considérations tirées de
l'analogie qu'il y a entre ces fonctions et celles des officiers désignés
dans la loi de 1816.

sont faits au grand jour; la vénalité a été publique.

Par voie de conséquence, l'art. 91 a augmenté la valeur vénale des offices. Certains de recouvrer, lorsqu'ils voudraient cesser leurs fonctions, le prix qu'ils donnaient pour arriver à obtenir le titre d'officier, les candidats se sont, depuis 1816, présentés plus nombreux, et ont été plus disposés à augmenter le chiffre de leurs offres. Le choix des titulaires a donc été moins limité; ils ont pu mettre à leur démission des conditions plus sévères et ne désigner pour leur successeur que l'aspirant qui consentirait à les accepter.

204. — Mais est-ce à dire que la vénalité se rencontre dans nos offices ministériels avec les caractères qu'elle avait sous l'ancienne Monarchie? Il y a identité dans les mots, identité dans les causes, identité jusqu'à un certain point dans les effets; mais il y a dissemblance complète dans les éléments constitutifs, dans la substance, si l'on peut ainsi parler, dans le mode de la vénalité.

On l'a remarqué avec raison, la royauté avait fait autrefois des offices une véritable marchandise. Elle en tenait boutique (c'est l'expression de Loyseau), les adjugeant au plus offrant et dernier enchérisseur. La finance versée aux parties casuelles était la représentation de la valeur de l'office, un véritable prix de vente par conséquent. En est-il ainsi aujourd'hui? Nos officiers achètent-ils leur titre? Doit-on assimiler à l'ancienne finance les cautionnements imposés aux titulaires par les décrets de l'Assemblée Constituante et les lois du Consulat, et les suppléments de cautionnements exigés sous l'Empire et par la loi des 28 avril—4 mai 1816?

Une simple observation suffira pour montrer quelle différence immense sépare le système suivi anciennement dans les collations et le système qui est en vigueur actuellement. Lever un office aux parties casuelles, c'était l'acquérir à titre onéreux, comme on acquérait tout autre bien. Le prix versé tombait dans le trésor royal pour ne plus en sortir. C'était l'équivalent de l'office aliéné. L'officier pouvait le recouvrer, mais en aliénant lui-même, en vendant ce qu'on lui avait vendu. — Nos offices ministériels ont été conférés gratuitement. Sans doute, l'État a exigé des titulaires le dépôt d'un fonds de responsabilité; mais il ne s'en est jamais considéré comme propriétaire. On a servi et on sert toujours aux officiers ministériels les intérêts de leurs cautionnements, et lorsqu'un titulaire se démet, on lui restitue intégralement la somme qu'il a consignée à son entrée en fonctions (1).

205. — Il y avait cependant dans notre ancienne

_____

(1) Cette distinction entre la finance et le cautionnement n'a pas toujours été aperçue. Quelques décisions judiciaires ont fait à cet égard une confusion regrettable. Je lis dans un arrêt de la Cour de Rennes du 14 novembre 1832 : « que depuis la loi de 1816 la finance des offices ministériels est placée dans le commerce. »

jurisprudence une certaine classe d'offices dont la condition se rapprochait sensiblement de la manière d'être de nos offices actuels. Mais ces offices n'étaient pas rangés parmi les offices vénaux. Les brevets de retenue étaient une gratification du roi. En disposant d'un office qu'il n'avait pas vendu, le collateur, on l'a vu, imposait quelquefois au nouveau titulaire l'obligation de verser entre les mains de l'ancien officier ou de ses ayant-cause une somme dont il arbitrait le montant, prenant en même temps l'engagement de n'attribuer de nouveau l'office qu'à celui qui s'engagerait à indemniser le possesseur actuel du prix qu'il avait donné pour acquérir son titre.

Comme aujourd'hui, les offices sur lesquels il existait des brevets de retenue avaient donc été, en réalité, conférés à titre gratuit; comme aujourd'hui, on ne pouvait s'en faire pourvoir qu'à la condition de verser une certaine somme, non dans le trésor royal, mais entre les mains du titulaire; comme nos officiers ministériels, enfin, les possesseurs de ces offices étaient certains de recouvrer à un instant donné la somme qu'ils n'avaient qu'avancée.

206. — En quel sens les offices des avocats à la Cour de Cassation, des notaires, des avoués, des greffiers, des huissiers, des commissaires-priseurs, des agents de change et des courtiers sont-ils donc des offices vénaux? La question est aisée à résoudre. La vénalité existe

dans les rapports privés; on ne la rencontre pas dans les rapports des officiers avec le collateur, car l'État n'a rien vendu.

Entendu de cette manière, l'art 91 aplanit bien des difficultés, et l'on s'explique sans peine pourquoi, si les titulaires des différents offices ont le droit de mettre leur démission à prix, le gouvernement conserve toujours la faculté de repousser les présentations qui lui sont faites.

§ II. — *Quels sont les droits des ayant-cause des titulaires.* — *La loi de 1816 a-t-elle rétabli l'hérédité des offices.* — *Il est regrettable que la loi particulière promise par l'art. 91 de cette loi n'ait pas été faite.*

207. — L'art. 49 du projet permettait « aux avocats à la Cour de Cassation, aux notaires, aux avoués, aux greffiers, aux huissiers, aux agents de change, aux courtiers, aux commissaires-priseurs et à *leurs femmes et enfants,* de présenter pour les remplacer des sujets réunissant les qualités exigées par la loi. Cette rédaction fut modifiée dans quelques-unes de ses parties. On retrancha notamment de l'article ces mots : « à leurs « femmes et enfants, » pour les remplacer par cette phrase : « Il sera statué par une loi particulière sur « l'exécution de cette disposition et sur les moyens

« d'en faire jouir les héritiers ou ayant-cause desdits
« officiers. »

Quelle fut la cause de cette modification? L'hérédité
ne s'était anciennement introduite dans les offices qu'avec
beaucoup de difficulté, et elle n'y eut même jamais
qu'une existence conditionnelle (1). Peut-être la Chambre
des Députés obéit-elle à la puissance des souvenirs et ne
crut-elle pas devoir consacrer immédiatement un privilége dont l'ancienne Monarchie avait longtemps méconnu
et toujours tenté d'éluder le principe. Il est possible
aussi que la faculté de présentation ait paru trop restreinte si on l'accordait seulement à la veuve et aux
enfants du titulaire. On pensa peut-être qu'il était juste
de reconnaître le même droit à tous les héritiers de l'officier décédé. Contre cette opinion, on pourrait, il est
vrai, invoquer les ordonnances des 29 mai—11 juin 1816,
et des 3-12 juillet de la même année. Ces ordonnances
qui sont relatives, la première aux agents de change
établis près la Bourse de Paris seulement, la seconde
aux agents de change et aux courtiers résidant dans
toutes les villes de France, n'accordent en effet la faculté de présenter des successeurs qu'à la veuve et aux
enfants des titulaires qui décèderaient dans l'exercice de
leurs fonctions (2). Mais cette objection tombe devant

(1) Voy. *suprà*, nº 90 et suiv.
(2) Ord. des 29 mai—11 juin 1816, art. 4, et des 3-12 juillet 1816,
art. 1er.

cette considération, que la loi de 1816 et ces ordonnances émanent de deux pouvoirs différents : la loi est l'œuvre des Chambres législatives (Chambre des Pairs et Chambre des Députés) ; les ordonnances ont été rendues par le roi Louis XVIII.

Quoi qu'il en soit, et bien que la loi particulière promise par l'art. 91 n'ait jamais été rendue, la jurisprudence a toujours été unanime pour permettre aux héritiers légitimes, testamentaires et contractuels des officiers ministériels, d'exercer la faculté de présentation. Les Cours et les tribunaux ont considéré avec raison que le droit des ayant-cause est une conséquence de l'art. 91 qui, en déclarant que les moyens d'exécution seraient déterminés par une loi ultérieure, a par là même posé le fondement de ce droit. On n'a même pas fait la réserve qui semblait commandée pour les agents de change et pour les courtiers. La faculté de présenter des successeurs s'exerce dans la personne des héritiers de ces officiers avec la même étendue que dans les autres offices. (1)

Le principe de l'hérédité est donc incontestable aujourd'hui. De même que sous l'ancien régime, l'officier ministériel qui meurt dans l'exercice de ses fonctions transmet à ses ayant-cause universels le droit qu'il a lui-

_____

(1) Besançon, 25 mars 1828. — Voy. aussi Ch. des Dép., 18 septembre 1840.

même de désigner son successeur. La condition des titulaires ou plutôt de leurs héritiers est même meilleure sous ce rapport qu'elle ne l'était autrefois. La règle des quarante jours n'existe plus chez nous qu'à l'état de souvenir, et le droit annuel ainsi que les taxes de résignation ont disparu avec la Monarchie, à laquelle ils devaient leur création.

§ III. — *Les officiers ministériels ont un droit de propriété sur leurs offices, mais ce droit, d'une nature toute particulière, est loin d'être absolu.*

208. — Si aujourd'hui les officiers peuvent stipuler un prix pour leur démission, si le droit de présentation entre dans leur succession lors de leur décès, on arrive nécessairement à cette conclusion que la vénalité (dans les rapports des particuliers entre eux) et l'hérédité sont, comme anciennement, en pleine vigueur dans nos offices ministériels. Il ne faut pas s'y tromper, en effet : si le mode, si la manière d'être de la vénalité n'est plus actuellement ce qu'elle était autrefois, les effets en sont identiques, la condition des officiers est la même. Présenter leurs successeurs à l'agrément du roi, exiger une indemnité ou plus proprement un prix des candidats qui s'offriraient pour les remplacer, reprendre leur démission si l'aspirant n'était pas agréé, tels étaient les droits des anciens officiers ; tels sont également les droits de nos

officiers ministériels. Comme les possesseurs d'offices avant 1789, les titulaires actuels ont donc un droit de propriété sur l'office qu'ils exercent.

209. — Ce point a cependant été contesté. Dès le 21 février 1817, c'est-à-dire moins d'un an après l'établissement du droit de présentation, M. le garde des sceaux Pasquier disait dans une circulaire qui eut alors un grand retentissement : « Vous êtes sans doute bien « convaincu, M. le procureur du roi, que la loi du « 28 avril 1816 n'a pas fait revivre la vénalité des of- « fices, qui n'est pas en harmonie avec nos institutions; « vous ne devez voir dans les dispositions de l'art. 91 « qu'une condescendance, qu'une probabilité de préfé- « rence accordée aux officiers ministériels. » Erreur étrange! Comment peut-on parler de condescendance, de probabilité de préférence, quand l'art. 91 dit en termes formels que les avocats à la Cour de Cassation, les notaires, les avoués, les greffiers, les huissiers, les commissaires-priseurs, les agents de change et les cour- tiers présenteront en échange des sacrifices qu'on leur impose (car tel est le sens de l'article) des successeurs à l'agrément du roi?

La circulaire du 21 février a porté les fruits qu'on devait en attendre. Les idées qui y sont émises ont trouvé des approbateurs même dans la doctrine, et la jurisprudence en a quelquefois appliqué les conséquences. Des arrêts ont jugé qu'en accordant aux officiers ministériels la faculté de présenter des successeurs, la loi de 1816 n'a fait que donner aux traités une forte obligation dont jusqu'alors ils étaient dénués; qu'une faculté de présentation ne saurait être assimilée à un droit de propriété; que ce serait abusivement que l'on qualifierait de vente les traités dans lesquels les titulaires s'engagent à donner leur démission; que c'est là un de ces contrats innommés consistant dans l'obligation de faire de la part du futur démissionnaire, et de donner de la part de l'autre partie, etc, etc. (1).

210. — Une doctrine aussi contraire au texte de l'article 91 et aux principes de la matière ne pouvait prévaloir. Les Chambres législatives sous la Restauration, et surtout sous le gouvernement issu de la Révolution de Juillet, les ministres dans leurs circulaires et dans leurs arrêtés ont décidé, et la généralité des Cours et des tribunaux a reconnu : 1° que le droit accordé aux officiers par l'art. 91 de la loi de 1816 constitue à leur profit un véritable droit de propriété; 2° que les titulaires des offices peuvent en disposer avec l'agrément du chef de l'État; 3° que la même faculté appartient à leurs héritiers ou ayant-cause (2).

Les lois du 28 avril 1832 et du 25 juin 1841 ont con-

(1) Riom, 10 février 1845; Rouen, 29 décembre 1847; Trib. Meaux, 13 mars 1834.

(2) Rennes, 14 novembre 1832; Paris, 23 mai 1838; Toulouse, 22 février 1840.

firmé cette interprétation. Frapper la transmission d'un droit de mutation, ainsi que nos lois l'ont fait, c'était prendre pour point de départ cette idée que l'effet de la démission est de faire passer l'office d'un patrimoine dans un autre; c'était, par suite, reconnaître que le cédant est propriétaire puique nous ne pouvons disposer que de ce qui nous appartient. Ce point a d'ailleurs été formellement établi dans les discussions qui ont précédé le vote de ces deux lois. Ainsi, suivant le rapporteur de la loi de 1832, « la loi de 1816, en donnant à des fonc-« tionnaires ou officiers ministériels la faculté de présen-« ter des successeurs, a créé entre leurs mains et à leur « profit une nouvelle propriété transmissible » qui n'a-vait été sujette jusqu'alors à aucune espèce d'impôt. — Dans l'exposé des motifs de la loi du 25 juin 1841, le ministre des finances considérait également l'établisse-ment du droit qu'il proposait d'imposer aux officiers comme une conséquence juste et logique « des lois qui « ont fait des offices une véritable propriété dans les « mains des titulaires. » (1)

211. — N'exagérons rien toutefois. Si les officiers mi-nistériels sont propriétaires, leur droit n'est pas absolu. La propriété des offices est une propriété imparfaite, irré-

_____

(1) Voy. en ce sens, MM. Toullier, t. 12, p. 120; Carré, Com-pétence; Troplong, Vente, n° 220; Favard, v° Officiers ministériels, Rolland de Villargues, v° Offices.

gulière, modifiée par un droit rival, le droit du gouvernement. L'État n'a rien aliéné : il a simplement pris envers les officiers en exercice l'engagement de conférer le titre au candidat en faveur duquel ils disposeraient de leur clientèle et des accessoires de leurs offices. La transmission ne peut s'effectuer qu'avec l'assentiment du prince. Tant que la présentation n'est pas acceptée, le traité est dénué d'effets. C'est l'ordonnance de nomination qui fait passer l'office du cédant au cessionnaire ; de sorte que c'est du chef de l'État que le nouvel officier tient son titre, et qu'il est vrai de dire encore aujourd'hui : *Resignatarius non habet jus a resignante sed a collatore.*

Aussi l'art. 91 n'a-t-il point donné aux officiers le droit de *vendre*, de *céder*, de *transmettre*. Ces mots ne sont pas ceux qu'il emploie. A cet égard, le législateur a imité la réserve des rois de l'ancienne Monarchie. Dans la terminalogie adoptée, les titulaires peuvent simplement *présenter des successeurs* à l'agrément du chef de l'État, comme les anciens officiers avaient seulement la faculté de résigner en faveur.

Ce droit n'est pas dans les mains du gouvernement une lettre morte, et l'on tomberait dans une grave erreur si l'on s'imaginait que l'agrément du successeur présenté n'est qu'une formalité. Maintes fois on a vu le chef de l'État refuser d'accorder l'investiture qui lui était demandée. Les traités sont en particulier l'objet d'un contrôle sévère, et jamais aujourd'hui un décret de nomination n'est rendu que toutes les clauses n'en aient été longuement examinées.

212. — Le droit des offices est donc à double face. Sous ce rapport, notre législation actuelle offre au plus haut degré le caractère déjà observé aux milices romaines et dans notre ancien droit. La condition actuelle des offices ministériels ne peut se comprendre que si on les considère tant au point de vue des relations privées que dans les rapports des titulaires avec l'État.

CHAPITRE PREMIER.

Des offices ministériels dans les rapports privés. — Vénalité. — Hérédité.

213. — Attribuer aux officiers ministériels le droit de présenter des successeurs à l'agrément du chef de l'État, ainsi que l'a fait l'art. 91, c'était, abstraction faite de la puissance publique qui y est attachée, du titre, mettre les offices dans le commerce. Étendre cette faculté aux héritiers des titulaires, c'était rendre ces charges transmissibles par voie de succession. Comme toute propriété privée, les offices sont donc vénaux et héréditaires.

SECTION PREMIÈRE.

DE LA VÉNALITÉ.

214. — Si les offices (1) sont la chose des officiers, s'ils entrent dans leur patrimoine comme tout autre bien, ils sont susceptibles de toutes les modifications que peuvent engendrer des conventions légalement formées. On peut donc (et ces sortes de conventions sont fréquentes) en faire l'objet d'un contrat à titre onéreux. Les titulaires ont également le droit d'en disposer à titre gratuit soit sous la forme d'une donation, soit sous la forme d'un testament. En se plaçant toujours à ce point de vue, il semblerait, en troisième lieu, que les offices sont de nature à entrer en société. Toutefois, de graves considérations, des considérations d'ordre public, rendent inadmissible, en principe au moins, cette solution, qui a cependant été présentée par certains auteurs comme ne pouvant faire doute. Comme dernière conséquence, les offices donnent lieu, en matière d'association conjugale, à des relations de droit fort variées et pleines d'intérêt.

---

(1) Le mot *office* est pris ici, comme il le sera désormais dans le cours de ce travail, dans le sens abusif qu'on lui donne dans le langage ordinaire. En l'employant, j'entends désigner seulement le droit de présentation, la seule chose que la loi de 1816 ait mise dans le commerce et qui peut seule servir de base, par suite, aux conventions des parties.

Article I. — *Transmission à titre onéreux.* — *Ses caractères.*

215. — Disposer à titre onéreux, c'est transférer la propriété de sa chose moyennant un équivalent. L'équivalent donné est quelquefois un autre objet; le plus souvent, c'est une somme d'argent. Au premier cas il y a échange (1); dans le second, le contrat est une vente. Dans la cession d'un office, le prix consiste et doit même toujours consister en argent (2).

216. — La vente est la convention par laquelle l'un des contractants transfère ou s'engage à transférer la propriété d'une chose moyennant un prix que l'autre paie ou promet de payer. On a nié (3) que l'engagement

---

(1) La convention par laquelle deux officiers échangent leurs offices, avec ou sans stipulation de soulte, rentre dans les termes de l'art. 91. Présenter un successeur à l'agrément du chef de l'État, telle est la faculté concédée par la loi des 28 avril—4 mai 1816. Dans l'hypothèse présente, chacun des contractants use de ce droit au profit de l'autre. A proprement parler, le contrat d'échange entre deux titulaires constitue donc une double présentation de successeurs. C'est le caractère qui le distingue essentiellement de la vente, contrat dans lequel on ne rencontre qu'une seule présentation, parce qu'il n'y a qu'un seul officier : la présentation faite par le possesseur en faveur de celui qui veut acquérir son titre.

(2) Si le prix ne consistait pas en argent, l'administration ne pourrait pas se rendre un compte exact des sacrifices faits par le cessionnaire et s'assurer, par suite, s'ils sont en rapport avec la valeur de l'office.

(3) Voy. MM. Duvergier, *Vente*, t. 1, n° 208; Favier de Coulomb, n° 200.

pris par un officier ministériel de présenter, en échange d'un équivalent pécuniaire, un successeur à l'agrément du chef de l'État, eût les caractères de ce contrat. Une telle convention donnerait lieu simplement à une obligation de faire; ce serait le contrat innommé *do ut facias* si on le considère du côté du cessionnaire, *facio ut des* si on le considère au point de vue du cédant.

L'erreur, ici, se touche du doigt. Oui, dirai-je, le cédant s'oblige à faire, puisqu'il s'oblige à désigner pour son successeur l'aspirant qui a traité avec lui. Mais toute vente, quel que soit l'objet vendu, n'entraine-t-elle donc pas l'obligation de faire? Le vendeur n'est-il pas toujours tenu à délivrer? — L'officier a disposé en faveur d'autrui du droit exclusif qu'il avait d'exercer des fonctions lucratives. En présentant le cessionnaire pour lui succéder, il exécute le contrat de la même manière que le vendeur d'un immeuble exécute le sien en mettant l'acheteur en possession, en faisant remise par exemple des clés, si l'objet vendu est une maison.

Cette idée est tellement vraie que l'on rencontre les trois éléments constitutifs de la vente (*res, pretium, consensus*) dans la cession de tout office.

217. — Toutefois, s'il est vrai de dire que la convention par laquelle un officier s'engage à se démettre de ses fonctions a tous les caractères distinctifs de la vente, la perfection d'un tel contrat est subordonnée à des règles exorbitantes du droit commun. Il ne faut

jamais oublier que le droit des offices est en effet, à bien des égards, un droit exceptionnel. En matière ordinaire, l'accord des parties sur la chose et sur le prix suffit pour rendre la convention parfaite (art. 1583). Quand il s'agit d'un office, le contrat est par lui-même destitué de tout effet; le cessionnaire n'a qu'une simple espérance, qu'un droit éventuel, tant que le chef de l'État n'a pas ratifié le choix de l'officier démissionnaire. La cession a donc les caractères d'une vente sous condition suspensive : elle n'a, si l'on veut, que la valeur d'une proposition soumise à la sanction du gouvernement, partie nécessaire dans un tel contrat.

218. — Notre ancienne législation exigeait, on le sait, deux actes pour la validité de la transmission : un traité et une procuration *ad resignandum*. Les mêmes formes sont observées aujourd'hui. Le traité, c'est-à-dire la convention passée entre un officier et celui qu'il s'engage à présenter comme son successeur, étant impuissant à opérer la translation du titre, l'officier doit se démettre de ses fonctions entre les mains du collateur, le suppliant d'en investir l'aspirant qu'il désigne. Cette obligation donne naissance à un acte que l'on désigne sous le nom de démission en faveur.

219. — Aux termes de l'art. 1582 C. N., la vente peut être faite (lisez constatée) par acte authentique ou sous seing privé. Cette règle est applicable aux cessions

d'offices. Les traités peuvent être faits sous la seule signature des parties aussi bien que par acte notarié. Mais si les parties n'emploient pas cette dernière forme, l'acte, comme constatant un contrat synallagmatique, doit être fait en deux originaux.

Suivant l'opinion générale, on regarde aussi une délibération de la Chambre de discipline, revêtue du seing des intéressés, comme suffisante pour prouver la convention.

A défaut d'acte, la preuve testimoniale peut-elle être invoquée pour établir la cession dans les cas où la loi en tolère l'emploi? L'affirmative a été admise par la Cour de Bordeaux, le 7 mai 1834. Cet arrêt est bien rendu. La convention qui intervient entre un officier et celui qui se présente pour le remplacer est relative, si on la considère en elle-même, à un objet de pur intérêt privé. Elle doit donc tomber sous l'application des règles du droit commun.

Dans tous les cas, l'acte portant cession doit être enregistré avant d'être produit à l'appui de la demande de nomination. La loi organique en cette matière est aujourd'hui la loi du 25 juin 1841. Le droit perçu est de deux pour cent du prix exprimé dans l'acte de cession (1).

(1) Voyez *infrà*, n° 333.

§ I. — *Des éléments essentiels à la cession.*

220. — Le consentement des parties (*consensus*), la chose objet du contrat (*res*) et le prix (*pretium*) sont, comme dans une vente ordinaire, des choses essentielles à la validité du traité. Il faut y ajouter une quatrième condition, la capacité des parties, en faisant remarquer cependant que l'incapacité des contractants n'est pas un vice aussi radical que l'absence du consentement, de l'objet ou du prix. Nul dans l'une de ces dernières hypothèses, le contrat est simplement annulable dans la première.

221. — I. Le consentement tombe sous l'application des principes du droit commun. S'il manque absolument, le contrat n'existe pas. S'il est entaché de dol, de violence ou d'erreur, la convention produit tous ses effets tant qu'elle n'a pas été annulée; il y a alors non pas nullité, mais simplement annulabilité.

222. — II. L'objet du traité est l'obligation contractée par l'officier de présenter l'aspirant pour son successeur. C'est ainsi que toute cession doit être entendue, et l'administration proscrirait impitoyablement la clause par laquelle un titulaire se démettrait à la fois de son titre et de son office.

16

Dans l'usage, l'officier déclare simplement *céder son office*. Dans ces termes, la convention comprend : 1° l'engagement pris par le titulaire de donner sa démission; c'est là l'objet, le but principal du traité; 2° la clientèle; 3° les accessoires de l'office, c'est-à-dire les dossiers, les minutes, les répertoires, les procès-verbaux, les actes imparfaits, les expéditions, et généralement toutes les pièces et notes concernant les clients.

Les recouvrements sont les créances de l'officier démissionnaire pour raison des actes qui se rattachent à l'exercice de ses fonctions. Font-ils partie de la cession? En l'absence d'une clause spéciale, il est certain qu'ils n'y sont pas compris. Le titulaire a-t-il cependant la faculté de se les réserver? Une circulaire du ministre de la justice, à la date du 10 août 1843, interdisait toute réserve de cette nature. Mais après avoir été suivie quelque temps par la jurisprudence, cette circulaire a été virtuellement abrogée par une instruction du 24 juin 1849. Les officiers ministériels peuvent aujourd'hui excepter du traité les sommes dont ils demeurent créanciers à l'expiration de leurs fonctions, et s'ils les y font entrer, il convient qu'elles soient l'objet d'une estimation spéciale.

Habituellement le cédant abandonne à son successeur les objets qui garnissent l'étude : les bureaux, les tables, les fauteuils, la bibliothèque, etc.; quelquefois même il cède son droit au bail. Ces clauses ne doivent pas être insérées dans le traité; autrement, l'administration éprouverait trop de difficultés lorsqu'il s'agirait de savoir si les conditions acceptées par le cessionnaire ne sont pas trop onéreuses eu égard à la valeur de l'office.

223. — III. Dans la fixation du prix, on suit les règles ordinaires en matière de vente. Le prix doit être sérieux; il faut, de plus, qu'il consiste en argent et qu'il soit déterminé au moment de la cession.

De ces trois caractères, le dernier est celui qui attire le plus spécialement l'attention de l'administration. Suivant le droit commun, il suffit que le prix soit susceptible de détermination. Lorsqu'il s'agit de la cession d'un office, des circulaires ministérielles rendues à diverses époques exigent qu'il soit ferme et indépendant de toute condition au moment de la production du traité. Sous ce rapport, la sévérité est même poussée à un point tel, que la Cour de Cassation a décidé que si dans l'hypothèse, assez fréquente du reste, où un officier présente son fils à l'agrément du chef de l'État en se réservant de fixer postérieurement le prix de la cession, la réserve faite par le cédant n'était pas portée à la connaissance du ministre de la justice, la fixation faite en exécution de cette clause serait considérée comme non avenue.

Il ne faut pas conclure de là cependant que le règlement du prix ne puisse pas être laissé à l'arbitrage d'un tiers, conformément à l'art. 1592 du Code Napoléon. Seulement la fixation doit, dans ce cas, avoir lieu avant la demande de nomination. Le concours du tiers désigné imprime d'ailleurs à la convention un caractère conditionnel. Le traité serait donc nul (car la condition serait défaillie) si l'arbitre refusait de procéder à l'estimation de l'office.

224. — En thèse, les parties peuvent fixer le prix de la vente comme elles l'entendent. Le législateur (et vouloir le faire c'eût été tenter l'impossible) n'a jamais songé à dresser pour chaque espèce de biens un tarif que les conventions devraient respecter. A cet égard, il s'en est rapporté, et avec raison, à la sagesse des contractants, certain que l'intérêt personnel serait la meilleure sauvegarde contre l'exagération des prix.

En matière d'offices, les abus qui se sont produits ont nécessité une dérogation à cette règle. La nature humaine est la même dans tous les temps. La loi de 1816 était à peine rendue que déjà l'ambition, la soif des honneurs, le désir de remplir des fonctions lucratives et considérées, avaient amené le résultat flétri si énergiquement dans l'ancienne jurisprudence par L'Hospital et par Loyseau. En présence des exactions, des prévarications et des abus de toutes sortes qui furent les conséquences de l'excès dans les prix, le gouvernement considéra qu'il était de son devoir de donner des garanties à l'intérêt public en protégeant les cessionnaires contre leur présomption et leur inexpérience. Des limites furent tracées aux parties contractantes, et l'on annonça que les présentations ne seraient pas accueillies lorsque le prix serait hors de proportion avec les produits de l'office.

C'était ouvrir la porte à la fraude. Au lieu d'un traité, le cédant et le cessionnaire en firent deux. Dans l'un, destiné à être mis sous les yeux de l'administration, les contractants n'indiquèrent qu'une partie du prix convenu ; dans l'autre, qui dut rester secret, l'aspirant s'obligea à payer en plus au titulaire une certaine somme qui, ajoutée à celle portée dans le traité ostensible, donnait le prix réel de la cession. L'usage des contre-lettres devint ainsi général.

225. — Il est de principe que les conventions peuvent être modifiées par des clauses qui, selon le vœu des parties, devront rester secrètes. Seulement, comme ces modifications ne sont pas connues des tiers, elles ne leur sont pas opposables (art. 1321). Faut-il transporter dans notre matière cette règle du droit commun? Les contre-lettres sont-elles valables quand elles interviennent entre le cédant et le cessionnaire d'un office? Peu de questions ont eu le privilége de préoccuper l'attention publique aussi vivement que celle-ci.

Dans l'ancien droit, on prononçait résolûment la nullité de tous les traités secrets. Lorsque, il y a déjà près de trente ans, le même point fut soumis à l'autorité judiciaire, les tribunaux manifestèrent quelque hésitation à suivre ce précédent. Tandis que quelques arrêts reconnaissaient la validité des contre-lettres (1), d'autres, en plus grand nombre, les considéraient comme impuissantes à produire aucun effet de droit. C'est dans ce dernier sens que la jurisprudence s'est définitivement fixée. Aujourd'hui, toute contre-lettre est frappée de nullité sous quelque forme qu'elle se produise, lors même qu'elle est consentie en faveur du cessionnaire et sans qu'il y ait à rechercher si le prix qui y est porté, joint à celui qui est stipulé dans le traité ostensible, est ou non supérieur à la valeur réelle de l'office.

226. — On distingue en droit les contrats nuls et les contrats annulables. Les contrats nuls n'ont aucune existence légale; ils ont manqué de se former. Les contrats annulables existent tant que la nullité n'en a pas été prononcée. A laquelle de ces deux classes fallait-il rattacher les contre-lettres? Devait-on les déclarer nulles d'une manière absolue ou seulement d'une manière relative?

Les Cours et les tribunaux ont décidé que tout traité secret, blessant essentiellement l'ordre public, n'avait en droit aucune existence; puis ce principe posé, ils en ont tiré les conséquences. D'après une jurisprudence con-

---

(1) Grenoble, 16 déc. 1837; Toulouse, 22 fév. 1840; Rennes, 28 mars 1840.

stante, les contre-lettres ne peuvent servir de base à une novation, à une transaction, à un compromis, et généralement à aucune convention accessoire; elles ne sont pas susceptibles de confirmation, et elles ne peuvent être opposées ni à la caution ni aux créanciers du cessionnaire (1).

227. — Restait une question d'une haute gravité. Si les contre-lettres n'engendrent civilement aucun lien, ne donnent-elles pas naissance au moins à une obligation naturelle? Le cessionnaire qui peut refuser d'exécuter l'engagement consigné dans un traité secret a-t-il également le droit de répéter les sommes qu'il a payées? Faut-il ou non faire à ce cas l'application de l'art. 1235 C. N.?

Sur cette question comme sur la première, il y a aujourd'hui uniformité dans les décisions de la jurisprudence. Les Cours et les tribunaux considèrent comme fait indûment le paiement de toute somme portée dans une contre-lettre (2). Le cessionnaire qui agit en répéti-

(1) Parmi les nombreux arrêts rendus en cette matière, les plus récents sont deux arrêts de la Cour de Cassation à la date du 31 janvier 1853 et du 21 mai 1854; des arrêts des Cours de Rennes du 26 décembre 1850, de Limoges du 6 janvier 1850, de Paris du 31 janvier 1851.

(2) Cass., 7 juillet 1841, 7 mars 1842, 20 juill. 1843, 30 juill., 2 août 1844, 11 août, 19 déc. 1845, 5 janv., 10 fév. 1846; Caen, 12 fév. 1845; Paris, 25 avril, 3 juin 1843, 26 mai 1845, 5 déc. 1846; Orléans, 11 juin 1846.

tion intente donc, suivant cette doctrine, une véritable *condictio indebiti*, et par suite (car on ne peut considérer le cédant que comme étant de mauvaise foi) il peut, conformément à l'art. 1378 C. N, se faire tenir compte des intérêts depuis le jour du paiement (1). Par une seconde conséquence du même principe, la prescription de dix ans ne saurait être invoquée contre cette action. Le *solvens* n'est déchu de son droit qu'autant qu'il s'est écoulé trente ans depuis le jour où il a eu la liberté d'agir en justice (2) (art. 2262 C. N.). L'existence de la convention, enfin, et le fait même du paiement peuvent être établis par témoins indépendamment de tout commencement de preuve écrite (3).

228. — Telle est la jurisprudence qui s'est formée en matière de contre-lettres. Faut-il s'incliner devant ses décisions? Devons-nous la suivre dans toutes ses conséquences?

Au début, dans la préface en quelque sorte du recueil de nos lois, le législateur a posé en principe qu'on ne peut par des conventions particulières déroger aux lois qui intéressent l'ordre public et les bonnes mœurs. (C. N., art. 6.) La sanction de cette prohibition est

---

(1) Nîmes, 6 mai 1847.

(2) Paris, 5 déc. 1846, 12 janv. 1847 ; Cass., 3 janv. 1849.

(3) Rouen, 19 juin 1846 ; Paris, 2 avril et 14 juillet 1849 ; Cass., 9 janv. 1850.

écrite au titre des obligations : aux termes de l'art. 1131, « l'obligation sur une cause illicite ne peut avoir aucun « effet. »

Il est certain que les offices ne sont pas une propriété privée dont les titulaires puissent disposer à leur gré. La transmission des charges des avocats à la Cour de Cassation, des notaires, des avoués, des greffiers, des huissiers, des commissaires-priseurs, des agents de change et des courtiers intéresse essentiellement l'ordre public. Appelé à donner ou à refuser son agrément, le chef de l'État doit pouvoir exercer un droit de contrôle sur les traités; et si les conditions mises par les titulaires à leur démission lui semblent trop onéreuses, il a incontestablement le droit de refuser de donner son assentiment à la cession. Si maintenant cédants et cessionnaires cherchent à surprendre sa bonne foi; si, dans la crainte d'un refus, les contractants veulent soustraire leur convention à l'examen de l'autorité administrative, l'ordre public se trouvera compromis, et la nullité devra par suite être le sort des traités conclus dans de semblables conditions.

Ces principes sont certains, et la jurisprudence a fait une saine application des art. 6 et 1131 du C. N. en déniant aux contre-lettres tout effet légal. Les conséquences auxquelles elle a été conduite sont également conformes à l'esprit de nos lois. Proclamer la nullité des contre-lettres, c'était, si l'on voulait être logique, s'engager à repousser toutes les stipulations et toutes les conventions accessoires dont elles pourraient être la cause ou simplement l'occasion; c'était se mettre dans l'obligation de rejeter les effets même les plus indirects et les plus éloignés auxquels les traités secrets pourraient donner naissance : *quod nullum est nullum producit effectum.*

229. — Mais faut-il aller plus loin? Devons-nous, avec les Cours et les tribunaux, autoriser le cessionnaire à agir en répétition quand le paiement a été fait en parfaite connaissance de cause? Sur ce point, il y a plus de difficulté.

On a dit : que les contre-lettres ne produisent civilement aucun effet obligatoire, nous le comprenons. Elles constituent une fraude à la loi; le juge ne peut donc, sans manquer à son devoir, en reconnaître la validité. Mais, délié en droit de toute obligation, le cessionnaire est-il quitte aux yeux de sa conscience de l'engagement qu'il a contracté? N'est-il pas tenu au moins naturellement, et s'il fait un acte d'honnête homme, s'il remet au cédant la somme portée dans la contre-lettre, ne devra-t-on pas lui répondre avec l'art 1235, si plus tard il prétend avoir payé l'indû : « La répétition n'est pas admise à l'égard des obligations naturelles qui ont été volontairement acquittées. » — Un mineur, dont la position est à coup sûr aussi digne d'intérêt, contracte un engagement : devenu majeur, il exécute sa promesse. Si

ensuite il veut agir en répétition, vous écarterez sa demande. Pourquoi suivre une règle toute différentè à l'é-
gard du cessionnaire d'un office?

La faute, ajoute-t-on, est d'ailleurs la même; le *solvens* est aussi coupable que l'*accipiens*. Il y a honte des
deux côtés. Les parties doivent donc être mises sur la
même ligne. Que l'on rejette toute demande tendant à
l'exécution du traité secret, rien de mieux; mais aussi
que le cessionnaire, s'il a payé sciemment, ne puisse
répéter. C'est le cas d'appliquer la maxime : *In pari
causa melior est causa possidentis.* — Telle est, dans
une hypothèse analogue, la décision de la loi *Ubi
autem* (L. 3) *De cond. ob turp. vel inj. causam*, Dig.,
L. 12, t. 5 (1), et telle est aussi dans notre droit la
règle à l'égard des dettes de jeu et de pari. (Art. 1965,
1967, C. N.)

Autoriser la répétition, c'est, objecte-t-on enfin,
encourager la mauvaise foi; c'est pousser les cessionnaires à violer des engagements librement consentis et
sans lesquels ils n'auraient pu obtenir leur présentation.

230. — Ces raisons ne manquent pas de gravité, et
elles ont prévalu quelquefois devant les Cours et les tribunaux. Cependant toutes les fois qu'elle a admis ce sys-

(1) *Ubi autem et dantis et accipientis turpitudo versatur, non
posse repeti dicimus.*

tème, la jurisprudence ne l'a fait qu'en y apportant une restriction : déclarant que le paiement fait en vertu de la contre-lettre devait être imputé sur le prix porté au traité ostensible, s'il n'avait pas été acquitté intégralement (1).

Même avec ce tempérament, cette doctrine doit être rejetée. C'est méconnaître les vrais principes que de repousser l'action en répétition du cessionnaire par une fin de non-recevoir.

La nullité dont sont atteints les traités secrets est essentiellement d'ordre public; elle est donc absolue. En droit pur, toute contre-lettre qui porte augmentation du prix d'un office n'a jamais existé; c'est le néant. Par suite, elle ne peut engendrer, je ne dis pas seulement une obligation civile, mais même une obligation naturelle. Sans doute, le majeur qui exécute l'engagement qu'il a contracté en temps de minorité se rend non-recevable à demander la nullité du contrat. Mais qui ne voit la différence entre les deux cas? La convention dans laquelle un mineur a été partie a une existence; si je puis ainsi parler, elle est née viable, et elle produit les mêmes effets que les conventions valables dès l'origine, lorsque le vice dont elle est frappée est effacé par une ratification expresse ou même tacite. L'obligation écrite

(1) Cass., 7 juillet 1841, 23 août 1842; Paris, 15 février 1840; Toulouse, 22 février 1840; Rouen, 18 février 1842.

dans une contre-lettre est, au contraire, une obligation mort-née; elle n'est donc susceptible d'engendrer aucun effet : on ne donne pas vie au néant.

Et puis, à quelles conséquences ne serait-on pas amené si on faisait aux traités secrets l'application de l'art. 1235, C. N.? A moins d'être illogique, il faudrait dire que ces traités peuvent être ratifiés; que les engagements qui y sont pris sont susceptibles d'être novés; que l'obligation du cessionnaire peut devenir l'objet d'une transaction et d'un compromis, c'est-à-dire que, renversant tous les principes, on en viendrait à attribuer à un contrat radicalement nul les caractères et les effets d'un contrat seulement annulable.

Mais, nous dit-on, pourquoi protégez-vous plutôt le cessionnaire que le cédant? La faute est la même, la peine doit être égale. On pourrait répondre que la question n'est pas de savoir qui de l'ancien titulaire ou de son successeur est le plus coupable, mais si ou non le cessionnaire est obligé et si, par suite, le paiement a été fait avec ou sans cause. Mais même en se plaçant sur le terrain de nos adversaires, n'est-il pas facile de justifier le système de la répétition? Le cessionnaire est tantôt plus, tantôt moins, mais toujours un peu à la discrétion du cédant. Sans expérience, présomptueux comme on l'est trop souvent à cet âge, il est tout disposé, sous l'influence des espérances qu'on lui fait concevoir et qu'entretient la cupidité du cédant, à des sacrifices dont il sentira bientôt toute la dureté. Il faut à la fois le protéger contre ses propres illusions et le défendre contre les exigences du titulaire dont il sollicite la démission.

231. — IV. La capacité nécessaire pour contracter est exigée en matière de cession d'office comme dans toute autre convention (art. 1123-1124 C. N.); mais elle ne suffit pas. Le traité est impuissant à produire ici ses effets ordinaires si le cessionnaire n'a pas une capacité spéciale, s'il ne remplit pas toutes les conditions d'idonéité exigées des officiers ministériels. L'art. 91 ne permet aux titulaires que de présenter des successeurs qui réunissent les qualités requises par les lois.

Faut-il cependant que le candidat soit pleinement capable au moment de la cession? Il n'est pas rare de voir des aspirants traiter d'un office, et même faire toutes les démarches nécessaires pour obtenir leur nomination avant d'avoir atteint l'âge de vingt-cinq ans. Dans un cas semblable, devra-t-on considérer la convention comme non avenue? Un arrêt de la Cour d'Orléans résout la question contre les cessionnaires (1). On a tenté de justifier cette décision en disant qu'une transaction dans de telles circonstances enchaîne la liberté du candidat, et en faisant observer qu'il y a lieu de craindre que le

(1) Orléans, 25 janvier 1855.

cédant n'étant plus intéressé à la prospérité de l'office, n'apporte moins de zèle dans l'exercice de ses fonctions. Mais ces motifs sont loin d'être concluants. Aucune disposition législative, aucune ordonnance, aucun décret ne défend d'arrêter à l'avance les conditions de la cession; et si d'après l'art. 91 les aspirants doivent posséder les qualités requises, ce n'est évidemment qu'au moment de leur nomination. La doctrine contraire serait en opposition formelle avec la loi. S'il n'était permis à un candidat de traiter que lorsqu'il aurait vingt-cinq ans révolus, il ne serait plus vrai de dire qu'il suffit pour devenir officier ministériel d'être parvenu à cet âge. Un certain délai, tantôt plus, tantôt moins long, s'écoule en effet, nécessairement, entre le jour du contrat et le jour où l'aspirant reçoit le titre d'officier. Ce ne serait donc plus à vingt-cinq ans, mais seulement à vingt-cinq ans et quelques mois, que l'on pourrait au plus tôt entrer en fonctions. — On objecte que le titulaire se négligera, qu'il ne donnera plus aux affaires après le traité le soin qu'il leur donnait avant. — Mais on oublie que ses intérêts seront, à défaut de son amour-propre, une excellente garantie de son zèle. Car le prix de l'office est, ainsi qu'il sera dit (1), basé sur la moyenne des cinq dernières années de l'exercice des officiers démissionnaires.

_____

(1) Voir *infrà*, n° 336.

§ II. — *Des obligations des parties.*

232. — La transmission d'un office produit, comme toute vente, des obligations de différente nature. Le cédant doit faire délivrance et garantir la cession. Le cessionnaire est tenu d'entreprendre toutes les démarches nécessaires pour obtenir sa nomination, et de payer son prix au jour convenu.

233. — I. *Obligations du cédant.* — 1° *Délivrance.* — La délivrance consiste daus la présentation du cessionnaire à l'agrément du chef de l'État. Le traité n'est exécuté de la part du cédant que lorsque cette condition est remplie. Que décider s'il refuse de l'accomplir? Doit-il être condamné à donner sa démission et à désigner le cessionnaire pour son successeur? Le jugement peut-il même au besoin tenir lieu de présentation? L'aspirant n'a-t-il, au contraire, que le droit de conclure à des dommages-intérêts équivalant au préjudice qui résulte pour lui de l'inexécution de la convention?

Après un assez long dissentiment, les tribunaux inclinent aujourd'hui à penser que le défaut d'accomplissement du contrat doit simplement donner lieu à une condamnation pécuniaire contre le cédant. Cette jurisprudence est conforme aux principes, et on ne peut que souhaiter qu'elle se maintienne.

La transmission d'un office ne peut, d'après l'art. 91, s'effectuer qu'à la suite d'une présentation faite librement et volontairement par le titulaire. Or, est-il possible de reconnaître dans le jugement qui constate le refus formel de la démission ce caractère de spontanéité et de liberté exigé par la loi des 28 avril—4 mai 1816?

Ce motif n'est pas le seul. Reconnaître aux tribunaux le droit de donner à leur décision la valeur d'une présentation, ce serait sous un double rapport porter une atteinte grave à la prérogative du gouvernement. Le chef de l'État se trouverait ainsi contraint à révoquer un officier ministériel qui n'a pas offert d'abandonner ses fonctions, et à accepter un candidat qui ne lui a pas été présenté dans les formes voulues.

Je sais que dans l'ancienne jurisprudence on tenait pour constant qu'une sentence pouvait remplacer la procuration *ad resignandum;* mais il ne faut pas s'y tromper : cette forme de procéder n'était autorisée que lorsque les offices étaient vendus aux enchères (1); on l'écartait rigoureusement quand la transmission était volontaire (2).

---

(1) Déclaration du mois de février 1683, art. 6.

(2) On invoque quelquefois à l'appui de cette doctrine l'ancien adage *nemo potest præcise cogi ad factum* érigé en loi par l'art. 1142 du Code Napoléon. Mais en en faisant l'application à notre système, on détourne cette maxime de son véritable sens. Non, personne ne peut être contraint à faire; mais entendons-nous : le principe *nemo potest,* etc., n'est vrai que lorsque, pour obtenir l'exécution du fait

234. — Le cessionnaire ne doit donc, dans tous les cas, obtenir que des dommages-intérêts. Le montant en sera déterminé suivant les circonstances et conformément aux règles du droit commun (art. 1149, 1150, 1151 C. N.). Les tribunaux peuvent même, en usant cependant de ce droit avec circonspection, en élever assez le chiffre pour contraindre indirectement le cédant à l'exécution du traité. C'est ainsi que, dans une espèce où la position du cessionnaire était des plus favorables, la Cour d'Agen a condamné un notaire, si mieux il n'aimait donner sa démission, au paiement d'une somme de 30,000 fr., bien que le prix de la cession ne dépassât pas 11,000 (1).

235. — On sait que sous l'ancienne Monarchie le cédant pouvait retirer sa démission tant que le candidat avec lequel il avait traité n'avait pas été installé. Contraire à la loi des contrats, le regrès n'existe plus aujourd'hui. Dès que le titulaire s'est engagé à donner sa démission en échange du prix que le cessionnaire lui a promis, la convention est parfaite. Il est donc impossible, suivant la remarque de Merlin (2), que le lien d'un

réclamé, il faudrait exercer une contrainte physique sur la personne du débiteur. Or, on comprend parfaitement qu'un jugement puisse, sans autoriser cette mesure extrême, dépouiller un officier du titre dont il a promis de se démettre.

(1) Agen, 5 janvier 1836.
(2) Rép., V° *Offices.*

même contrat passé entre deux majeurs soit obligatoire pour l'un sans l'être pour l'autre : *contractus claudicare non debent*. — Ce point, qui n'a jamais fait doute dans la doctrine, a été confirmé par un arrêt assez récent de la Cour de Paris (1).

Si le regrès toutefois n'est plus proposable devant les tribunaux, ne l'est-il pas au moins devant l'administration? Doit-on refuser à un officier le droit de retirer sa démission lorsqu'elle n'a pas encore été agréée? Sur cette question, on peut dire que le gouvernement subit, en général, l'influence des faits. Tantôt il rejette, tantôt il admet le retrait. Cependant l'administration tendrait plutôt aujourd'hui à faire prévaloir le principe que toute démission donnée lui est acquise. Lorsqu'elle accueille la demande du cédant, elle prend d'ailleurs toujours soin de réserver expressément l'action à fins civiles du cessionnaire.

236. — On peut supposer (le cas se présentera rarement sans doute, mais enfin il est possible) que le possesseur d'un office s'engage successivement à présenter deux candidats à l'agrément du chef de l'État. Cette hypothèse se réalisant, on peut se demander lequel des deux cessionnaires devra être préféré. Sera-ce celui qui a traité le premier avec le cédant? Sera-ce celui qui a été agréé par le collateur? Faudra-t-il s'attacher à la

(1) Paris, 13 janvier 1854.

date de la convention? Devra-t-on considérer le moment de la réception? Les principes exceptionnels qui régissent notre matière ne permettent guère d'hésiter. Le traité ne donne qu'un droit à l'office (*jus ad rem*), qu'une simple espérance; la transmission de propriété ne peut résulter que du décret de nomination. La préférence sera donc accordée à l'aspirant dont la présentation aura été admise sans qu'il y ait à distinguer si la convention intervenue entre lui et le cédant a été ou non précédée d'un autre traité.

237. — 2° *Garantie*. — Toute vente, à moins de stipulation contraire, impose au vendeur l'obligation de procurer à l'acheteur une jouissance paisible et utile. La jouissance n'est pas paisible lorsque l'acheteur est troublé dans la possession de la chose vendue; elle n'est pas utile quand l'objet de la vente manque de l'une ou de quelques-unes des qualités que l'acquéreur a cru y trouver.

238. — Dans une matière où l'ordre public est essentiellement mêlé à l'intérêt privé, il est difficile de comprendre que le cédant ne soit pas propriétaire incommutable. La garantie en cas d'éviction se conçoit donc mal dans les cessions d'offices. Quant à la suppression que le collateur peut toujours faire, et même quant à la destitution du titulaire, elles ne peuvent non plus engager la responsabilité du cédant. De deux choses l'une, en effet : ou le décret qui supprime l'office est antérieur à la no-

mination du cessionnaire, ou il est postérieur. Dans la première hypothèse, la convention n'est pas parfaite; elle est en suspens, puisque le chef de l'État n'a pas donné son agrément; on applique donc les règles du droit commun dans les contrats modifiés par une condition suspensive : la suppression tombe sur le démissionnaire. Le principe est le même au cas où l'office est simplement démembré. Le démembrement constituant une perte partielle, l'aspirant a, par application de l'art. 1182, le choix de résoudre le traité ou d'en exiger le maintien sans diminution de prix. — Dans la seconde hypothèse, la perte est supportée par le cessionnaire. On fait au nouveau titulaire l'application de ce principe que, lorsque la vente est parfaite, les risques et périls de la chose vendue sont à la charge de l'acheteur : *Res perit domino*. Le possesseur actuel de l'office n'est donc pas dispensé par la suppression d'en payer le prix ou la portion du prix dont il est encore débiteur. Toutefois, le cédant ou ses ayant-cause ne peuvent exiger leur paiement avant la liquidation de l'indemnité qui peut être allouée au titulaire par le gouvernement. Rien n'empêche, du reste, les parties de stipuler dans le traité que le cessionnaire, au cas où l'office serait supprimé, ne serait pas tenu de payer le reliquat qu'il pourrait devoir au moment de la suppression.

239. — L'obligation de garantie en matière d'offices

n'a d'importance que si on la considère relativement à l'engagement tacite pris par le cédant de s'abstenir de tous actes qui seraient de nature à diminuer les avantages que son successeur a dû trouver dans l'exécution du traité. Ainsi l'ancien titulaire ne peut, à peine de dommages-intérêts, exercer dans le même arrondissement les fonctions qu'il remplissait avant sa démission ou chercher à détourner la clientèle de l'étude qu'il a cédée. Ce principe est depuis longtemps reconnu par la jurisprudence. La Cour de Rennes, notamment, en a fait l'application en accueillant une action dirigée contre un ancien notaire qui, depuis la cessation de ses fonctions, constatait les conventions de ses clients par actes sous seing privé (1).

Comme il y a un quasi-délit dans cette violation des engagements, les tribunaux reçoivent même le plaignant à établir les faits sur lesquels il appuie sa demande, tant par témoins que par titres.

Les héritiers d'un officier ministériel sont les continuateurs de sa personne. S'ils succèdent à ses droits, ils sont par une juste réciprocité tenus de ses obligations. Ils sont donc, ainsi que leur auteur, passibles de dommages-intérêts lorsqu'ils troublent le cessionnaire dans l'exercice de ses fonctions.

(1) Rennes, 15 juillet 1839.

240. — Suivant le droit commun, l'acheteur peut faire réduire le prix de la vente lorsqu'il se trouve dans la chose vendue des vices qui la rendent impropre à l'usage auquel elle est destinée ou qui en diminuent sensiblement la valeur (art. 1641 C. N.). La garantie à raison des défauts cachés se rencontre également dans les cessions d'offices. Le cédant a pu exagérer frauduleusement les produits de l'étude, ou, à l'insu du cessionnaire, se rendre coupable d'abus de confiance dont le résultat aura été souvent d'amoindrir l'importance de la clientèle. Il n'est pas impossible, d'un autre côté, qu'il soit en état de déconfiture au moment de la cession. Il peut même arriver que les scellés soient, à la suite d'une procédure criminelle, apposés sur les papiers de l'office, et que le successeur soit dans l'impuissance de suivre les affaires commencées. Dans ces cas et dans tous les autres de la même nature, le cessionnaire est fondé à demander une diminution du prix, eût-il depuis ratifié le traité (1). Les demandes en réduction intéressent en effet essentiellement l'ordre public, et à ce titre elles ne peuvent devenir l'objet d'une ratifi-

---

(1) Mais si le cessionnaire a eu à sa disposition tous les éléments nécessaires pour s'éclairer, il ne peut faire réduire le prix en alléguant qu'il a été trompé sur la valeur vénale de l'office. Dans ce cas, ce n'est pas sur la substance de la chose que porte l'erreur. D'un autre côté, l'art. 1674 n'est pas applicable ici, car la rescision pour cause de lésion n'est pas admise en matière de cession d'offices. (Voir *infrà*, n° 264.)

cation. Quant au délai dans lequel le cessionnaire peut agir, il est déterminé d'après les règles du droit commun. L'action en réduction est soumise à la prescription ordinaire, et non aux prescriptions spéciales établies par les art. 1622, 1648 et 1676 du Code Napoléon.

241. — II. *Obligations du cessionnaire.* — 1° *Obligation de faire toutes les démarches nécessaires pour que le décret de nomination soit rendu.* — Si le cédant est tenu de désigner comme son successeur l'aspirant en faveur duquel il a pris l'engagement de se démettre de ses fonctions, le cessionnaire, de son côté, doit exécuter la convention en agissant, autant qu'il est en lui, dans le but d'obtenir sa nomination. S'il a des regrets, s'il se repent, il ne peut échapper à cette obligation qu'en indemnisant le titulaire. Comme le cédant lorsqu'il refuse de donner sa démission, le cessionnaire qui se dérobe à la présentation faite en sa faveur s'expose à une action en dommages-intérêts.

Le *quantum* de l'indemnité est déterminé d'après les règles ordinaires en matière de conventions. Les tribunaux doivent toujours prendre pour base l'importance du préjudice éprouvé par le cédant. Le droit d'appréciation dont ils sont investis à cet égard ne peut cependant aller jusqu'à les autoriser, à moins de supposer des circonstances exceptionnelles et bien rares, à élever, ainsi que l'a fait la Cour de Rennes (1), le chiffre de l'indemnité au prix stipulé pour la cession.

Il est possible que le successeur présenté ne soit pas agréé par le gouvernement. L'inexécution du traité étant indépendante dans ce cas de la volonté du cessionnaire, il est difficile de reconnaître au cédant le droit de former une action en dommages-intérêts. Le titulaire est d'ailleurs en faute toutes les fois qu'il traite avec un aspirant qui ne réunit pas les conditions exigées par la loi. — C'est en ce sens que la jurisprudence s'est prononcée.

La décision doit être la même si, en dehors du traité, l'administration impose au successeur une condition qu'il ne peut pas ou qu'il ne veut pas exécuter. Telle serait, par exemple, l'obligation de payer une indemnité à un tiers. Il faut garder cependant une certaine mesure dans l'application de cette exception. On rentrerait évidemment dans la règle si le refus de l'administration était fondé sur une cause qu'il dépendrait du cessionnaire de faire cesser. Ainsi, un tribunal a pu à bon droit prononcer une condamnation à des dommages-intérêts contre un avoué qui, après avoir traité avec un notaire, refusait de se démettre préalablement de son premier titre (2).

A la suite des évènements survenus au mois de février

---

(1) Rennes, 3 février 1834.
(2) Trib. Tarascon, 28 fév. 1840.

1848, le ministre de la justice invita, au nom du gouvernement provisoire, les acquéreurs d'offices ministériels, dont la demande de nomination était pendante au moment de la Révolution, à déclarer s'ils entendaient ou non donner suite à leurs traités. C'était délier les cessionnaires de leurs engagements. C'est dans ce sens et avec raison que la circulaire a été entendue. Les tribunaux ont toujours écarté les demandes en indemnité formées contre les acquéreurs pour avoir refusé de poursuivre leur nomination (1).

242. — 2° *Paiement du prix.* — Le cessionnaire doit payer son prix au terme indiqué par la convention.

Le vendeur non payé a, d'après le droit commun : 1° le droit de retenir la chose vendue si la vente a été faite sans terme; 2° une action en revendication, pourvu qu'il l'intente dans la huitaine de la délivrance; 3° le droit de demander la résolution du contrat; 4° un privilége sur l'objet de la vente. Les principes exceptionnels qui régissent les conventions relatives aux offices ne comportent pas un tel assemblage de garanties. L'ordre

(1) Les acquéreurs des offices d'agents de change et de courtiers n'obtinrent pas du ministre du commerce la faculté accordée par le ministre de l'intérieur aux cessionnaires des autres offices ministériels. — Les aspirants à ces charges, dont la demande de nomination s'instruisait lorsque la Révolution éclata, restèrent donc sous l'empire du droit commun, et ils sont par suite devenus passibles de dommages-intérêts (C. N., art. 1178) toutes les fois qu'ils se sont refusés à l'exécution des traités. (Cass., 26 mai 1851.)

public demande que les offices ne sortent pas des mains des titulaires pour y rentrer ensuite au gré des intérêts privés. En usant de la faculté de présentation, l'ancien officier a d'ailleurs épuisé son droit; dans la réalité, c'est du chef de l'État et non de son prédécesseur que le cessionnaire tient l'office. Le cédant n'a donc ni droit de rétention, ni action en revendication, ni enfin le droit de faire résoudre la cession; il ne peut qu'invoquer le privilége établi par l'art. 2102-4° C. N. en faveur du vendeur d'effets mobiliers non payé.

243. — On a même voulu lui dénier cette dernière garantie, et non, il faut l'avouer, sans quelque apparence de raison.

Abolie par les décrets de l'Assemblée Constituante, la vénalité, ont dit quelques jurisconsultes, n'a jamais été rétablie. Les collations sont aujourd'hui gratuites. Par conséquent, le chef de l'État n'est pas obligé d'admettre, comme les rois sous l'ancienne Monarchie, les présentations en faveur qui lui sont adressées. A proprement parler, nos offices ministériels ne sont pas dans le commerce, et tout est consommé entre le cédant et le cessionnaire lorsque le collateur a donné son agrément au candidat qui lui a été désigné.

Sur quoi vous fondez-vous d'ailleurs, nous dit-on, pour accorder un privilége au cédant non payé? Sur l'article 2102-4°. Mais prenez-y garde : la disposition que vous invoquez est bien précise. L'exercice du privilége n'est possible qu'autant que l'objet vendu est encore en la possession du débiteur. Or, l'office n'est plus entre les mains du cessionnaire; il est sorti de son patrimoine dès que le successeur qu'il a présenté à son tour a été agréé par le chef de l'État.

Peut-on dire enfin (c'est le dernier argument invoqué par nos adversaires) que l'engagement pris par un officier ministériel d'user du droit que lui confère l'art. 91 a les caractères d'une vente? C'est un contrat innommé, le contrat *facio ut des*, et rien de plus.

244. — Ces arguments peuvent peut-être séduire à première vue, mais ils ne supportent pas un examen attentif. L'art. 2102-4° déclare créance privilégiée le prix des effets mobiliers non payés. La question est donc de savoir ce qu'il faut entendre par ces mots *effets mobiliers*. Or, à cet égard, le doute n'est pas possible. De la relation qui existe entre les art. 529 et 535, il résulte évidemment que cette expression désigne tant les objets incorporels que les choses corporelles. Les offices sont bien certainement du nombre des choses incorporelles. Ils sont donc compris dans les mots *effets mobiliers* de l'art. 2102, et par suite le prix en est garanti par un privilége.

Sans doute (et c'est un point généralement admis aujourd'hui), la vénalité n'a pas dans nos offices ministériels les caractères qu'elle avait sous l'ancien régime. Mais il est évident cependant que l'art. 91 a mis dans le commerce, sinon l'office lui-même, du moins le droit de présentation, puisque cet article suppose, implicitement il est vrai, mais nécessairement, que la démission des titulaires peut être l'objet d'une convention. Des relations s'établissent donc entre le cédant et le cessionnaire; une chose, office ou présentation, est vendue. Pourquoi ne pas appliquer à ce cas l'art. 2102-4°? Pourquoi ne pas protéger la créance du cédant par un droit de préférence?

On objecte que l'exercice du privilége n'est possible qu'autant que la chose vendue est encore en la possession du débiteur, et que l'effet de la revente est précisément de faire sortir l'office du patrimoine du cessionnaire. Je réponds que par privilége on doit entendre le droit d'être payé par préférence à des créanciers ordinaires, non pas précisément sur la chose même, ce qui conduirait à l'exercice d'une action en revendication, mais sur le prix de cette chose, lorsque la vente en a été faite par le débiteur.

Mais, disent enfin nos adversaires, ne vous y trompez pas : la cession d'un office est un contrat innommé, et le privilége de l'art. 2102 n'est accordé que dans le cas de vente. Cette raison n'est pas sérieuse : il y a toujours vente là où l'on rencontre un consentement, une chose et un prix; et dans la convention qui intervient entre le titulaire d'un office et celui qu'il s'engage à présenter comme son successeur, on retrouve ces trois éléments au plus haut point (1).

245. — C'est dans ce sens que la jurisprudence s'est prononcée après quelques hésitations. Dans la pratique, le privilége du cédant n'est plus à l'état de question ; les tribunaux sont unanimes pour le reconnaître, toutes les fois que la créance de celui qui l'invoque résulte d'un acte écrit antérieur à la nomination, dans lequel le prix de la cession est établi (2).

246. — Accessoirement à cette première question, il s'en présente une autre qui n'offre guère moins d'intérêt. Il s'agit de savoir si, lorsqu'un office a été vendu à plusieurs personnes dont aucune n'a payé son prix, le premier cédant doit être admis à exercer son privilége sur le prix de la dernière revente. La jurisprudence, après s'être prononcée d'abord pour l'affirmative, résout aujourd'hui la question négativement (3). Il est difficile de la suivre sur ce terrain : la solution qu'elle avait d'abord donnée est la seule juridique.

Quelle raison y a-t-il donc de distinguer entre le prix d'une première revente et le prix de reventes ultérieures ?

---

(1) En ce sens : MM. Troplong, *Des Hypothèques*, n° 182 ; Dard, *Traité des Offices désignés dans l'art. 91 de la loi du 28 avril 1816*, p. 432 *et suiv.* Voy. aussi un rapport remarquable fait par M. Sapey à la Chambre des Députés le 18 janvier 1831.

(2) Cass., 16 fév. 1831, 25 janv. 1843, 13 juin, 1 août 1853, 30 août 1854 ; Paris, 16 février 1831, 12 mai 1835, 8 juin 1836, 28 janvier, 15 fév. 1854 ; Toulouse, 22 fév. 1840 ; Amiens, 27 août 1844 ; Rennes, 25 juill. 1847.

(3) Orléans, 3 juillet 1847 ; Paris, 28 janvier, 25 février, 24 mai 1854.

Pourquoi accorder un privilége dans le premier cas et méconnaître cette garantie dans le second? N'est-ce pas de l'inconséquence?

A qui d'ailleurs accorder la préférence dans ce système? Au cédant intermédiaire? Mais il est de principe, en matière de vente d'immeubles au moins (et ici on peut raisonner par analogie, car la situation est identiquement la même), que le premier vendeur est préférable au second, le second au troisième, et ainsi de suite (art. 2103). Aux différents créanciers des acquéreurs? Mais le prix dû au premier cédant est la représentation de l'office, et nos lois, d'accord avec l'équité, veulent que le créancier qui a mis une chose dans le patrimoine du débiteur soit payé par préférence à tous les autres sur le prix de la revente.

La jurisprudence qui s'est formée sur cette question est donc essentiellement vicieuse. Le privilége du cédant est tout aussi légitime après plusieurs cessions qu'après une seule.

247. — La cession d'un office, lorsque l'on veut analyser tous les droits qui y sont contenus, comprend le plus ordinairement : 1° l'office même ou, si l'on veut, le droit de présentation; 2° la clientèle; 3° les éléments de la clientèle; 4° les recouvrements.

Le privilége du cédant s'étend évidemment au prix de la clientèle et des éléments de la clientèle comme au prix de l'office. L'importance de la clientèle a pu, à la vérité, s'élever ou s'amoindrir entre les mains du cessionnaire, mais il est toujours vrai de dire néanmoins, suivant l'observation judicieuse de la Cour de Paris, que l'officier débiteur du prix qui cède l'office, transmet à son successeur les avantages que la gestion de son prédécesseur lui avait transmis à lui-même (1).

Il y a plus de difficulté à l'égard des recouvrements. Il faut même reconnaître en principe que le paiement n'en est pas garanti par un droit de préférence au profit du cédant. Le privilége n'aurait de raison d'être que si les recouvrements abandonnés primitivement étaient en tout ou en partie les mêmes que ceux qui sont postérieurement laissés par le cessionnaire à son propre successeur.

On s'est demandé si l'ancien titulaire peut, lorsqu'une portion du prix n'a pas été portée dans l'acte, invoquer un privilége pour l'excédant promis en dehors du traité. La question présentera rarement un intérêt bien vif, car les parties n'agissent guère de cette manière que lorsqu'elles veulent soustraire au contrôle de l'administration un prix qui peut sembler exagéré. Or, toute contre-lettre est radicalement nulle. Cependant, il est possible que la dissimulation n'ait pas un caractère frauduleux. Dans cette hypothèse, que décider?

Il y a aujourd'hui dans la jurisprudence et parmi les

(1) Paris, 5 juin 1836.

auteurs une tendance générale à penser qu'un privilége
n'est jamais accordé en cas de vente que pour le prix
indiqué dans l'acte qui constate la convention. Donner
une autre décision, ce serait, remarque-t-on avec raison,
tromper la confiance des créanciers du débiteur, qui le
plus souvent n'auront consenti à traiter avec lui que
parce qu'ils auront cru que le paiement du prix porté
dans l'acte a complètement éteint le privilége. La publicité doit, autant que possible, être l'âme de nos
contrats. — Cette doctrine est fort rationnelle, et on
peut sans difficulté en faire l'application au privilége du
cédant.

248. — C'est le vendeur *non payé* que l'art. 2102-4°
déclare privilégié. Quand y a-t-il paiement, et quand, par
suite, le privilége est-il perdu? Doit-on notamment considérer comme désintéressé le cédant qui a accepté, soit
des billets à ordre causés, *valeur reçue comptant*, soit
une obligation avec hypothèque, et refuser, par voie de
conséquence, de reconnaître l'exercice du privilége sur le
prix de l'office lorsque les billets ne sont pas acceptés à
l'échéance ou lorsque l'hypothèque ne vient pas en ordre
utile? S'il est vrai de dire que les résolutions générales
sont dangereuses en droit, c'est surtout dans ce cas. La
question est avant tout une question de fait. S'il résulte
clairement de l'acte que le cédant a voulu faire novation,
le privilége est éteint, à moins d'une réserve expresse
(art. 1278, C. N.); si l'ancien titulaire a simplement

18

entendu trouver une garantie de plus dans les billets qui lui ont été remis ou dans l'obligation hypothécaire qu'il s'est fait consentir, le privilége subsiste tant que le prix de la cession n'a pas été effectivement payé.

249. — D'après l'art. 91, la faculté de présentation n'a pas lieu à l'égard des officiers destitués. La destitution prive donc le possesseur d'un office du droit de désigner son successeur, et par suite, de stipuler un prix pour sa démission. Mais, dans l'usage, l'administration adoucit la rigueur de la loi en imposant au nouveau titulaire l'obligation de payer *à qui de droit* une indemnité dont elle arbitre elle-même le montant. Si l'officier coupable est encore débiteur de tout ou de partie du prix de cession, le privilége du cédant peut-il alors s'exercer sur la somme dont le gouvernement exige la consignation?

Un projet de réforme hypothécaire ayant été préparé en 1840, la Cour d'Angers, dans les observations qu'elle fut appelée à donner, demandait qu'il fût dit dans l'art. 2102 que le prix de cession d'un office serait privilégié « sur l'indemnité que les officiers ministériels peu- « vent avoir à toucher des successeurs par eux présentés « et agréés par le roi, ou que le gouvernement peut « juger équitable d'imposer à ses successeurs quand ils « sont nommés d'office. » Proposer ainsi de faire une disposition expresse pour permettre au cédant de jouir de son privilége au cas où le cessionnaire est destitué, c'était, dans la pensée de cette Cour au moins, reconnaître que dans l'état actuel de la législation ce privilége n'existe pas avec cette extension

Quelque rigoureuse qu'elle soit, cette opinion est la seule conforme aux principes qui dominent notre matière. La conséquence de la destitution est d'entraîner la perte de l'office, je veux dire du droit de présentation. L'indemnité mise à la charge du nouveau titulaire n'est donc pas un prix de vente; c'est simplement une libéralité, un bienfait de l'État, une pure obvention qui entre dans la masse commune sans destination spéciale, et sur laquelle, par suite, tous les créanciers ont des droits égaux.

Telle a été la doctrine constamment suivie par la Cour de Cassation (1). L'opinion contraire a cependant rencontré des défenseurs ardents (2), et parmi les Cours impériales, il en est quelques-unes qui aujourd'hui encore se prononcent en faveur du privilége du cédant (3). Mais tous les efforts mis au service de ce système ne peuvent faire qu'en droit il ne soit définitivement condamné. Tant que la réforme demandée par la Cour

(1) Cass. 7 juill. 1847, 13 fév., 26 mars, 23 avril 1849, 23 mars, 10 août 1852.

(2) Duvergier, Droit des 31 mars et 2 avril 1853; Genreau. Dict. crit., t. 3, p. 724; Ch. Ballot, Revue de droit franç. et étrang., tome 5, p. 121; Mourlon, Priv. et Hyp., n° 125.

(3) Lyon, 1er mars 1838; Bordeaux, 2 déc. 1842; Rennes, 28 juill. 1851

d'Angers en 1840, et reprise pour être bientôt abandonnée en 1850 (1), n'aura pas été faite, le privilége
des titulaires d'offices se restreindra nécessairement au
cas de cession volontaire.

Cette décision est regrettable sans doute. Ranger le
cédant dans la classe des créanciers simplement chirographaires, c'est, contre toute justice, faire peser sur lui la
responsabilité d'une faute qu'il n'a pas commise. Lorsque
le prix de cession n'est pas payé, il serait à désirer que
le gouvernement, au lieu d'imposer au successeur le paiement d'une indemnité en ces termes vagues : *pour
aller à qui de droit*, attribuât d'abord tout spécialement au cédant la somme mise à la charge du nouveau
titulaire. Pour faire cesser l'antagonisme entre le droit et
l'équité, il suffirait, comme le fait remarquer M. Coin-
Delisle, d'insérer dans le décret de nomination la clause
suivante : « à qui de droit aurait été si le titulaire avait
« été admis à faire la présentation de son succes-
« seur. » (2)

Sans destituer un officier, le gouvernement l'oblige
quelquefois à donner sa démission dans un délai qu'il lui
impartit. Faut-il alors, comme au cas de destitution, refuser d'accorder au cédant un droit de préférence sur le

---

(1) Voyez les savantes discussions dont le titre des priviléges et hypothèques fut l'objet à cette époque.

(2) *Revue critique de législation et de jurisprudence*, tome 3,
p. 460 et 461.

prix de la cession? La déchéance du privilége n'a pas dans ce cas de raison d'être. Que la transmission soit volontaire ou qu'elle soit forcée, l'officier conserve tous ses droits tant qu'il n'a pas été remplacé. Ce n'est qu'à la destitution que l'art. 91 attache la privation de la faculté de présentation. — La jurisprudence, après avoir hésité quelque temps, a fini par donner satisfaction à ces principes. Aujourd'hui, les tribunaux maintiennent unanimement le privilége du cédant quand la démission est forcée (1).

250. — On voit quelquefois des officiers ministériels, des agents de change et des courtiers particulièrement, se mêler, par un oubli coupable de leurs devoirs, au mouvement des affaires commerciales, se livrer à des spéculations hasardeuses, et finalement tomber en faillite. — S'ils sont encore débiteurs du prix moyennant lequel ils ont obtenu leur présentation, faut-il décider, comme dans l'hypothèse de la destitution, mais cette fois par application de l'art. 550 du Code de Commerce, que le privilége du cédant est éteint?

En disposant que « le privilége et le droit de revendication établis par le n° 4 de l'art. 2102 du Code Nap. au profit du vendeur d'effets mobiliers ne seront point admis en cas de faillite, » le législateur a eu évidemment pour but d'abord de prévenir les collusions entre le failli et les

(1) Nimes, 13 mars 1851 ; Besançon, 4 juillet 1853.

vendeurs de marchandises, ensuite de ne pas tromper les espérances que des tiers ont pu asseoir sur la foi d'un actif commercial dont ils ne connaissent pas l'origine. Il est possible aussi qu'il ait été guidé par cette considération, que le commerçant qui livre sa marchandise doit prévoir qu'elle deviendra le gage des créanciers de l'acheteur. Or, aucun de ces motifs ne peut être invoqué lorsqu'il s'agit d'un office ministériel. Le contrat intervenu entre un titulaire et le candidat qui se présente pour le remplacer n'est pas un acte de commerce; la cession est d'ailleurs constatée dans un acte soumis à l'approbation de l'autorité; il est contre toute raison enfin de présumer que le cédant a tacitement consenti à ce que l'office devînt le gage commun des créanciers du cessionnaire.

Ces raisons sont sérieuses, et il ne faut pas s'étonner si elles ont été quelquefois accueillies par les Cours et les tribunaux. Je pense néanmoins que la faillite d'un officier ministériel a pour conséquence nécessaire l'extinction du privilége du cédant. Ce privilége a, en effet, son principe dans l'art. 2102-4° du Code Napoléon. Or, l'art. 550 du Code de Commerce déclare dans les termes les plus larges que le droit de préférence introduit par le n° 4 de l'art. 2102 C. N. n'a pas d'application en matière de faillite. En présence de ce texte, comment est-il possible de faire une exception en faveur de l'ancien titulaire? A quel titre lui conserverait-on son privilège, quand l'effet de la faillite est de faire tomber tous les créanciers privilégiés au rang des créanciers chirographaires? (1)

251. — Le cédant est-il le seul qui puisse se faire payer par préférence sur le prix de l'office? N'est-il pas juste de reconnaître le même droit au prêteur des deniers qui ont servi au paiement, à la caution qui s'est obligée solidairement avec le cessionnaire, à la femme dont la dot a été employée à payer l'office acheté par le mari, et enfin aux créanciers pour faits de charge?

252. — À Rome et dans notre ancienne jurisprudence, les bailleurs de fonds avaient un privilége pour assurer le remboursement de leurs créances. L'art. 2103-2° C. N. accorde aujourd'hui la même sûreté à ceux qui ont fourni les deniers pour l'achat d'un immeuble; mais elle n'est attribuée par aucune loi aux créanciers dont l'argent a été employé à l'acquisition d'un meuble. C'est seulement au vendeur d'un effet mobilier que l'article 2102-4° reconnaît un droit de préférence. Or, les priviléges sont essentiellement de droit étroit, on ne les crée pas par interprétation. Par suite, il est impossible, dans l'état de la législation, d'accorder cette garantie

_____

(1) En ce sens : MM. Pardessus, *Cours de droit commercial*, n° 1207; Renouard, t. 2, p. 262; Bédarride, t. 2, n° 900. Pont, *Des priv. et hyp.*, t. 1, t. 1, p. 108.

aux prêteurs dont les fonds ont servi au paiement d'un objet mobilier, et par conséquent d'un office, puisque les offices sont meubles aujourd'hui (1).

Ces créanciers doivent donc, s'ils veulent donner à leurs droits une sauvegarde efficace, stipuler, au moment du versement des deniers, la subrogation dans les droits, actions et priviléges du cédant, et, s'ils contractent avec le cessionnaire, veiller à ce que toutes les formalités exigées par l'art. 1250-2° C. N. soient scrupuleusement observées.

253. — Sous ce rapport, la caution est mieux protégée que les prêteurs. Dès qu'elle a payé, elle acquiert indépendamment de toute subrogation, et par la toute-puissance de la loi, le privilége qui garantissait la créance du cédant. (Art. 2029 C. N.)

254. — Les tribunaux accordent également un privilége à la femme pour les sommes qu'elle a données, lorsqu'elle s'est obligée solidairement avec son mari au paiement de l'office dont il est pourvu. Cette jurisprudence est fondée sur la relation qui existe entre les art. 1431 et 2029 C. N. D'après l'art. 1431, la femme qui a contracté avec son mari une obligation solidaire pour les affaires de la communauté ou du mari, n'est réputée à l'égard de celui-ci s'être obligée que comme caution. Or, l'art. 2029 déclare que la caution qui a

(1) Voy. Douai, 21 nov. 1846.

payé est subrogée à tous les droits, actions et priviléges du créancier.

255. — Que décider à l'égard des créanciers pour faits de charge? Anciennement, les créances résultant de malversations commises par un officier dans l'exercice de ses fonctions étaient garanties par un privilége sur l'office. Cette sûreté a-t-elle persisté? Existe-t-elle encore aujourd'hui?

L'art. 2102-7° déclare privilégiées sur les fonds du cautionnement seulement et sur les intérêts qui peuvent en être dus, les créances nées des abus et des prévarications des fonctionnaires publics. Il semble donc incontestable, si l'on songe que les priviléges sont une exception au droit commun, que les créanciers pour faits de charge ne peuvent invoquer aucun droit de préférence sur le prix de la démission d'un officier ministériel.

La doctrine contraire tend cependant à prévaloir en jurisprudence, et on doit reconnaître qu'elle est bien fondée.

Sans doute aucune disposition législative n'attribue la garantie d'un privilége aux créances qui sont la suite des malversations d'un officier; sans doute, encore, les priviléges ne sont pas en principe susceptibles d'extension. Mais la vénalité des offices, telle qu'elle existe aujourd'hui, n'a été établie qu'en 1816, c'est-à-dire plus de dix ans après la promulgation du Code Napoléon. Est-il donc étonnant que le législateur ait omis de statuer sur une espèce de biens qui n'existait pas encore? Comment aurait-il accordé un privilége là où il ne voyait pas une chose sur laquelle il pût porter?

Or, il est de principe, et c'est une des règles posées par Bacon, que « la loi peut être facilement étendue aux « cas qui n'existaient pas au temps où elle a été faite, « et que le cas omis par le législateur est censé inscrit « dans la loi, toutes les fois que la raison de décider est « la même dans le cas omis que dans le cas ex- « primé. » (1)

Le Code Napoléon avait également gardé le silence sur le privilége du cédant, et cependant la jurisprudence, d'accord avec la doctrine, a fini par l'admettre.

Objectera-t-on que la gestion des officiers ministériels est garantie aujourd'hui par le dépôt d'un cautionnement, et qu'il n'y a dès lors aucun motif pour introduire un privilége qui, en l'absence d'un fonds de responsabilité, avait sa raison d'être dans l'ancienne législation? — Soyons de bonne foi : la sûreté à donner aux intérêts privés n'a été qu'un prétexte; l'établissement des cautionnements a eu pour cause unique les besoins de

---

(1) « Proclivis extensio legis ad casus post natos, qui in rerum natura non fuerunt tempore legis latæ. Ubi enim casus exprimi non poterat, quia tunc nullus erat, casus omissus habetur pro expresso, si similis fuerit ratio. » (Bacon, *De augmentis scientiarum*, Lib 8. cap 3, t. 1, aphor. 20.)

l'État. Aussi le taux en est-il fixé d'après la fortune présumée des titulaires, et non d'après l'étendue de la responsabilité qu'ils peuvent encourir dans l'exercice de leurs fonctions. Il est donc généralement peu élevé, et il serait presque toujours insuffisant pour couvrir les fautes des officiers ministériels.

Peut-on enfin ne pas prendre en considération la position des créanciers? Est-il une seule créance qui soit plus digne de faveur? Le recours aux avocats à la Cour de Cassation, aux notaires, aux avoués, aux greffiers, aux huissiers, aux commissaires-priseurs, aux agents de change et aux courtiers, est obligatoire. Il faut employer le ministère de ces officiers, quelques doutes que l'on ait d'ailleurs sur leur probité ou sur leur solvabilité. Les inconvénients de cette situation exceptionnelle avaient été bien sentis dans notre ancien droit. Avant 1789, le privilège des créanciers pour faits de charge primait même ceux du cédant et des prêteurs de deniers. Quelques actes du gouvernement sous la Restauration attestent également que la condition de ces créanciers avait éveillé la sollicitude royale. Deux ordonnances rendues à cette époque, l'une le 31 mars 1824, l'autre le 4 août 1826, autorisèrent les créanciers pour faits de charge de quelques agents de change destitués à user eux-mêmes du droit de présentation.

256. — Au cédant, aux prêteurs de deniers, à la caution, aux créanciers pour faits de charge, faut-il ajouter

comme privilégiés sur l'office ceux qui ont fourni à l'officier les fonds de son cautionnement, sur lequel ils ont d'ailleurs un privilége de second ordre d'après la loi du 25 nivôse an XIII (art. 1er)? La négative est certaine, car aucune loi n'accorde de privilége dans ce cas, et, d'un autre côté, les raisons qui peuvent être invoquées en faveur des créanciers qui ont été victimes de quelque prévarication ou d'un abus de confiance n'ont pas d'application ici.

257. — Reste la question de classement. Le cédant a mis dans le patrimoine du cessionnaire une valeur qui sans lui ne s'y trouverait pas ; on le colloque donc au premier rang. On place au second les prêteurs de deniers. En dernier lieu viennent les créanciers pour faits de charge.

258. — Après le désintéressement des créanciers privilégiés, le reliquat du prix, s'il en existe un, appartient, suivant le droit commun, aux créanciers hypothécaires. Mais, en notre matière, le privilége est la seule sûreté réelle qui puisse garantir le paiement d'une créance : les offices ne sont pas susceptibles d'hypothèques. Dans notre législation, en effet, ce droit n'affecte que les immeubles, et les offices sont incontestablement meubles (1). Sur quoi d'ailleurs porterait l'hypothèque? Évidemment sur le droit de présentation, puisque c'est sur ce droit seule-

(1) Voy. *infrà*, n° 291.

ment que peuvent intervenir les conventions des parties. Or, la faculté de présenter un successeur est essentiellement inhérente à la personne du titulaire. Il en use quand il veut et comme il veut. Les créanciers hypothécaires n'auraient donc qu'un droit imparfait : ils seraient, notamment, privés du droit de suite.

Ce dernier motif sert également à démontrer que les offices ne peuvent être donnés en gage. « Admettre qu'un « titulaire puisse céder sa charge à tout autre qu'à un « successeur, disait la Cour de Riom le 10 février 1845, « ce serait supposer qu'un office de notaire, par exemple, « peut passer dans le commerce par toutes mains et « subir plusieurs transmissions successives avant d'arri- « ver à la présentation d'un véritable successeur. Une « telle supposition, outre qu'elle est contraire au texte « formel de la loi, ne pourrait donner lieu qu'aux plus « graves abus en autorisant des tiers étrangers à s'immis- « cer dans l'examen d'une clientèle qui leur appartien- « drait et à violer ainsi le secret des familles. »

259. — Abstraction faite des priviléges établis par la loi ou reconnus par la jurisprudence, les créanciers d'un officier sont donc payés au même titre et viennent par contribution sur le prix de l'office. Sous certains rap- ports, ils sont même privés des avantages du droit com- mun. En principe, tout créancier peut saisir et faire vendre publiquement les biens de son débiteur. La nature particulière des offices ne permet pas l'emploi de

ce moyen d'exécution; contrairement à l'usage suivi sous l'ancienne Monarchie, ils ne peuvent être convertis en argent par la voie des enchères.

Cette dérogation à la règle suivie dans les cas ordinaires est suffisamment justifiée par les motifs suivants :

D'abord le droit de présentation est un droit essentiellement personnel; c'est le corollaire du titre. De plus, il ne peut être exercé qu'en faveur des candidats qui réunissent les qualités requises, et le gouvernement conserve toujours la faculté tant de repousser les aspirants qui n'offrent pas des garanties suffisantes que de réduire le prix mis par le titulaire à sa démission. Comment concilier ces exigences et les droits du chef de l'État avec les intérêts des successeurs que la voie des enchères donnerait aux officiers obérés? Ne serait-ce pas d'ailleurs blesser toutes les convenances et porter à la dignité des fonctions une atteinte irréparable, que de priver un officier de son titre au gré des rancunes de l'intérêt privé?

260. — Pour obtenir leur remboursement, les créanciers du possesseur d'un office sont obligés par suite d'attendre que le titulaire en fasse une cession volontaire. C'est sur le prix seulement qu'ils sont admis à faire valoir leurs droits. Pour empêcher qu'ils ne soient victimes de la mauvaise foi ou même de l'improbité du cédant, l'administration a proscrit impérativement à diverses reprises tout paiement anticipé, toute compensation, toute délégation au profit d'un seul ou de quelques-

uns des créanciers. Des circulaires ministérielles exigent même pour le versement de la somme convenue la stipulation d'un terme qui ne soit pas moindre d'un mois, à dater du jour où le successeur aura commencé ses fonctions (1); et l'on a vu quelquefois le gouvernement imposer à un cessionnaire l'obligation de consigner tout ou partie de son prix avant de prêter serment (2).

Ces mesures ont pour objet de donner aux créanciers le temps de se faire connaître et de procéder aux actes conservatoires de leurs droits.

Deux voies leur sont ouvertes : ils peuvent former opposition entre les mains des membres de la Chambre de discipline à la délivrance du certificat de capacité et de moralité sollicité par l'impétrant s'il ne s'engage pas à mettre son prix à leur disposition, ou saisir-arrêter la somme stipulée comme condition de la démission du titulaire. Administrative dans le premier cas, l'opposition est judiciaire dans le second. Pour plus de sûreté, il est prudent d'employer les deux moyens.

L'opposition administrative correspond à l'ancienne opposition au sceau. Elle se fait sur un registre tenu à

(1) Voy. surtout une circulaire du 28 juin 1849.

(2) Ces précautions sont sages, et l'opportunité en est évidente dans une législation qui, comme la nôtre, ne donne aux créanciers d'un officier ministériel aucun moyen légal de sauvegarder leurs droits. Le principe en a cependant été contesté, et plusieurs arrêts de la Cour de Cassation ont, à la faveur des art. 1179 et 1180 C. N., reconnu un effet à des stipulations que le gouvernement prohibait avec raison.

cet effet par les Chambres syndicales, ou même par voie de réclamation auprès du ministre. Elle ne vaut, du reste, que comme simple avertissement, et la Chambre qui, au mépris d'une opposition, délivrerait au cessionnaire le certificat demandé, n'engagerait pas sa responsabilité vis-à-vis des créanciers.

On suit pour l'opposition judiciaire les formes prescrites par les lois sur la procédure.

261. — Aux termes de l'art. 1167 C. N., « les créan- « ciers peuvent, en leur nom personnel, attaquer les « actes faits par leur débiteur en fraude de leurs droits. » Si dans un but frauduleux un officier ministériel stipule un prix de beaucoup inférieur à la valeur de son office, ses créanciers seront-ils recevables à invoquer cet article pour faire prononcer la nullité du traité?

L'action Paulienne était à Rome donnée contre tous les actes, quels qu'ils fussent et sous quelque forme qu'ils se produisissent, par lesquels un débiteur tentait de diminuer son patrimoine au détriment de ses créanciers. Or, l'art. 1167 a simplement reproduit le principe posé dans l'édit du préteur qui introduisit cette action (1). Il n'est donc pas possible de douter que la disposition de cet article n'ait un caractère de généralité marqué, et par suite on ne peut refuser le bénéfice de l'action révocatoire aux créanciers d'un officier ministériel, si

(1) Dig. l. 1, *Quæ in fraud. credit.*, etc. (L. 42. t. 8.)

d'ailleurs on trouve dans la convention une intention frauduleuse (*consilium*) et s'il y a eu un préjudice causé (*eventus*) (1).

Mais quel est l'effet de la révocation? On distingue : Si le jugement qui prononce la nullité du traité intervient avant l'émission du décret de nomination, les créanciers le font notifier à la Chambre de discipline et en adressent une expédition à M. le garde des sceaux; l'administration surseoit alors au remplacement de l'officier démissionnaire. Si au contraire le chef de l'État a déjà donné son agrément, le cessionnaire conserve son titre. On l'oblige seulement à tenir compte aux créanciers de la valeur réelle de l'office.

§ III. — *Des clauses accessoires au contrat, et des causes de résolution et de rescision de la cession.*

262. — Les contrats sont, en thèse générale, susceptibles de toutes les modifications qu'il plaît aux parties d'y apporter. C'est, en effet, un principe de la loi naturelle consacré par les prescriptions du droit positif, que les contractants jouissent en général d'une liberté entière dans le règlement de leurs conventions. Mais dans les offices, l'intérêt public est trop essentiellement

(1) « Fraudis interpretatio semper in jure civili non ex eventu duntaxat, sed ex consilio quoque desideratur. » (l. 79, *De reg. juris*, L. 50, t. 17.)

mêlé à l'intérêt privé pour que les conditions de la transmission n'aient d'autre limite que la volonté du cédant et du cessionnaire. On doit s'abstenir dans les traités tant des clauses qui impliqueraient au profit du démissionnaire la résolution d'un droit qu'en réalité il n'a pas conféré, que des stipulations qui seraient contraires à l'ordre public ou qui tendraient à paralyser l'action du gouvernement.

263. — I. Le droit des officiers ministériels, tel qu'il résulte de l'art 91, se réduit à la faculté pour eux de présenter des successeurs de leur choix. Quant à la collation du titre, elle est l'œuvre du chef de l'État. Le titulaire qui se démet de ses fonctions ne peut donc convenir avec le cessionnaire qu'il pourra rentrer dans la possession de l'office qu'il abandonne; autrement il reprendrait une chose qu'il n'a point donnée, il se réserverait un droit qui ne vient pas de lui.

Par application de ce principe, on doit considérer comme inutiles toutes les stipulations qui tendraient à faire tôt ou tard résoudre le contrat. Ainsi la clause par laquelle les parties, renouvelant l'ancien pacte *de in diem addictione* si usité à Rome, conviendraient que la démission serait considérée comme non avenue si dans un certain délai le cédant trouvait un prix supérieur, serait privée de tout effet légal. On devrait aussi déclarer non-recevable dans sa demande l'ancien titulaire qui, pour reprendre l'exercice de ses fonctions, invoquerait un traité de cession portant que l'office n'a été transmis qu'avec faculté de rachat. Les parties enfin ne peuvent stipuler que le contrat sera résolu à défaut de paiement du prix (1). L'action résolutoire accordée au vendeur suivant le droit commun pour inexécution des conditions, n'a pas d'application, en effet, en matière d'offices. A cet égard, l'administration montre même une telle rigueur qu'elle interdit dans les traités la réserve des « droits et priviléges » du cédant, dans la crainte que l'emploi de ces mots ne fournisse plus tard au démissionnaire un prétexte pour agir en résolution (2).

264. — L'action en rescision pour cause de lésion tend à l'annulation du contrat. A ne considérer que les résultats, elle produit donc ordinairement (dans un sens large du moins) les mêmes effets que l'action en résolution. Par suite, elle ne peut non plus être exercée par le cédant. La lésion n'est d'ailleurs une cause de rescision que dans la vente des immeubles, et les offices sont meubles. Si cette raison n'était pas décisive, on pourrait ajouter que le prix de cette espèce de biens est incertain et sujet à des variations continuelles : considération qui a bien sa valeur, puisqu'elle fut assez puissante pour faire rejeter l'action en rescision sous l'ancienne juris-

(1) Déc. min. just., 7 juin 1837,
(2) Déc. min. just., 20 avril 1840.

prudence, qui cependant rangeait les offices parmi les immeubles.

Il faut se garder de croire toutefois que les traités soient toujours en cette matière à l'abri de la nullité. On peut les attaquer conformément au droit commun dans les cas prévus par les art. 1109 et suivants du Code Napoléon. Mais si le décret de nomination est expédié et si le cessionnaire a prêté serment, le nouvel officier conserve son titre; le cédant n'obtient qu'une condamnation à des dommages-intérêts.

265. — II. Des circulaires et des décisions ministérielles en grand nombre recommandent aux officiers d'éviter, à peine de nullité de la stipulation, l'emploi des clauses qui seraient contraires à l'ordre public ou de nature à entraver la faculté d'appréciation du chef de l'État.

Loyseau nous apprend que de son temps la cession pouvait être faite aux risques et périls du cessionnaire, en ce sens que le prix devait être payé même au cas où les lettres de provision, sollicitées par le résignataire, n'auraient pas été délivrées (1). M. Duranton enseigne que cette convention serait également valable aujourd'hui (2). Mais il est difficile d'admettre cette opinion. Le prix est

(1) *Offices*. L. 3, ch. 2, n° 47.
(2) T. 16, n° 182.

l'équivalent de la transmission : si la transmission n'a pas lieu, le prix n'est pas dû. En vain M. Duranton allègue-t-il que le cessionnaire peut exercer le droit de présentation au profit d'un tiers. La faculté de présenter un successeur (l'art. 91 est bien formel sur ce point) n'est accordée qu'au titulaire, c'est-à-dire à celui qui a obtenu l'agrément du chef de l'État, et après son décès à ses héritiers ou ayant-cause (1).

Dans ce cas, n'est-il pas permis au moins de stipuler une indemnité? Il est certain que les démarches faites auprès du gouvernement peuvent enlever au titulaire l'occasion de traiter à des conditions avantageuses, et que la publicité donnée à un traité jette toujours, ainsi qu'on l'a fait remarquer, de la perturbation dans la clientèle (2). En équité, les clauses de cette nature devraient donc être prises en considération. Cependant une circulaire du 19 octobre 1836 en prohibe l'insertion dans les traités.

L'administration défend également de convenir, soit que le traité sera résilié de plein droit si le cessionnaire

---

(1) Mais la clause qui mettrait les risques et périls à la charge du cessionnaire ne serait pas nulle si les parties avaient voulu dire que les frais nécessités par la production des pièces et par les démarches à faire pour arriver à la nomination seraient supportés par l'aspirant, ou même que les dépréciations que l'office pourrait subir dans l'intervalle du traité à la prestation du serment, ne pourraient donner lieu à aucune action en recours contre le cédant.

(2) Bioche, v° *Offices*, n° 181.

n'est pas agréé dans un délai déterminé, soit que l'office fera retour au cédant si son successeur prédécède ou est destitué. De telles stipulations sont une atteinte à la prérogative du chef de l'État dont elles gênent l'action (1).

Quelquefois il est dit que le candidat versera une certaine somme en dehors du traité, à titre d'épingles ou de pots-de-vin. Cette clause peut servir à dissimuler l'exagération du prix; elle peut aussi être un moyen pour le cédant de soustraire une partie de l'argent qu'il doit recevoir à l'action de ses créanciers. Le gouvernement la proscrit de la même manière qu'il défend les paiements anticipés et les subrogations ou délégations partielles.

Que décider si le cessionnaire s'engageait à n'user du droit de présentation qu'après le paiement intégral du prix de cession? Serait-il obligé? Ce n'est pas de son prédécesseur qu'un officier ministériel tient le droit de présenter un successeur, c'est du chef de l'État : il est donc difficile de trouver dans une telle convention les éléments d'un lien de droit. Cependant si l'affirmative devait prévaloir, il faudrait reconnaître que la seconde cession aurait pour effet de rendre la totalité du prix immédiatement exigible.

266. — On peut se demander quels sont les droits des

(1) Déc. min. Just., 13 juin 1835.

contractants lorsque l'administration exige, dans l'un des cas qui précèdent, la suppression de l'une des clauses portées au traité. La même question se présente quand le collateur demande, comme condition de l'agrément du successeur, une réduction dans le prix de cession, ou veut imposer au cessionnaire certaines obligations qui n'ont pas été prévues dans la convention.

Le traité n'est plus entier lorsque le gouvernement impose à l'une ou à l'autre des parties le retranchement de quelques-uns des avantages qu'elles y ont stipulés. Si le titulaire consent à donner sa démission, si le cessionnaire promet un prix, c'est sous la condition tacite que les obligations qu'ils contractent respectivement seront intégralement exécutées. Il est donc incontestable qu'ils ont l'un et l'autre le droit de déclarer qu'ils entendent ne pas donner suite au contrat. Les exigences de l'administration constituant à leur égard un cas de force majeure, le désistement de l'un d'eux ne pourrait même fonder au profit de l'autre une action en dommages-intérêts (1).

§ IV. — *Des contestations sur l'exécution des traités. — Juridiction compétente.*

267. — Entre le cédant et le cessionnaire, le traité qui fixe les conditions de la démission ne donne lieu

(1) MM. Duranton, t. 16, n° 182; Troplong, *Vente*, n° 220.

qu'à des rapports d'intérêt privé. A ce titre, il appartient au droit civil, et par conséquent les contestations qui peuvent s'élever sur l'exécution sont du ressort du tribunal de première instance du domicile du défendeur. L'autorité judiciaire est compétente notamment pour statuer sur les demandes en dommages-intérêts et sur toute action en réduction de prix. Mais elle ne peut sans commettre un excès de pouvoir connaître des questions qui touchent aux droits de l'administration. Ainsi, les tribunaux sortiraient du cercle de leurs attributions s'ils validaient le paiement d'une contre-lettre après avoir fait eux-mêmes l'évaluation des produits de l'office (1).

268. — En matière ordinaire, toute contestation peut, en général, être terminée par un compromis. Dans la prévision où des difficultés s'élèveraient ultérieurement entre elles, les parties ont la liberté de convenir au moment du contrat que leur différend sera réglé par des arbitres qu'elles désignent. Quelques auteurs (et cette opinion a été quelquefois suivie par la jurisprudence) (2) pensent que cette faculté existe également lorsqu'il s'agit de la transmission d'un office, et que le cédant et le cessionnaire peuvent confier à la Chambre de discipline, statuant comme tribunal arbitral, l'examen des points sur lesquels ils seraient divisés. L'intérêt privé, tel est, dit-

(1) Cass., 5 janv. 1846.
(2) Cass., 17 mai 1836 ; Paris, 9 janv. 1838 ; Cahors, 12 mars 1841.

on à l'appui de cette opinion, l'unique objet du traité qui intervient entre un titulaire et l'aspirant qu'il s'engage à présenter pour son successeur. Ce n'est donc pas le cas d'invoquer la maxime : *Privatorum pactis jus publicum mutari non potest.* — On ajoute que, par leur organisation et par l'expérience des membres dont elles sont composées, les chambres syndicales sont plus aptes que les tribunaux à décider les contestations dont les traités de cession sont l'objet.

Cette doctrine soulève de sérieuses objections. De l'art. 1003 du Code de procédure civile, il résulte qu'on ne peut compromettre sur les choses dont on n'a pas la libre disposition. Dans cette catégorie, il faut évidemment ranger le prix des offices, lorsque le cessionnaire se fonde sur ce qu'il est exagéré pour en demander la réduction. Ce n'est pas tout. L'art. 1004 porte que le compromis ne peut intervenir sur les contestations dont la nature est telle qu'elles sont sujettes à communication au ministère public. A certains égards, et le plus souvent, les difficultés auxquelles donne lieu l'interprétation d'un traité tombent sous l'application de cet article. Le compromis, enfin, doit, à peine de nullité, indiquer les objets en litige et les noms des arbitres (art. 1006). Lors de la cession, il est difficile de spécifier les points qui seront soumis à l'arbitrage ; la compétence éventuelle s'étend donc à l'ensemble de la convention. D'un autre côté, la Chambre de discipline étant renouvelée tous les ans, il est impossible de désigner nominativement ceux de ses membres à qui la connaissance des contestations devrait être déférée.

Il suit de là que reconnaître la validité des clauses compromissoires en matière de cession d'offices, c'est s'astreindre à ne pas tenir compte des principes essentiels qui régissent les arbitrages. Aussi la Cour de Cassation, revenant sur sa première jurisprudence, en a-t-elle prononcé la nullité dans un arrêt assez récent (1).

Appendice.

Du confidentiaire ou intérimaire.

269. — Quelquefois le cessionnaire d'un office ne remplit pas au moment de la cession toutes les conditions exigées. D'un autre côté, il est possible que les circonstances commandent le remplacement immédiat du titulaire. Tel est le cas, par exemple, où un officier a reçu l'ordre de présenter un successeur dans un délai déterminé. L'espèce se conçoit mieux encore, si l'on suppose que le droit de présentation est exercé par les héritiers après le décès de leur auteur.

Dans des cas analogues, on permettait autrefois aux intéressés de désigner un confidentiaire ou intérimaire qui remplissait les fonctions exercées auparavant par le résignant, jusqu'au moment où le résignataire justifiait des

(1) Cas., 30 juill. 1850.

qualités requises. Cet usage peut-il encore être suivi sous l'empire de la loi du 28 avril 1816 ?

Il a été longtemps pratiqué, et une décision ministérielle a même reconnu qu'il était bien fondé (1). Mais aujourd'hui l'administration, s'appuyant sur ce que nul ne peut avoir des droits sur un titre conféré par le chef de l'État, rejette les présentations de cette nature; elle veut que la cession soit définitive.

Si donc, malgré cette prohibition, le successeur présenté n'est qu'un prête-nom, le cessionnaire de l'office n'a évidemment, lorsqu'il réunit les conditions qui lui manquaient au moment du traité, aucun moyen légal pour contraindre le possesseur à mettre sa démission, si, contre la foi des engagements, celui-ci refuse de la donner. Mais ne peut-il pas au moins poursuivre devant les tribunaux la réparation du préjudice que lui cause la mauvaise foi de l'intérimaire? Rigoureusement, on pourrait peut-être lui répondre que la convention sur laquelle il s'appuie n'ayant aucune existence aux yeux de la loi, est par là même privée de tout effet : *Quod nullum est nullum producit effectum.* Cette raison de douter serait-elle cependant suffisante pour faire écarter l'action? Il est possible, je crois, d'y répondre victorieusement. En consentant à exercer à titre provisoire les fonctions que l'aspirant est encore incapable de remplir, l'intéri-

---

(1) Min. just., 14 juill. 1836.

maire s'oblige implicitement à présenter plus tard le cessionnaire à l'agrément du chef de l'État. Considérée en
elle-même, cette obligation est parfaitement licite, puisqu'elle n'est que l'exercice d'un droit concédé aux officiers ministériels. Or, il est de principe que le titulaire
qui refuse de donner sa démission après en avoir pris
l'engagement peut être condamné à des dommages-intérêts envers le candidat qu'il a promis de désigner pour
son successeur.

Article II. — *Transmission à titre gratuit.*

270. — Les dispositions à titre gratuit sont de deux
sortes : elles se font par acte entre-vifs ou par acte de
dernière volonté (1). Disposer entre-vifs, c'est se dépouiller, ainsi que l'exige l'art. 894, actuellement et irrévocablement; disposer par acte de dernière volonté, c'est
se réserver la propriété de sa chose pour ne s'en dessaisir qu'au moment où l'on ne sera plus. (Art. 895
C. N.)

§ I. — *Des donations d'offices.*

271. — I. Les donations sont dans notre législation
un de ces rares contrats à l'égard desquels a persisté

(1) Les donations à cause de mort en vigueur à Rome et dans notre
ancien droit n'existent plus aujourd'hui. (Arg. de l'art. 893.)

la règle *solus consensus non obligat*, d'une application générale en droit romain et répudiée par notre Code. Sous peine de nullité, toute libéralité doit en principe être constatée dans la forme authentique et acceptée expressément par le donataire. (Art. 931-932 C. N.)

Tel est le principe. Doit-on l'appliquer à la convention dans laquelle le titulaire d'un office, usant de la faculté que lui attribue l'art. 91, s'engage à exercer gratuitement le droit de présentation? La question divise encore aujourd'hui la doctrine et la jurisprudence.

La présentation n'étant, suivant un arrêt de la Cour de Cassation du 8 février 1826, ni un acte bilatéral, ni une disposition à cause de mort, il n'y aurait pas lieu d'appliquer ici les lois qui règlent la forme des donations. La loi de 1816 n'assujettirait les transmissions qu'à une seule condition, celle de l'idonéité des candidats.

A l'appui de ce système, on peut invoquer, depuis la promulgation de la loi du 25 juin 1841, l'art. 6 et surtout l'art. 8 de cette loi qui, en disposant que « si la « cession de l'office s'opère par donation entre-vifs, les « droits seront perçus sur l'acte écrit constatant la libé- « ralité, » semble reconnaître que la transmission est susceptible d'être constatée autrement que par acte authentique.

L'administration, qui a constamment suivi cette opinion, ajoute qu'il n'est guère possible de concilier le caractère d'irrévocabilité que la forme authentique im-

prime aux donations, avec ce principe essentiellement
d'ordre public, qu'il est toujours loisible au chef de l'État
de refuser son agrément au successeur présenté.

Mais cette doctrine est loin d'être unanimement admise. Il est de règle, disent certains auteurs, que toute
donation doit être faite dans les formes prescrites par
l'art. 931 C. N. S'il n'existe aucune exception à l'é-
gard de la transmission à titre gratuit des offices (et il
n'en existe pas), on reste sous l'empire du droit commun. L'opinion contraire argumente des art. 6 et 8 de
la loi du 25 juin 1841; cette loi, il est vrai, ne prescrit
point un acte de donation en forme, mais elle est loin
de l'interdire; bien plus, elle le suppose. Quant à l'objection tirée de l'irrévocabilité de l'acte, elle tombe
d'elle-même. N'est-il pas constant que la cession d'un
office est soumise dans tous les cas à l'approbation du
gouvernement, et qu'elle est, par suite, toujours conditionnelle dans son origine?

Ces deux opinions ont un défaut commun; elles sont
l'une et l'autre trop radicales. C'est par une distinction
que je proposerais de résoudre la question. Si le décret
de nomination intervient immédiatement après la convention dans laquelle l'officier s'est engagé à présenter le
donataire pour son successeur, il est rationnel d'assimiler
la libéralité à la donation d'une chose mobilière suivie de
la tradition réelle de l'objet donné : dans cette première
hypothèse, l'art. 931 est sans application. Si au con-

traire la présentation ne doit être faite que dans un avenir plus ou moins éloigné, un acte sous seing privé serait
impuissant à dessaisir le donateur du droit qu'il a sur
l'office. Il faut alors remplir les formalités exigées au
titre des donations, c'est-à-dire non-seulement recourir
à la forme authentique, mais encore indiquer dans l'acte
la valeur estimative de l'office, conformément à l'art. 948
du Code Napoléon (1).

Dans tous les cas, l'écrit qui renferme la libéralité doit
être soumis à l'enregistrement (2). Le droit est perçu sur
la valeur de l'office, conformément aux règles établies
pour les donations de biens meubles.

272. — II. Notre Code reconnaît des donations pures
et simples, à terme ou sous condition, avec ou sans
charges. La transmission à titre gratuit d'un office est
susceptible de toutes ces modalités. Comme toute autre
donation, elle peut avoir lieu à titre rémunératoire. Elle
tombe également sous l'application de l'art. 896 C. N.,
de sorte qu'il est interdit au donateur d'imposer au
donataire la condition de conserver l'office pour le trans-

---

(1) Que décider si le donateur refuse de mettre sa démission lorsque
la donation est parfaite? Pourrait-il y être contraint? Il faut répondre
négativement. La seule ressource du donataire serait alors, comme au
cas d'une cession intéressée, de former une demande en dommages-
intérêts.

(2) Voy. *infrà*, n° 333.

mettre, à son décès, à un tiers désigné. — La question de savoir si elle peut être affectée de la clause de retour est plus douteuse. D'après l'art. 951 C. N., le donateur peut stipuler qu'il rentrera dans la possession des objets donnés, s'il survit soit au donataire seulement, soit au donataire et à ses enfants. Dans notre matière, l'administration, malgré les critiques dont cette décision a été l'objet, a toujours et avec raison rejeté les stipulations de cette nature. Les cessions, en effet, doivent être absolues, définitives, sans réserves. Dès que le donateur a usé de la faculté de présentation, l'office rentre dans les mains du chef de l'État, qui en dispose de nouveau. Ce n'est donc pas du titulaire, mais bien du collateur que le donataire tient son titre : *jus tenet non a resignante sed a collatore*. A quel titre le démissionnaire reprendrait-il donc plus tard l'exercice d'une charge sur laquelle il ne peut avoir aucun droit?

L'administration refuse également d'agréer les transmissions à titre gratuit faites accessoirement à une autre convention (1). Ainsi, elle n'admet pas qu'un officier ministériel qui marie son fils ou sa fille puisse leur constituer son office en dot par contrat de mariage. Il est difficile de justifier cette jurisprudence. Le droit de présentation est un bien dans le patrimoine du titulaire. L'exercice qu'il en fait ne doit donc avoir d'autres bornes

(1) Déc. min. just., 2 janv. 1846.

que celles qui sont tracées par l'ordre public ou par les intérêts légitimes de l'État. Or, en quoi la cession qui intervient à la suite d'un autre contrat blesse-t-elle ces deux intérêts? Il est évident qu'il n'y a pas, sous ce rapport, à distinguer entre la transmission qui s'effectue d'une manière principale et celle qui n'est que l'accessoire d'une première convention; la situation est la même dans les deux cas. Aussi les Cours et les tribunaux n'ont-ils point suivi l'administration sur ce terrain. La Cour de Cassation, notamment, a toujours adopté le principe contraire, déclarant même que le titulaire qui refusait de donner sa démission après s'y être engagé de cette manière, se rendait passible de dommages-intérêts (1).

Comme toute libéralité, la donation d'un office est en dernier lieu sujette aux causes de révocation énoncées dans les art. 953 et suivants du Code Napoléon.

273. — III. Le législateur de 1804 a consacré l'ancienne règle *donner et retenir ne vaut* (art. 894 C. N.). Toutefois, il y a quelques exceptions au principe de l'irrévocabilité des donations. Ainsi, la révocation peut être prononcée lorsque le donataire n'exécute pas les charges auxquelles il s'est obligé, quand il se rend coupable d'ingratitude envers le donateur (pourvu cependant

(1) Cass., 4 janv. 1837.

que la disposition n'ait pas été faite en faveur de mariage), dans le cas enfin où il survient un enfant légitime au disposant, qui, à l'époque de la donation, n'avait aucun descendant vivant. (Art. 953 C. N.)

Dans ces trois hypothèses, l'objet donné rentre dans les mains du donateur. Il y a plus : si la donation est révoquée pour inexécution des charges ou pour cause de survenance d'enfants, le donateur peut exercer contre les ayant-cause du donataire les mêmes droits que contre le donataire lui-même. Ce résultat n'est pas possible lorsque l'objet de la libéralité est un office. Car alors ce n'est pas à son prédécesseur que le possesseur doit son titre, c'est au chef de l'État. Mais comme le disposant a fourni à son successeur les moyens de se faire pourvoir de l'office, il doit être indemnisé du préjudice que lui cause l'inexécution des charges, ou obtenir comme dommages-intérêts, si la donation est révoquée pour cause d'ingratitude ou pour cause de survenance d'enfants, une somme représentative de la valeur de l'office estimé au jour de la donation dans le premier cas, de la demande en justice dans le second, de la naissance de l'enfant dans le troisième. Le possesseur peut d'ailleurs, en délaissant, se dispenser de payer l'indemnité.

Il est possible que le donataire ait usé lui-même du droit de présentation et qu'il ne soit plus par suite officier ministériel au moment de la révocation. Dans une telle hypothèse, il est évident que le donateur n'a pas contre le tiers cessionnaire plus de droits qu'il n'en aurait contre le donataire lui-même. L'office reste donc entre les mains du possesseur. Mais ne faut-il pas aller plus loin? Le disposant serait-il même recevable à demander une indemnité au titulaire? La cession gratuite d'un office n'est pas, comme une donation immobilière, soumise à la formalité de la transcription. Les tiers ne sont donc pas en faute lorsqu'ils ignorent que l'officier avec lequel ils traitent n'est pas propriétaire incommutable. D'un autre côté, les offices sont meubles, et par suite (pourvu que le cessionnaire soit de bonne foi) la possession en vaut titre (art. 2279 C. N.). Il faut donc décider, je crois, que le titulaire est, sous tous les rapports, à l'abri des poursuites du donateur.

274. — Indépendamment des cas énumérés par l'art. 953 du Code Napoléon, il est une cause générale de révocation qui peut atteindre les cesssions d'offices effectuées à titre gratuit. Lorsque, dans un but coupable, un officier ministériel dispose de sa charge à vil prix, ses créanciers sont autorisés à faire prononcer la nullité de la convention (art. 1167 C. N.). Le même droit leur appartient à plus forte raison lorsque le débiteur, ayant conscience de son insolvabilité, se démet de son titre sans compensation : *Nemo liberalis nisi liberatus.* Dans ce second cas, leur position est même meilleure que dans le premier. Lorsque la transmission est à titre onéreux, ils doivent prouver que le cessionnaire a participé à la

fraude; ici, au contraire, on les dispense d'établir la complicité du donataire. Ulpien dans la loi 6, § 11, *Quæ in fraud. credit.*, etc. (L. 42, t. 8), rend parfaitement raison de cette différence : *Nec videtur injuriâ affici is qui ignoravit, quum lucrum extorquetur, non damnum infligatur.* Le donataire perd seulement l'occasion de réaliser un bénéfice; l'acheteur s'appauvrit de tout ce qu'il a donné. On conçoit donc que l'on se montre moins sévère dans le premier cas que dans le second.

L'effet de la révocation est d'ailleurs le même que lorsqu'elle est prononcée pour inexécution des charges, pour cause d'ingratitude ou pour cause de survenance d'enfants. Les créanciers n'ont d'autre droit que celui d'exiger une somme d'argent équivalente à la valeur de l'office au moment de l'annulation de la donation, toutes les fois que la présentation a été agréée par le chef de l'État et qu'en conséquence le donataire a commencé ses nouvelles fonctions après avoir prêté serment. Mais le titulaire peut échapper à leur action en usant de la faculté (qu'il a toujours) de délaisser. Rien n'empêche aussi qu'il ne paie toutes les créances reconnues, s'il le préfère.

Les créanciers pourraient-ils agir en révocation si la donation, au lieu d'être pure et simple, avait été faite sous des conditions remplies par le donataire? Il faut leur reconnaître ce droit, mais décider que le possesseur pourrait alors retenir sur le prix d'estimation la valeur des charges qu'il aurait acquittées. La règle est la même lorsque la donation est faite à titre rémunératoire. Conformément à la décision de la loi 27, *De donationibus* (L. 39, t. 5), la convention ne devrait être annulée que pour ce qui excèderait la somme pour laquelle le donataire aurait pu agir en justice.

§ II. — *Du legs des offices.*

275. — Les dispositions testamentaires sont susceptibles de revêtir différentes formes. On peut tester dans la forme olographe, c'est-à-dire consigner ses dernières volontés dans un acte privé; par devant notaire, c'est-à-dire les faire constater par un officier public; enfin dans la forme mystique, qui participe à la fois des deux premières (art. 969 C. N.). La transmission d'un office s'effectue valablement de l'une de ces trois manières. Le testateur a le choix, et le legs produit son effet s'il a été fait suivant les règles établies pour le mode de tester qu'il a adopté.

Comme au cas où la cession a lieu à titre onéreux et comme au cas où elle résulte d'une donation, l'acte doit être enregistré. Le droit est perçu d'après une évaluation de l'office en capital (1).

276. — Tout office se compose de plusieurs éléments

_____

(1) Voir *infrà*, n° 333.

A côté du droit de présentation, on trouve la clientèle, puis les accessoires de la charge, c'est-à-dire les minutes, les répertoires, les dossiers, etc., etc., enfin les recouvrements. Si le testateur a omis de spécifier les différents objets compris dans le legs, s'il a légué, par exemple, en ces termes : « Je lègue mon office à Paul, » quelle sera l'étendue de la disposition? Sans difficulté, le legs comprendra la clientèle et les accessoires de l'office; mais s'étendra-t-il aux recouvrements? La loi du 25 juin 1841, art. 6, semble considérer les créances de l'ancien titulaire comme un des éléments constitutifs de la valeur de sa charge. L'affirmative pourrait donc sembler bien fondée. Cependant la négative est préférable. Les minutes, les répertoires, les dossiers, les procès-verbaux de vente, etc., sont nécessaires à l'exploitation d'une étude et en forment, en quelque sorte, une partie intégrante. Il n'en est pas ainsi des recouvrements. Qu'ils soient compris dans le legs ou qu'ils en soient distraits, le légataire, dans le second cas comme dans le premier, n'éprouve aucune difficulté à exercer ses fonctions. Dans les deux hypothèses, l'office est complet (1). Telle est aussi la pensée du Conseil d'État sur une question tout à fait analogue. D'une délibération de ce corps, portant la date du 17 mai 1850, il résulte en effet que l'indemnité accordée sans explication aux créan-

(1) M. Duranton, tome 9, n° 237.

ciers d'un notaire destitué ne comprend pas les recouvrements.

Pothier enseignait autrefois qu'il ne fallait pas faire
entrer dans le legs d'un office la somme nécessaire pour
les frais de réception du légataire. Cette opinion est
encore exacte aujourd'hui. Dans l'usage, ces dépenses
sont toujours à la charge du cessionnaire; c'est d'ailleurs
à lui seul qu'elles profitent. Il n'est donc pas présumable
que le testateur ait entendu qu'elles seraient supportées
par ses héritiers.

277. — Du jour du décès du testateur, le légataire a
un droit à l'office (*jus ad rem*). Mais il ne peut entrer en
possession qu'après avoir obtenu la délivrance de son
legs, soit des héritiers du défunt, soit du légataire universel. Telle est la disposition formelle de l'art. 1011 du
Code Napoléon. L'obligation de délivrer doit être entendue ici *secundum subjectam materiam*. Elle consiste
dans la présentation du légataire à l'agrément du chef
de l'État. Si les héritiers refusent de faire la délivrance, les tribunaux, sur la demande de la partie intéressée, leur fixent un délai dans lequel ils doivent
accomplir la présentation, sous peine de payer au
demandeur une somme déterminée, à titre de dommages-intérêts. On admet même assez généralement
que le jugement peut prononcer qu'au besoin il tiendra
lieu de présentation.

Cette solution est aisée à justifier. Si, en général, le

cessionnaire est incapable d'obtenir par les voies judiciaires la démission que le cédant refuse, c'est que les tribunaux, dont les décisions ne sont pas en cette matière obligatoires pour le gouvernement, n'ont pas le pouvoir de priver un officier d'un titre qu'il doit au chef de l'État. Cette raison n'a pas d'application quand la transmission a sa cause dans un testament. Il ne s'agit plus dans ce cas de faire rentrer le titre dans les mains du collateur. En rendant l'office vacant, la mort du titulaire a amené ce résultat. Par suite, la seule question possible est celle de savoir si ou non le défunt a transmis au légataire le droit qu'il avait sur l'office. Dès là qu'elle est résolue affirmativement, les héritiers doivent faire la présentation, et, s'ils s'y refusent, on peut sans inconvénient appliquer l'ancienne maxime *factum judicis factum partis*.

278. — La nécessité de la délivrance n'est pas la seule des règles du droit commun en matière de legs qui soit applicable à la disposition des offices par acte de dernière volonté. Le sort de la transmission est également subordonné aux principes énoncés dans les art 1035 et suivants du Code Napoléon. Un tel legs est donc essentiellement révocable au gré du testateur : le droit du légataire n'est irrévocablement fixé que par le décès du disposant. Il est également soumis aux causes de caducité du droit commun. Ainsi, il est inutile si le légataire ne survit pas au titulaire, s'il meurt avant la réalisation de

la condition quand la disposition est conditionnelle (1),
ou si la peine de la destitution vient frapper le possesseur (art. 1039, 1040, 1041, 1042, 1043 C. N.). On
ne peut douter non plus que la révocation n'en puisse
être demandée conformément aux art. 1046 et 1047,
lorsque celui à qui il a été fait n'accomplit pas les conditions qui lui ont été imposées, ou lorsqu'il se rend coupable d'ingratitude envers le testateur (2). Il est certain
enfin que la transmission ne doit pas préjudicier aux
intérêts des créanciers et que le legs doit être réduit s'il
dépasse la quotité disponible (3).

ARTICLE III. — *Des offices en matière de société.*

279. — Peut-on faire aujourd'hui d'un office l'objet
d'une société? Cette question, qui n'avait jamais fait difficulté dans notre ancien droit, où elle avait toujours été
résolue affirmativement, si l'on en croit le témoignage
de Loyseau (4), de Felicius (5) et du cardinal Deluca (6),

---

(1) L'intérêt public exige que la vacance des offices ne se prolonge pas.
La disposition par testament ne peut donc guère être conditionnelle, à
moins de supposer que la condition doive nécessairement se réaliser
dans un bref délai après la mort du testateur.

(2) Les effets de la révocation sont les mêmes que ceux qui sont
indiqués ci-dessus.

(3) En cette matière comme en toute autre, on applique la règle
Bona non intelliguntur nisi deducto ære alieno.

(4) *Offices.* L. 3, ch. 10, n° 10.

(5) *De societate*, ch. 34, nos 9 et 10.

(6) Voici comment le cardinal Deluca s'exprime à l'égard des asso-

a soulevé parmi nous les plus vives controverses depuis la promulgation de la loi des 28 avril — 4 mai 1816. Quelques jurisconsultes ont soutenu qu'il n'y a aujourd'hui aucune raison pour rejeter la règle suivie autrefois à l'égard des associations formées pour l'exploitation des offices. D'autres ont cru, au contraire, que le caractère actuel de nos charges publiques ne permet pas de les faire entrer en société. C'est à cette dernière opinion que la jurisprudence paraît maintenant avoir donné gain de cause. Mais avant d'examiner le mérite de chacun de ces systèmes, il importe de faire ressortir l'intérêt de la question (1).

---

ciations qui se faisaient de son temps : « Comme il y a beaucoup de « gens instruits et très-aptes à l'exercice des fonctions publiques, qui « manquent des fonds nécessaires pour se faire pourvoir d'un office, « on a imaginé une espèce d'association dans laquelle le bailleur de « fonds prend dans les produits de l'office une part proportionnelle à « la somme qu'il a versée et contribue aux pertes dans la même pro-« portion, absolument comme dans la société qui a pour objet un com-« merce déterminé, l'un donne son argent et l'autre son temps et son « industrie. — *Quum multi adsint viri periti et industrii et ad* « *officia exercenda nimium habiles, pecunia tamen ad earum acqui-* « *sitionem necessaria carentes, hinc proinde introducta fuit hæc* « *species societatis, per quam dator pecuniæ proportionnabiliter et* « *prorata participat de officii emolumentis atque cum eadem* « *proportione subjacet periculo tam in sorte quam in emolumentis,* « *ad instar illius societatis iniri solitæ, super aliquà negotiatione,* « *in quà unus ponit pecuniam, alter vero operam seu industriam.* » (*De Soc. off.* Disc. 12. n° 7.)

(1) Il est bien entendu que cette question : Peut-on faire d'un office l'objet d'une société? revient à celle-ci : Peut-on mettre en société la valeur vénale qui s'attache au droit de présentation? (Voir *suprà*, p. 236, à la note.)

280. — Si les offices peuvent être l'objet d'une association, il y aura lieu d'appliquer les principes qui régissent le contrat de société. Chaque associé prendra dans les produits une part déterminée conventionnellement ou, à défaut de détermination conventionnelle, proportionnelle à la somme pour laquelle il aura contribué à l'acquisition de l'office. Les risques et périls seront supportés en commun. Toutefois, il y aura lieu de modifier cette décision lorsque la perte proviendra de la destitution du titulaire. On suivra alors l'art. 1850, qui n'est lui-même qu'un cas d'application du principe déposé dans l'art. 1382, et aux termes duquel « chaque associé est tenu envers la société des dommages qu'il lui a causés par sa faute. » — Si la durée de l'association a été limitée, la dissolution n'en pourra, en principe, être demandée avant le temps fixé. Dans le cas contraire, chacun des associés, pourvu qu'il se conforme aux prescriptions de l'art. 1869, aura le droit d'exiger le partage quand il le jugera convenable.

A certains égards cependant, il faudra nécessairement tenir compte de la nature exceptionnelle des offices considérés comme étant l'exercice d'un pouvoir public. L'art. 91 subordonne la faculté de présentation à la jouissance du titre. Le titulaire aura donc la liberté de disposer de l'office lorsqu'il le voudra, et même au préjudice de ses coassociés. Hors les cas de dol et de fraude, la disposition sera valable, et le successeur présenté se trouvera à l'abri de l'action des intéressés. Le caprice d'un seul pourra ainsi prévaloir contre la volonté de tous.

Pour prévenir un résultat si contraire à leurs intérêts, les associés pourront, il est vrai, provoquer l'intervention des Chambres syndicales. Mais l'emploi de ce moyen n'a aucun caractère légal, et les membres d'une Chambre de discipline n'encourraient aucune responsabilité en délivrant un certificat d'aptitude au candidat, nonobstant l'opposition formée entre leurs mains. Cette mesure sera donc rarement efficace.

En second lieu, le titulaire ne pouvant être contraint, ainsi que l'enseignait déjà Loyseau, à mettre l'office en licitation, l'obligation qui lui incombera se réduira à faire raison à ses associés de la part qu'ils auront dans l'office d'après l'estimation qui en sera faite. Comme il ne sera tenu que *propter rem et occasione rei*, il aura même la faculté d'abandon réservée à tout possesseur.

Vient maintenant un point assez délicat. Les formalités exigées par les art. 42 et suivants du Code de Commerce, dans le but de porter l'association à la connaissance des tiers, devront-elles être observées lors de la constitution de la société? La question se réduit, on le voit, à demander si l'exploitation d'un office opérée en commun constitue une société civile ou une société commerciale.

Pour reconnaître les sociétés de commerce, il faut rechercher si l'objet de l'association est ou non commercial. Or, il est bien évident que le caractère de la com-

mercialité ne se rencontre pas dans l'exercice des fonctions des avocats à la Cour de Cassation, des notaires,
des avoués, des greffiers, des huissiers et des commissaires-priseurs. Aussi le doute ne s'est-il élevé qu'à l'é-
gard des offices des agents de change et des courtiers.
Longtemps controversé, ce point particulier vient d'être
enfin résolu. D'après la loi des 2-4 juillet 1862, les
associations formées pour l'exploitation des offices des
agents de change résidant près des Bourses pourvues
d'un parquet, que cette loi autorise d'ailleurs, doivent
être rendues publiques conformément aux prescriptions
du Code de 1807. Les motifs qui ont dicté cette décision législative conduisent à dire qu'elle doit s'appliquer également à toutes les sociétés auxquelles peuvent donner lieu (toujours en les supposant valables)
les offices des autres agents de change et des courtiers (1).

281. — Aucune de ces conséquences si importantes
et si variées ne sera possible, si, au contraire, la mise
en société des offices n'a aucun fondement en droit. Considérées comme contraires à l'ordre public, les conventions de cette nature seront frappées d'une nullité
absolue. Toutes les stipulations relatives à la distribution
des pertes et des bénéfices seront réputées inexistantes;
les contractants ne seront que des prêteurs, que de

(1) Voy. *infra*, n° 285 et suiv.

simples bailleurs de fonds (1). Bien plus, les tiers eux-mêmes ne pourront faire sortir du contrat ses effets ordinaires. Ce serait en vain, par exemple, qu'ils se prétendraient fondés à invoquer contre chacun des associés le bénéfice d'une condamnation solidaire : on ne tire rien du néant.

282. — Pour établir que les offices sont susceptibles d'entrer en société, on fait valoir les arguments suivants :

Un office ministériel n'est pas, dit-on, tellement inhérent à la personne du titulaire qu'il ne puisse être la propriété de plusieurs. C'est ainsi que, lorsqu'un officier meurt dans l'exercice de ses fonctions, la valeur vénale attachée au droit de présentation se partage entre tous ses héritiers. Or (et ceci est incontestable), si un office peut être commun entre les ayant-cause du défunt, pourquoi ne le serait-il pas quand l'acquisition en est faite par plusieurs personnes? N'est-ce pas le cas d'appliquer la maxime *ubi eadem ratio ibi idem jus esse debet*?

Cette assimilation si rationnelle entre deux situations identiques est confirmée par l'autorité du droit romain. Dans la loi 71, Dig., *Pro socio* (L. 17, t. 2), on voit deux grammairiens s'associer pour le partage des bénéfices qu'ils retireront de l'exercice de leur profession (*et quod ex eo artificio quæstus fecissent, commune eorum*

(1) Par suite, si l'un des associés rétrocède sa part, il ne transmettra aucun droit au cessionnaire et le prix payé sera sujet à répétition.

esset); et le jurisconsulte Paul, consulté, déclare qu'une pareille convention est parfaitement licite. Dans notre ancien droit, tous les auteurs sont également d'accord pour reconnaître que les offices peuvent entrer en société.

En vain prétendrait-on que ces contrats sont contraires à l'ordre public. Aucune loi ne défend de s'associer pour l'exercice des fonctions d'avoués, de notaires, d'huissiers, de commissaires-priseurs, etc. L'association pourra, il est vrai, rendre nécessaire la communication des minutes, des dossiers et des répertoires de l'étude. Mais est-il donc possible que les actes d'un officier ministériel soient enveloppés dans un secret absolu? Ne sont-ils pas tous les jours communiqués à des clercs et aux employés de la régie? Pourquoi accorderait-on moins de confiance à l'associé d'un officier qu'à un expéditionnaire, par exemple (1)?

283. — Bien que cette opinion ait réussi à rallier des jurisconsultes d'un mérite incontestable, quoiqu'elle ait quelquefois prévalu devant les Cours et les tribunaux, elle est trop contraire à la nature de nos offices ministériels, et même à l'esprit de nos institutions, pour être admise aujourd'hui. Qu'elle ait fait son chemin dans

---

(1) En ce sens : MM. Dard, *Traité des offices désignés dans l'article 91 de la loi du 28 avril 1816*, p. 328 et suiv.; Mollot, *Bourses de commerce*, n° 284; Bioche, *Dict. de Procéd.*, v° *office*; Frémery, journal le *Droit*, nos des 2 et 7 février 1838. — Voyez aussi le *Journal des Avoués*, tome 48, p. 19 et 20.

l'ancienne jurisprudence, on le comprend : les excès nés du trafic des charges publiques n'avaient autrefois rien qui étonnât. Mais la vénalité a été solennellement abolie par les décrets de la première Assemblée Constituante, et, quoi qu'on en ait dit, elle n'a pas été rétablie par la loi de 1816 avec les caractères qui lui étaient propres autrefois. Invoquer les traditions de l'ancien droit, c'est méconnaître son époque, c'est commettre un anachronisme.

L'art. 91 a permis, il est vrai, aux officiers ministériels de présenter des successeurs à l'agrément du chef de l'État, mais ce droit est essentiellement personnel aux titulaires. Dès lors, comment pourrait-il devenir l'objet d'une association, si l'on songe qu'il est de l'essence de toute société que la chose sociale soit susceptible de copropriété?

Les sociétés formées pour l'exploitation des offices sont-elles donc si favorables qu'il faille, pour en fonder l'existence, réduire à l'état de lettre morte ces principes incontestables? Poser la question, n'est-ce pas la résoudre? La spéculation n'est déjà entrée que trop avant dans nos mœurs; la dignité qui s'attache à l'exercice des fonctions publiques et l'intérêt général surtout exigent impérieusement qu'elle ne s'introduise pas dans les offices ministériels. « Pour que la responsabilité d'un fonc-« tionnaire réponde au vœu de la morale et de la loi, « disait il y a déjà plus de vingt ans le tribunal de

« Nantes, il faut que son action soit libre, qu'il ne puisse
« être maîtrisé par un associé, qu'il ne connaisse d'im-
« pulsion que celle de sa conscience, d'empire que celui
« des règles qui ont tracé les devoirs de son état. » Ces
lignes sont la réponse la plus éloquente à ceux qui veulent à tout prix considérer les offices comme susceptibles
d'entrer en société. Vainement prétend-on que la nécessité de la collaboration commune et la communication
des actes reçus par l'officier sont sans dangers. Le titulaire qui n'a pas sur son office un droit exclusif de tout
autre, n'a plus l'indépendance nécessaire à l'exercice de
sa charge. Il est quelquefois plus quelquefois moins,
mais toujours infailliblement dominé par ses coassociés. Au lieu d'être, ainsi que l'exige l'intérêt public,
entre les mains d'un seul, la direction des affaires est
fractionnée entre plusieurs. De là, le plus souvent, une
cupidité sans bornes, des exactions honteuses et, comme
résultat final, la déconsidération jetée sur des fonctions
qui tiennent essentiellement à l'ordre public (1).

284. — Ce dernier système a été, en général, accueilli
par les Cours et par les tribunaux (2). Aujourd'hui, la
validité des associations formées pour l'exploitation des

---

(1) MM. Duvergier, tome 20, nº 59 et suiv.; Troplong, *De la Société*, tome 1, nº 90 et suiv.; Rolland de Villargues, *Jurisprudence du
notariat*, vº *offices*; Delangle, nº 110.

(2) Voy. notamment deux arrêts de la Cour de Paris, le premier
du 15 juin 1850, le second du 10 mai 1860.

offices n'a plus guère de partisans que dans la doctrine. Cependant, on voit encore quelquefois des arrêts faire une exception en faveur des charges des agents de change et des courtiers; et même en ce qui concerne les agents de change établis près des Bourses pourvues d'un parquet, cette jurisprudence a été confirmée par une loi toute récente.

285. — On sait que les articles 74 et 75 du Code de 1807 sont ainsi conçus :

Art. 74. — La loi reconnaît pour les actes de commerce des agents intermédiaires, savoir, les agents de change et les courtiers.

Art. 75. — Il y en a dans toutes les villes qui ont une Bourse de commerce. — Ils sont nommés par le chef de l'État.

La loi des 2-4 juillet 1862 a réuni ces deux articles en un seul et a remplacé le second par la disposition suivante :

« Les agents de change près des Bourses pourvues « d'un parquet pourront s'adjoindre des bailleurs de « fonds intéressés participant aux bénéfices et aux pertes « résultant de l'exploitation de l'office et de la liquida-« tion de sa valeur. — Ces bailleurs de fonds ne seront « passibles des pertes que jusqu'à concurrence des capi-« taux qu'ils auront engagés. — Le titulaire de l'office « doit toujours être propriétaire en son nom personnel « du quart au moins de la somme représentant le prix

« de l'office et le montant du cautionnement (1). —
« L'extrait de l'acte et les modifications qui pourront
« intervenir seront publiés à peine de nullité à l'égard
« des intéressés, sans que ceux-ci puissent opposer aux
« tiers le défaut de publication. »

Comme on le voit, cet article autorise formellement la
mise en société des charges des agents de change qui y
sont désignés. Les bailleurs de fonds ne sont pas, en
effet, de simples créanciers; d'après les termes mêmes
de la loi, ce sont de véritables associés copropriétaires
du prix de cession et participant, dans la limite de leur
apport, aux bénéfices et aux pertes résultant de l'exploitation de l'office (2).

(1) Le taux du cautionnement imposé aux agents de change pouvait,
il y a moins d'un an encore, varier entre 4,000 et 125,000 fr. La
loi nouvelle a décidé qu'il pourrait être élevé à 250,000. « Il sera
« pourvu par des règlements d'administration publique, porte en effet
« aujourd'hui l'art. 90 C. Comm., à tout ce qui est relatif : 1° au
« taux des cautionnements, *sans que le maximum puisse dépasser*
« *250,000 fr.*; 2° à la négociation et à la transmission de propriété des
« effets publics, et généralement à l'exécution des dispositions conte-
« nues au présent titre. »

(2) En soumettant l'acte intervenu entre les parties et les modifications dont cet acte peut être l'objet aux formalités prescrites par les
art. 42, 43 et 44 du Code de Commerce, la loi des 2-4 juillet 1862
paraît bien considérer la convention comme commerciale. Cette induction est d'ailleurs corroborée par l'Exposé des motifs. J'y lis : « La
« situation des agents de change est mixte. Comme certificateurs de
« l'identité des personnes et de la sincérité des signatures, ils peuvent
« être qualifiés officiers publics. *Comme intermédiaires de la négocia-*
« *tion des effets commerciaux et autres valeurs cotées à la Bourse,*
« *ils ont un caractère commercial.* »

Ce premier point résolu, faut-il rattacher notre société à l'une des

286. — La gravité de cette décision législative est incontestable. Pour la justifier, l'Exposé des motifs et le rapport de la Commission invoquent *la nécessité de fait* : l'élévation du prix des offices, y lit-on, est telle, à Paris notamment, qu'il est à peu près impossible qu'un aspirant puisse, avec ses ressources particulières, contenter les exigences du titulaire dont il recherche la charge.

Cette raison, on n'en saurait douter, est exacte. Il est avéré qu'aujourd'hui les offices d'agents de change ne se vendent pas moins de 1,500,000 fr. et qu'ils atteignent même quelquefois le chiffre de 2 millions. — Mais ce point constaté, une difficulté se présentait. Comment faire d'une charge publique l'objet d'une association? Comment rendre commun un droit essentiellement personnel au titulaire?

Cette objection ne pouvait manquer de se présenter à l'esprit des auteurs de la loi. Voici comment ils y ont répondu : « L'office public, le privilége qui en résulte, « les fonctions qui en sont l'objet, les devoirs qu'il im- « pose, rien de cela ne peut tomber dans le domaine

---

quatre grandes formes d'association reconnues par le législateur de 1807? La question fut posée lors de la discussion, et l'on voit que certains orateurs, séduits par cette considération que les bailleurs de fonds ne sont déclarés responsables que jusqu'à concurrence de leur mise, inclinaient à ranger ce contrat parmi les sociétés en commandite. Mais cette opinion fut combattue et par M. Vuitry, président de section au Conseil d'État, et par le rapporteur de la Commission, qui s'accordèrent pour qualifier l'association de convention *sui generis*.

« d'une société..... Mais la finance de l'office, l'exploita-
« tion de l'élément commercial qu'il comporte, le profit
« des courtages, la valeur vénale résultant du droit de
« présentation, et réciproquement la formation du capital
« d'achat, de garantie et d'exploitation, toutes ces choses
« n'ont rien qui soit contradictoire avec les idées et le
« but qui président habituellement à l'association des
« capitaux. »

287. — Cette distinction est assurément fort ingé-
nieuse. Mais si en théorie elle peut être fondée, il est
fort à craindre que la pratique ne la méconnaisse souvent. La rédaction de l'art. 75 exclut soigneusement,
nous dit-on, l'office lui-même de la société; d'où il
résulte, se hâte-t-on d'ajouter, que l'agent de change, en
tant qu'officier public, reste complètement indépendant
vis-à-vis de ses coassociés. — Sans doute le titulaire
sera seul en nom, sans doute les opérations inhérentes à
la charge ne pourront être faites que par lui. Mais der-
rière, ne voyez-vous pas poindre les intérêts des bailleurs
de fonds? Ne devra-t-il pas tenir compte de leurs observations? Ne sera-t-il pas souvent obligé de céder à leurs
obsessions? Où sera cette liberté qui lui est si nécessaire pour remplir dignement ses difficiles et délicates
fonctions?

Et puis, la nature des charges des agents de change
n'est-elle pas, en dernière analyse, la même que celle
des autres offices ministériels? Ne trouve-t-on pas, par

exemple, dans les charges des notaires la même différence entre l'office proprement dit et la valeur résultant du droit de présentation? Qui ne voit dès lors que les motifs généraux qui s'opposent à la mise en société des offices s'appliquent tout spécialement aussi à ceux qui ont fait l'objet de la loi des 2-4 juillet 1862?

Mais, objectera-t-on, la critique est aisée, et cependant il fallait bien tenir compte de l'impossibilité où sont les candidats aux fonctions d'agents de change de se procurer les sommes énormes exigées comme condition de leur présentation. — Rien n'est plus vrai. Reste maintenant à savoir si, pour donner satisfaction à cette nécessité de fait, on a employé le meilleur moyen. Or, il est permis de croire que non. Sans avoir recours à la liberté du marché, mesure proposée quelquefois, mais mesure extrême et pleine de dangers, il était possible d'arriver à la solution de la difficulté. On aurait pu multiplier le nombre des charges, établir à Paris, par exemple, cent vingt agents de change au lieu de soixante, et arriver ainsi à un abaissement considérable des prix de cession. — La surveillance, comme on l'a fait observer dans la discussion de notre loi, aurait-elle été plus difficile? peut-être; mais, quoi que l'on fasse, la meilleure garantie de la probité d'un officier public n'est-elle pas dans l'homme lui-même? — Aurait-on, et c'est une idée sur laquelle le rapporteur de la Commission a beaucoup insisté, mis le gouvernement dans l'obligation d'opérer des rembourse-

ments fort onéreux pour le trésor? Nullement : la réforme
aurait pu s'opérer (que l'on me pardonne l'expression)
sans bourse délier. Il n'y aurait eu pour cela qu'à entrer
dans la voie tracée par l'ordonnance des 26 août—7 septembre 1839. Il aurait suffi d'autoriser les officiers en
exercice à présenter chacun un candidat à l'agrément du
chef de l'État, les indemnisant ainsi d'avance de la diminution des produits que la concurrence leur aurait fait
subir.

288. — Ce ne sont pas seulement les sociétés qui ont
pour but l'exploitation de la charge qui doivent être
déclarées nulles. Les tribunaux refusent également de
reconnaître les associations formées entre officiers pour
mettre en commun leurs honoraires (1), ainsi que les
conventions dans lesquelles le cédant, au lieu d'exiger un
prix, stipule qu'il partagera les produits de l'office avec
le cessionnaire dans une proportion déterminée (2).
D'accord en ce point avec l'administration, la jurisprudence ne permet même pas aux parties de convenir que
le cessionnaire aura une part dans les bénéfices à compter de sa nomination.

Ces décisions reposent sur des motifs identiques à

(1) Montpellier, 28 août 1830 ; Riom, 3 août 1841 ; Angers,
23 avril 1842. — Cette jurisprudence a un précédent dans les statuts
des notaires de Paris rédigés en 1780.

(2) Paris, 2 janv. 1838 ; Rennes, 29 décembre 1839, 23 août 1841 ;
Trib. Seine, 21 déc. 1843.

ceux qui font considérer comme nul tout contrat qui a pour objet de faire d'un office un bien indivis entre plusieurs personnes. L'une d'elles a cependant rencontré quelques adversaires dans la doctrine, et même parmi les auteurs qui se sont prononcés le plus énergiquement pour la nullité de l'exploitation en commun. M. Duvergier paraît enseigner (1) et M. Troplong (2) admet comme ne pouvant faire doute que la convention qui attribue au cédant une portion des produits à venir de l'office, est parfaitement licite. Mais cette opinion n'est pas de nature à prévaloir contre le système admis par la jurisprudence. Une telle clause porte atteinte à l'indépendance du titulaire; en outre, elle nécessite des communications d'actes formellement réprouvées par la loi. A ces deux titres, elle est essentiellement contraire à l'ordre public.

289. — Gardons-nous cependant de pousser la rigueur à l'excès. Au lieu d'un traitement fixe, certains officiers ministériels accordent à leurs clercs une rétribution proportionnelle aux produits de l'étude, ou leur abandonnent les bénéfices d'une catégorie d'actes déterminée. Ces conventions n'ont d'une association que l'apparence : elles ne portent aucune atteinte à la liberté d'action du titulaire et ne l'empêchent pas de conserver sur son office

(1) M. Duvergier (*loc. cit.*).
(2) M. Troplong (*loc. cit.*).

un droit entier. On doit donc bien certainement les déclarer valables.

ARTICLE IV. — *Des offices en matière de communauté.*

290. — Aux termes de l'art. 1401-1° C. N., « la
communauté se compose activement de tout le mobilier que les époux possédaient au jour de la célébration
du mariage, ensemble de tout le mobilier qui leur
échoit pendant le mariage à titre de donation ou même
de succession, si le donateur n'a exprimé le contraire. »

Quel est dans ce texte le sens du mot mobilier?
S'applique-t-il à l'office dont le mari est pourvu au jour
où commence la communauté? S'il faut répondre affirmativement, que décider à l'égard de celui qui est acquis
pendant le mariage? La règle à suivre sera-t-elle la
même dans l'un et dans l'autre cas? Telles sont les deux
questions principales qui se présentent à l'esprit quand
on veut examiner les rapports auxquels les offices donnent lieu en matière de société conjugale.

§ I. — *De l'office possédé par le mari au jour de la*
célébration du mariage.

291. — I. Pour déterminer la nature d'un droit, il
faut, c'est un principe élémentaire, s'attacher à son objet.
La propriété des offices se résume dans la faculté de pré-

sentation. L'objet de cette faculté est la somme d'argent que le titulaire est autorisé à exiger de son successeur. L'argent étant évidemment un meuble, le droit de l'officier ou, si l'on veut, l'office même est par suite essentiellement mobilier; il entre donc dans la communauté conformément à l'art. 1401. « La loi, disait devant la « Chambre des Députés le 18 septembre 1830 M. Sapey, « rapporteur de la Commission des pétitions, ne dis- « tingue que deux sortes de biens, les meubles et les « immeubles. Tout ce qui n'est pas immeuble rentre par « conséquent dans la catégorie des meubles, et les « charges des notaires en font partie. Il en est de « même, à plus forte raison, du prix des offices. » (1)

Bien différente était la règle suivie dans notre ancienne jurisprudence. Considérés comme immeubles, les offices, par voie de conséquence, restaient propres aux titulaires. Quelques auteurs regrettent que notre Code ait dérogé sous ce rapport aux traditions de l'ancien droit. L'innovation, en effet, n'est pas heureuse. Si d'a-

---

(1) Voy. MM. Toullier, t. 12, n° 112; Duranton, t. 4, n° 162; Zachariæ, t. 1, p. 347; Troplong, *Contr. de mar.*, t. 1, n° 412; Bellot, *Contr. de mariage*, t. 1, p. 116; Rodière et Pont, *Contr. de mar.*, t. 1, n° 364; Dard, *Des Offices,* p. 260; Marcadé, t. 2, p. 412; Demolombe, t. 9, n° 438. — Un arrêt de la Cour de Bordeaux du 2 juillet 1840 ne fait tomber en communauté que la clientèle, réservant à l'officier la propriété du titre. Cette distinction n'est pas fondée. L'office résulte de la réunion du titre et de la clientèle. Les deux éléments sont inséparables.

près les principes actuellement en vigueur les meubles font partie de la communauté, si les immeubles restent propres à chaque époux, c'est que la fortune mobilière a, aux yeux du législateur, beaucoup moins d'importance que la fortune immobilière (*vilis mobilium possessio*), c'est que les parties sont présumées légalement avoir moins d'attachement pour les meubles que pour les immeubles. Appliqué aux offices, ce raisonnement est d'une inexactitude sensible. Les offices ministériels constituent aujourd'hui la meilleure part du patrimoine des titulaires. Bien des officiers n'ont même pour tout bien que leur office. S'il en est ainsi, n'est-ce pas aller contre toute évidence que de supposer qu'ils ne s'y attacheront guère, qu'ils en considéreront la propriété exclusive comme d'un mince intérêt pour eux?

292. — Est-ce cependant l'office considéré en lui-même qui tombe en communauté? Il est de principe que toute charge publique est inhérente à la personne du titulaire. Le droit de propriété ne peut donc résider que dans les mains de l'officier. Ce n'est qu'au possesseur et à ses héritiers, après son décès, qu'appartient la faculté de présentation. Dans la réalité, la communauté n'a donc et ne peut avoir contre l'officier qu'une créance représentative de la valeur de l'office; c'est cette créance et non l'office même qui fait partie des biens communs aux époux.

Cette observation a un côté fort important. Anciennement, lorsque la communauté se dissolvait par le décès de la femme, l'office entrait dans la masse partageable, à moins que le mari ne déclarât dans un délai déterminé qu'il entendait continuer l'exercice de ses fonctions (1). Cette règle n'a plus d'application aujourd'hui. De ce que le titulaire est seul propriétaire de sa charge, même pendant le mariage, il suit qu'il n'a pas d'option à faire au moment de la dissolution de la communauté. L'office reste dans ses mains au même titre que par le passé, sans aucune déclaration de sa part; il n'a qu'une obligation, celle de tenir compte à la communauté d'une somme égale à sa valeur estimative. Les héritiers de la femme n'ont par conséquent aucun droit sur la charge. Aussi est-il de jurisprudence qu'ils ne sont pas recevables à en provoquer la vente (2).

C'est par la valeur de l'office, au moment de la dissolution du mariage, que se détermine le *quantum* de la dette mise à la charge du mari. Telle était déjà, dans l'ancien droit, l'opinion enseignée par Dumoulin, qui n'avait pu cependant la faire prévaloir. Du temps de Pothier, on s'attachait au jour de l'acquisition; le mari ne devait jamais que le prix qu'il avait payé. S'il faut

---

(1) Il s'agit ici, comme quelques lignes plus bas, de l'office qui était acquis pendant le mariage avec les deniers de la communuauté.

(2) Paris, 6 avril 1843.

en croire le célèbre jurisconsulte d'Orléans, ce système était justifié par cette considération que la déclaration que fait le mari après la dissolution de la communauté, qu'il entend retenir l'office, a un effet rétroactif au temps de l'achat. Mais cette raison est loin d'être concluante. Pothier nous parle de rétroactivité. Or, n'est-il pas de règle que tout effet rétroactif est une fiction que la loi seule peut créer? L'office, tant que dure le mariage, est aux risques et périls de la communauté. S'il vient à périr ou si l'importance de la clientèle diminue, le mari ne manquera pas, au jour de la dissolution, d'user de la faculté qu'il a toujours de faire le délaissement. S'il augmente, l'équité demande donc que la communauté, qui aurait supporté la perte ou la diminution de valeur, profite de l'augmentation. Cette solution est l'application du principe souverainement équitable déposé dans la loi 22, § 3, Code, *De furtis* (L. 6, t. 2) : *Ubi est periculum ibi est lucrum*.

293. — II. Le Code laisse aux époux la liberté la plus entière dans le règlement des conventions matrimoniales. Telle est la disposition expresse de l'art. 1387, qui n'est, du reste, qu'un cas d'application de la règle énoncée en termes beaucoup plus généraux dans l'article 1134. L'officier qui se marie a donc le droit de stipuler que son office lui restera propre. Ce n'est qu'au cas où il garde le silence que le législateur, interprétant

sa pensée, fait entrer la charge qu'il exerce dans la classe des biens communs.

Parmi les clauses qui sont d'ordinaire insérées dans les contrats de mariage lorsque le futur mari est pourvu d'un office ministériel, la plus commune est celle qui est connue dans la pratique sous les noms d'*exclusion de communauté*, de *stipulation de propres*, de *réalisation du mobilier* (art. 1500 C. N.). L'effet de cette stipulation est d'empêcher la communauté d'acquérir un droit quelconque sur l'office, c'est-à-dire non-seulement sur le titre et sur la clientèle, mais encore sur les éléments de la clientèle. Ainsi, il n'est pas douteux que l'exclusion stipulée par un notaire s'appliquerait aux minutes des actes reçus pendant le mariage. Il est de principe, en effet, que lorsqu'un époux se réserve la propriété de tout ou de partie de son mobilier, la communauté ne peut prétendre qu'aux fruits des meubles exclus. Or, les éléments de la clientèle, et spécialement les minutes et les répertoires d'un officier, sont plutôt la cause génératrice des produits de l'office qu'ils ne sont eux-mêmes un produit.

Mais, par application des principes généraux, tous les bénéfices réalisés par le titulaire dans l'exercice de ses fonctions appartiennent à la communauté. (Art. 1401-2° C. N.)

294. — Lorsque, à défaut de stipulation, un office entre dans la classe des biens communs, le prix tombe

dans la caisse de la communauté si le titulaire use pendant le mariage du droit de présentation; les risques et périls cessent d'être à la charge de l'officier; les taxes enfin et les indemnités qui peuvent être exigées du possesseur, au cas de réduction dans le nombre des offices ministériels, sont supportées par chacun des époux. La règle à suivre est toute différente quand le titulaire conserve l'office qu'il exerce, à titre de propre. S'il donne sa démission pendant le mariage, la créance du prix a dans son patrimoine le même caractère que la charge dont il était pourvu : elle n'appartient qu'à lui seul. Lorsque le cessionnaire acquitte sa dette, la somme versée ne lui est pas attribuée, il est vrai; mais la communauté ne l'acquiert que comme quasi-usufruitière, et par suite avec l'obligation d'en faire raison au mari lorsqu'elle se dissoudra (art. 1433 C. N.). Le titulaire empêche d'ailleurs facilement ce résultat, s'il le désire. Il lui suffit de faire remploi du prix, c'est-à-dire de faire servir les fonds qu'il reçoit à l'acquisition d'un autre bien sur lequel il a également un droit de propriété exclusif (1). C'est à sa charge que sont les risques et périls : *res peril domino*. L'augmentation de valeur ne profite qu'à lui; de

---

(1) Le mari est-il tenu de se conformer aux formalités exigées par les art. 1434 et 1435 C. N. si l'objet du remploi est un autre office? Dans un arrêt déjà ancien, la Cour de Caen a adopté la négative, en exigeant toutefois que l'intention des parties résulte suffisamment des faits et des circonstances de la cause. (6 mai 1839.)

même, il supporte seul l'amoindrissement et la perte de l'office (1). En dernier lieu, si la communauté acquitte les taxes qui sont imposées à l'officier ou les indemnités dont le gouvernement le constitue débiteur envers les titulaires dont les fonctions sont supprimées, le mari doit, conformément à l'art. 1437, récompense des sommes qui ont été payées pour lui. Cependant, ne faudrait-il pas le décharger de cette obligation si le paiement avait été stérile, s'il n'en avait retiré aucun avantage? L'ancien droit rejetait, dans ce cas, le principe de l'indemnité (2). Cette solution, bien qu'elle ait été contestée, doit encore être donnée aujourd'hui. Car, pour qu'il y ait lieu à récompense, il faut, aux termes formels de l'art. 1437, que l'époux qui la doit ait tiré un profit personnel des biens de la communauté.

295. — Au lieu d'exclure nommément son office de la communauté, l'officier peut déclarer qu'il réalise tout son mobilier. Entre cette clause et la première, il n'y a aucune différence au point de vue spécial sous lequel la question est examinée ici. L'office est compris dans l'expression générale de mobilier et reste propre au titulaire.

(1) MM. Duranton, tome 14, n° 130; Tessier, *Sociétés d'acquêts*, n° 99.

(2) Loyseau, *Offices* (L. 3, ch. 9, n° 10); Lebrun, *Traité de la communauté*, L. 1, ch. 5, sect. 2, dist. 1, n° 57; Pothier, *Traité de la communauté*, t. 2, part. 4, ch. 1, sect. 2, art. 6, n° 660.

Mais que décider si le possesseur, agissant par voie indirecte, fait entrer son mobilier dans la communauté jusqu'à concurrence d'une certaine somme? L'office devra-t-il être imputé sur la somme promise? Pothier fait observer que l'effet d'une pareille clause est d'affecter au paiement de l'apport convenu tous les meubles et effets mobiliers dont le promettant est propriétaire au jour de la célébration du mariage (1). Cette doctrine est conforme aux vrais principes, et elle a été reproduite, sous l'empire du Code Napoléon, par MM. Toullier et Zachariæ. On ne peut s'exprimer avec plus de bonheur que ce dernier auteur. « Cette clause, dit-il, a seulement pour effet « de réserver au profit des époux l'excédant de la valeur « de leur mobilier, tant présent que futur, sur la somme « à laquelle ils ont fixé leurs apports. » La communauté acquerra donc sur le mari une créance dont le montant sera, suivant les cas, égal à la totalité ou à une partie de la valeur de l'office.

§ II. — *De l'office acquis pendant le mariage.*

296. — Le sort de l'office exercé par le titulaire au moment où il se marie est fixé d'une manière définitive au jour de la célébration : il tombe en communauté si le possesseur ne se l'est pas réservé par une disposition

---

(1) Pothier, *Traité de la communauté*, part. 1re, ch. 2, sect. 2, art. 2, § 1, no 288.

expresse. Lorsque l'acquisition se place pendant le mariage, la question est plus compliquée. La solution varie suivant que l'office a été acquis des deniers communs, avec l'argent du mari, ou enfin à titre gratuit.

297. — I. L'office dont le prix a été payé avec l'argent de la communauté fait incontestablement partie du patrimoine commun aux époux. Il est en effet de principe que tous les biens acquis depuis la célébration du mariage n'ont pas, sauf exception, le caractère de propres. (Art. 1401 C. N.)

De là les conséquences suivantes : le prix de la démission appartient, au cas de cession, non à l'officier, mais à la communauté. Si l'office est supprimé, la perte est supportée dans une proportion égale par les deux époux; réciproquement, toute augmentation de valeur profite à l'un et à l'autre. Les taxes enfin et les indemnités auxquelles peut donner lieu la suppression de certaines charges, sont payées en commun. La règle est la même, on le voit, qu'à l'égard de l'office dont le mari était pourvu au jour où le mariage a été célébré, toutes les fois que les conjoints ont adopté sans modifications le régime de la communauté légale. Comme dans ce dernier cas, le titulaire jouit aussi de la faculté de continuer l'exercice de ses fonctions lorsque la femme prédécède, pourvu qu'il tienne compte aux héritiers de la valeur estimative de sa charge au jour de la dissolution.

298. — En accordant aux officiers ministériels le droit de présenter des successeurs à l'agrément du chef de l'État, la loi des 28 avril — 4 mai 1816 avait eu soin (la concession, on le sait, n'eut pas une autre cause) d'augmenter le taux des cautionnements demandés à chacun d'eux sous le Consulat et sous l'Empire. Que décider à l'égard des suppléments payés avec l'argent de la communauté? Un tel paiement a-t-il eu pour effet de rendre commun l'office qu'il a ainsi consolidé entre les mains du possesseur? N'a-t-il imposé au mari d'autre obligation que d'indemniser la communauté des sommes qu'elle a fournies?

Cette question, dont l'intérêt est bien affaibli aujourd'hui, a divisé quelque temps la jurisprudence. Autrefois, lorsque des taxes mises sur un office avaient été acquittées des deniers communs, le possesseur se trouvait simplement débiteur de la somme qui avait été payée pour lui. Quelques arrêts ont décidé qu'il fallait suivre aujourd'hui la même doctrine (1). D'autres (et c'est le plus grand nombre) ont, au contraire, repoussé l'autorité de ce précédent (2). C'est à ce dernier système qu'il faut donner la préférence. Le droit de présenter un successeur à l'agrément du chef de l'État n'a pas le caractère d'une concession gracieuse. Le législateur de 1816

(1) Metz, 24 déc. 1835.
(2) Douai, 15 nov. 1833.

a fait acheter aux officiers ministériels la faculté qu'il leur accordait. Lors donc que les suppléments de cautionnements ont été payés par la communauté, il est vrai de dire que l'office a été acquis des deniers communs. Dès lors, il ne saurait avoir le caractère d'un propre.

299. — II. D'après les art. 1407 et 1433 du Code Napoléon, tout bien acquis en échange ou en remploi d'un propre est subrogé au lieu et place de celui qui a été aliéné. Cette règle est applicable à l'office dont le mari s'est fait pourvoir, soit en donnant comme équivalent un meuble ou un immeuble dont il avait la propriété exclusive, soit en faisant servir au paiement du prix les deniers provenant de l'aliénation d'un bien qui n'était pas tombé en communauté. Si les circonstances sont favorables, la jurisprudence dispense même le cessionnaire de l'observation des formalités prescrites par les art. 1434 et 1435 C. N., lorsqu'il ne traite qu'après avoir fait lui-même cession d'un office dont il était précédemment pourvu (1).

300. — III. A l'égard des donations faites aux époux pendant le mariage et des successions qui leur échoient pendant le même temps, notre Code fait une distinction entre les meubles et les immeubles. Les meubles, à

(1) Voy. *suprà*, p. 335, à la note.

moins de disposition contraire, tombent en communauté; les immeubles restent propres à chacun des conjoints. Les offices sont chose mobilière; à ce titre, ils entrent donc dans la classe des biens communs.

Mais les parties peuvent modifier la loi. Rien ne les empêche de convenir que chacune d'elles conservera en toute propriété tout ce qui sera le fruit d'une libéralité ou tout ce qui lui adviendra par voie héréditaire. Quel sera dans notre matière l'effet d'une semblable clause? L'office conféré gratuitement au mari entrera-t-il néanmoins en communauté? La question est sans difficulté pour le cas où la transmission à titre gratuit est l'œuvre d'un particulier. Elle doit évidemment être résolue négativement; il est certain que l'office aura la qualité de propre. Mais elle prête à la controverse lorsque la collation émane du gouvernement. Méconnaissant la volonté formelle des parties, les tribunaux ont jugé quelquefois qu'on devait, nonobstant leur déclaration, appliquer à ce cas l'art. 1401-1°. Telle est même aujourd'hui la doctrine suivie par la Cour de Cassation (1). Dans cette hypothèse, il n'y a pas de donation, dit-on; la collation de l'office n'est qu'une obvention, un pur bénéfice de communauté. — Le système contraire est préférable. Les époux ont attribué le caractère de propre à tout ce que chacun d'eux pourrait acquérir par succes-

(1) Cass., 4 janvier 1853.

sion ou par donation. Cette clause n'a rien de contraire
ni à l'ordre public ni aux dispositions prohibitives édic-
tées par le Code au titre du contrat de mariage. Elle doit
donc être appliquée dans toute l'étendue de ses termes.
Faire après cela entrer l'office en communauté, c'est confondre deux choses qui doivent rester distinctes : l'office
et ses produits. L'office est la propriété exclusive du donataire; les produits appartiennent en commun aux époux.

La solution doit être la même lorsque l'office a été
donné ou légué au mari sous la condition expresse qu'il
serait propre au donataire. Le donateur, libre de ne pas
donner, peut à plus forte raison donner conditionnellement (1). Cependant, si la convention n'avait d'une donation que l'apparence, si c'était en réalité une dation
en paiement, l'office tomberait certainement dans la communauté; car il serait alors l'équivalent d'une créance
faisant partie des biens communs.

Il est possible que la donation n'ait été faite qu'à la
charge de certaines obligations acceptées par le donataire.
On peut supposer, par exemple, que le donateur a imposé
au futur officier le paiement d'une rente viagère. Si ces
obligations ont été exécutées au préjudice de la communauté, il y aura, lors de la dissolution, lieu à une
récompense réglée d'après les principes du Code en cette
matière.

---

(1) L. 1, Code, *De donat. quæ sub modo*, etc. (L. 8, t. 55).

301. — Quelle est maintenant la règle à suivre quand la donation s'adresse, non plus au mari, mais à la femme? L'office a sans difficulté la qualité de propre. La femme peut donc en disposer comme de tout autre bien, en ayant soin de se munir de l'autorisation maritale. Mais la question devient plus délicate si l'on suppose que le mari se fasse agréer lui-même par le chef de l'État (1). La femme donataire conserve-t-elle alors son droit de propriété? N'est-elle plus que créancière?

Dans tout office, on distingue la propriété, c'est-à-dire la jouissance du droit de présentation et l'exercice des fonctions. Ces deux éléments sont, à un certain point, indépendants l'un de l'autre. La perte du second, arrivée par la mort du titulaire, par exemple, n'influe en rien sur le sort du premier. S'ils sont le plus souvent réunis, on conçoit donc qu'ils puissent exister séparément. Si maintenant on veut faire l'application de ce principe à notre hypothèse, on voit que le mari qui s'est fait pourvoir d'un office donné à sa femme n'en a en quelque sorte que l'usufruit : son droit se réduit à exercer les

---

(1) Mais, dira-t-on, comment le mari peut-il devenir titulaire d'un office donné à sa femme? L'art. 1595 ne défend-il pas le contrat de vente entre époux? La réponse est facile. Le cessionnaire, on le sait, doit son titre, non pas au cédant, mais au chef de l'État. La convention par laquelle la femme prend l'engagement d'user du droit de présentation en faveur de son mari ne peut pas être considérée, une fois ce principe admis, comme un contrat translatif de propriété dans le sens de l'art. 1595.

fonctions attachées au titre dont le collateur l'a investi. Par suite, s'il meurt le premier, la femme reprend la charge comme un bien qui lui appartient, sans être tenue à aucune récompense envers la communauté. Si c'est au contraire le titulaire qui survit, il peut, s'il le veut, rester en possession, en tenant compte aux héritiers de la femme de la valeur de l'office.

Pourrait-il, dans cette dernière hypothèse, s'obliger à présenter un successeur sans le concours des intéressés? La raison de douter tient à ce que, bien que l'exercice des fonctions soit entre les mains du mari, la femme ou ses ayant-cause sont restés propriétaires de l'office; or, *nemo dat quod non habet*. Néanmoins, la question (et c'est la solution adoptée par l'administration) doit être résolue affirmativement. Le droit de présentation est inhérent à la personne du titulaire; tant qu'il est en possession, nul autre que lui ne peut exercer ce droit. Il doit donc avoir la liberté d'en user comme et quand bon lui semble. On peut ajouter que la désignation qu'il fait de son successeur n'est que l'exercice de la faculté qu'il a de conserver l'office en s'obligeant à indemniser la communauté.

Mais faut-il aller plus loin, faut-il reconnaître au mari le droit de toucher le prix promis par le cessionnaire? C'est aux héritiers que le paiement doit être fait; donner une autre décision, ce serait faire tomber sur eux les risques de l'insolvabilité du cédant. Cette solution, si conforme à l'équité, se justifie d'ailleurs aisément en droit. En s'engageant à présenter un successeur à l'agrément du chef de l'État, le titulaire a parlé tant au nom des ayant-cause de sa femme qu'en son propre nom. Par suite, les héritiers ont été indirectement parties au contrat (1).

302. — Ces principes se retrouvent, en général au moins, dans la constitution dotale des offices. Souvent, en mariant sa fille, un officier ministériel s'engage à donner sa démission en faveur de son futur gendre. Quel est l'effet de cette obligation lorsque les époux ont adopté le régime dotal? Quels sont les droits de la femme sur l'office constitué en dot? Ici il faut, comme toujours, consulter avant tout les conventions particulières des conjoints. Si le contrat de mariage est muet, on doit distinguer si la constitution a été faite avec ou sans estimation.

L'ancien principe *œstimatio venditio est* a passé dans notre législation (2). On le trouve reproduit notamment dans l'art. 1551 C. N. L'office estimé est donc la propriété du mari, à moins d'une déclaration contraire; le droit de la femme se réduit à réclamer à la dissolution du mariage la somme portée dans l'acte d'estimation.

(1) Voy. Roll. de Vill., *Rép. de la jurisp. du Notariat*, v° *Offices*, n° 461.

(2) Dig., *De jure dotium* (L. 23, t. 3), l. 69, § 8.

Par voie de conséquence, le titulaire a le droit de disposition et les risques et périls sont à sa charge.

Lorsqu'il n'y a pas eu estimation, la femme reste, au contraire, propriétaire de l'office; l'exercice seul en appartient au mari qui peut du reste, s'il survit, continuer ses fonctions en tenant compte de la valeur estimative aux divers intéressés. Dans ce cas, la cession ne peut avoir lieu qu'avec le consentement de la femme; le prix est sujet à remploi, et l'immeuble acquis avec les deniers provenant de la démission du titulaire est dotal et inaliénable, à moins de stipulation contraire. Lorsque l'office a été estimé, la perte est supportée par le mari; ici, et par application du principe *res perit domino*, elle incombe à la femme. Au cas de suppression, c'est donc à celle-ci qu'appartient l'indemnité qui peut être allouée par le gouvernement. Par voie de réciprocité, la femme profite seule de l'augmentation que des circonstances heureuses donnent à la valeur vénale de l'office.

SECTION II.

DE L'HÉRÉDITÉ.

303. — Considéré en lui-même et comme une délégation de la puissance publique, l'office devenu vacant par la mort du titulaire retourne entre les mains du collateur. Mais le retour n'est pas complet : la faculté de présenter un successeur reste dans les biens de l'officier

décédé. Malgré les termes peut-être un peu obscurs de l'art. 91 et l'absence de la loi particulière promise par cet article, il est en effet, aujourd'hui, de jurisprudence constante que le droit de présentation accordé aux possesseurs d'offices passe à leurs héritiers lors de leur décès. C'est une chose qui fait partie de la masse héréditaire et qui, comme tous les droits et actions compris dans la succession, se transmet aux ayant-cause du *de cujus*, suivant la maxime : *Hereditas nihil aliud est, quam successio in universum jus, quod defunctus habuit.* (1) — Et ce n'est pas seulement aux héritiers du sang que ce droit appartient. Lorsque le titulaire a substitué sa volonté particulière aux dispositions précises de la loi, les héritiers testamentaires et les héritiers institués contractuellement peuvent également le réclamer. Cette décision est la conséquence nécessaire du principe que la dévolution s'opère de la même manière et avec la même étendue à l'égard des héritiers choisis par le testateur qu'à l'égard des héritiers appelés par la loi.

Que décider à l'égard des créanciers? Sont-ils les ayant-cause de l'officier dans le sens de l'art. 91?

La transmission des offices intéresse essentiellement l'ordre public. La disposition n'en est laissée aux titulaires eux-mêmes que sous certaines réserves. Quant aux héritiers, on leur permet, il est vrai, comme à leur

(1) Dig., *De reg. juris* (L. 50, t. 17), l. 62.

auteur, de présenter un successeur à l'agrément du chef de l'État. Mais l'exercice du droit de présentation n'a pas entre leurs mains les inconvénients qu'il aurait entre celles des créanciers. La qualité d'héritier est facile à établir : un testament, un intitulé d'inventaire, un acte de notoriété même suffisent. Les droits des créanciers peuvent, au contraire, donner lieu à de longs débats. Attendre qu'ils aient fait reconnaître et vérifier les titres en vertu desquels ils prétendent agir, ce serait souvent prolonger indéfiniment la vacance des offices au grand détriment de l'intérêt public et quelquefois de l'intérêt privé.

Ces raisons, développées dans plusieurs circulaires et notamment dans une lettre assez récente adressée par M. le Ministre de la justice au procureur général près la Cour de Cassation, ont prévalu en jurisprudence. La Cour suprême décide aujourd'hui que les créanciers ont action non sur l'office même, ou plus exactement sur le droit de présentation, mais seulement sur le prix promis par le cessionnaire (Cass., 23 mai 1854).

Mais si les héritiers négligent d'indiquer un successeur, ne faut-il pas au moins admettre les créanciers à se faire subroger en leur lieu et place, conformément à l'art. 1166 du Code Napoléon? L'affirmative pourrait s'induire de cette considération que le droit de présentation a seulement pour but le recouvrement d'une valeur mobilière qui appartient à la succession, et qui, comme

telle, doit garantir l'exécution des engagements contrac-
tés par le défunt. Tel est effectivement le motif que l'on
trouve indiqué dans les décisions judiciaires qui ont
accueilli l'action des créanciers. — Dans l'arrêt précité
du 23 mai 1854, la Cour de Cassation a cependant
adopté le système contraire, et il est certain que cette
jurisprudence est en harmonie avec les principes exceptionnels qui régissent les offices. — Présenter un successeur, c'est intervenir dans la nomination aux charges de
l'État, c'est, à certains égards, exercer une portion de la
puissance publique. Qu'il soit exercé par les héritiers ou
qu'il le soit par le titulaire, le droit de présentation doit
donc avoir dans tous les cas un caractère essentiellement
personnel. Par suite, ce serait en méconnaître la nature
que de vouloir le détacher de l'office dont il est une partie intégrante pour en opérer la délégation au gré des
intérêts privés.

ARTICLE I. — *Des offices dans les successions ab intestat.*

304. — La situation et les droits des héritiers d'un
officier ministériel varient suivant que le titulaire est
mort dans l'exercice de ses fonctions, ou suivant qu'il a
pendant sa vie disposé gratuitement de son office en
faveur de l'un d'eux. Dans le premier cas, l'office fait
réellement partie de la masse partageable; dans le second,
il y a lieu en principe à l'application des règles du rapport.

§ I. — *Des offices considérés relativement au partage
entre cohéritiers.*

305. — Rangés au nombre des droits immobiliers, les
offices, sous l'ancienne législation, tombaient dans le lot
attribué à l'héritier des immeubles. Aujourd'hui, tous les
biens, droits et actions du défunt, passent indistinctement à tous ses ayant-cause. Le droit de présentation
est donc la copropriété de tous les héritiers du titulaire
décédé. Comme tout objet mobilier, l'office doit par conséquent être compris dans l'inventaire, mais sans estimation. Il ne faut pas oublier que l'évaluation de cette
espèce de biens est toujours soumise à l'approbation de
l'autorité administrative.

Notre Code a érigé en règle législative l'ancien principe *nul n'est héritier qui ne veut.* Lorsqu'une succession s'ouvre, les appelés ont le choix entre les partis
suivants : accepter purement et simplement, ou sous
bénéfice d'inventaire, ou refuser la qualité d'héritiers.
(Art. 774 et 775 C. N.)

306. — 1. Pour exercer le droit de présentation, il
faut être héritier de l'ancien titulaire. Ce n'est plus à la
qualité d'enfants, comme à Rome lorsqu'il s'agissait de
la transmission des milices, et comme dans notre ancien
droit à l'égard des offices des sergents et archers tués

dans l'exercice de leurs charges, qu'est attaché le pouvoir de disposer de l'office. La faculté introduite par l'art. 91 en faveur des officiers ministériels fait partie de la masse héréditaire. On ne peut l'exercer qu'à la condition d'accepter la succession laissée par le défunt. Réciproquement, présenter un successeur, c'est faire acte d'héritier, et par conséquent contracter l'engagement d'acquitter toutes les dettes héréditaires.

Il suit de là que le droit de présentation n'appartient qu'à ceux des héritiers qui ont pris cette qualité. Comment pourront-ils l'exercer? A quelles justifications seront-ils astreints?

307. — La désignation du successeur doit, en principe, être faite par tous les intéressés; car l'office est leur propriété commune. Toutefois, cette règle pouvant être modifiée par les résultats du partage, il importe de distinguer si les héritiers sont encore ou non dans l'indivision au moment de la cession.

Tant que la succession est indivise, la présentation n'est valable qu'autant qu'elle émane de tous les ayant-cause. S'ils ne peuvent s'accorder, et si le service souffre de la vacance prolongée de l'office, la nomination est faite par le gouvernement (1). Toutefois, l'administration

(1) L'administration a cependant admis une présentation faite par la majorité des héritiers (17 janvier 1839). Mais cette décision, rendue sans doute sous l'influence de circonstances particulières, ne saurait être érigée en règle.

ne prend jamais cette mesure qu'après avoir mis les intéressés en demeure d'exercer leur droit. Le prix est alors fixé conformément à l'évaluation donnée à l'office par le tribunal de première instance du domicile de l'officier décédé (1).

Mais si le partage est déjà fait lorsqu'il s'agit de donner un successeur à l'ancien titulaire, l'héritier dans le lot duquel la charge a été mise est censé, aux termes de l'art. 883, en avoir toujours eu la propriété exclusive. C'est à lui seul, par suite, qu'appartient la faculté de présentation (2).

308. — Dans certains cas, il peut y avoir quelque difficulté à attribuer l'office à un seul des ayant-droit. Le nouveau titulaire doit alors être désigné par tous les copropriétaires. Mais il faut autant que possible éviter ce résultat. On y parviendra souvent en compensant l'inégalité des lots au moyen d'une soulte ou retour en argent. Toutefois, cette manière de procéder ne serait pas possible si l'office était le seul bien laissé par le *de cujus*.

Dans cette dernière hypothèse, quelques auteurs pen-

(1) Le défaut de fixation du prix n'empêcherait pas d'ailleurs les héritiers de réclamer la valeur de l'office au nouveau titulaire.

(2) Le partage n'est à un certain point de vue que provisionnel. L'évaluation de l'office ne peut en effet être définitive, puisque la fixation du prix est toujours subordonnée à la décision de l'autorité administrative.

sent qu'il y a lieu de recourir à une licitation. On distri-
buera ensuite, disent-ils, le prix provenant de l'adjudication entre tous les héritiers, proportionnellement au droit
de chacun d'eux dans la succession. — C'est une grave
erreur. Sans parler de l'indécence qu'il y aurait à mettre
des fonctions publiques aux enchères, il est impossible
de concilier l'emploi de ce moyen avec le droit qui appartient au gouvernement de réduire le prix ou de rejeter le
candidat qui ne présenterait pas des garanties de capacité et de moralité suffisantes. Les héritiers doivent,
comme au cas d'indivision, s'entendre pour le choix
du successeur.

Par la même raison, la voie des enchères doit être
repoussée lorsque l'office est échu à un mineur ou à un
interdit. Mais comment procéder alors? Quelques auteurs
enseignent que si le tuteur veut mettre sa responsabilité
à couvert, il doit s'en rapporter à la sagesse de l'administration pour le remplacement du titulaire et pour la
fixation du prix. La jurisprudence suit un autre système. Des arrêts ont jugé que dans un cas semblable le
tuteur pouvait disposer seul de l'office (1).

Ces deux opinions doivent être rejetées. Remettre le
choix du successeur au gouvernement, c'est enlever au
mineur l'avantage de tirer le meilleur parti possible du
droit qu'il tient de l'art. 91. D'un autre côté, les offices

(1) Bordeaux, 30 mai 1840.

ministériels ont aujourd'hui dans les fortunes privées une importance trop considérable pour qu'il soit prudent d'en laisser la disposition à la libre volonté du tuteur. Pour l'aliénation d'un immeuble, si mince qu'en soit la valeur, la loi demande l'autorisation du conseil de famille et l'homologation du tribunal. Pourquoi ne pas exiger les mêmes garanties lorsqu'il s'agit de l'exercice du droit de présentation? Si elles sont jugées nécessaires dans un cas, pourquoi ne le seraient-elles pas dans l'autre, surtout si, comme il arrivera presque toujours, l'intérêt à protéger est dans le dernier cas beaucoup plus considérable que dans le premier?

309. — De quelque manière que la faculté de présentation soit exercée, les héritiers doivent toujours justifier de leur droit à la propriété de l'office. Ce n'est qu'à cette condition que la présentation est valable. Si le successeur est désigné avant tout partage, la transmission peut s'établir à l'aide d'un intitulé d'inventaire ou d'un acte de notoriété constatant le nombre et la qualité des héritiers. Si l'état d'indivision a cessé, un extrait de l'acte de partage suffit.

Quelquefois l'un des ayant-cause se présente lui-même pour être pourvu de l'office avant que les droits des divers intéressés soient fixés d'une manière définitive. Il doit alors justifier du consentement de tous ses cohéritiers. L'administration exige en outre qu'il produise un acte particulier contenant la fixation du prix de l'office.

Le but de cette formalité est de fournir au trésor les éléments nécessaires pour déterminer le montant du droit de mutation. Dans les transmissions par décès, ce droit se calcule sur le pied de deux pour cent. On prend pour base le prix exprimé dans l'acte de cession (1)

310. — II. La production de ces différentes pièces n'est pas exigée lorsque la succession a été acceptée sous bénéfice d'inventaire. Dans ses rapports avec les créanciers héréditaires, l'héritier bénéficiaire est, en effet, réduit au rôle d'un simple administrateur. S'il use du droit de présentation (et il ne doit jamais le faire, sous peine d'être réputé héritier pur et simple, qu'après avoir pris l'autorisation du tribunal, art. 796 C. N.), il agit moins en son nom propre qu'en qualité de mandataire. Rarement du reste, dans un cas semblable, un héritier présente lui-même un successeur. La nomination est presque toujours faite directement par l'administration, qui fixe l'indemnité à payer à la succession d'après l'avis de la Chambre de discipline et l'évaluation du tribunal.

La même remarque s'applique à plus forte raison à l'administrateur au bénéfice d'inventaire nommé sur le refus fait par l'héritier de donner la caution exigée par l'art. 807 du Code Napoléon. Le ministre pourvoit d'of-

(1) Voir *infrà*, n° 333.

fice à la place vacante, à moins que l'administrateur ne se fasse autoriser judiciairement à disposer de l'office.

311. — III. Telle est aussi la règle qu'il faut suivre quand parmi les ayant-cause du titulaire aucun ne se présente pour recueillir sa succession (1). Le curateur désigné à la requête des parties intéressées n'a le droit de faire lui-même la présentation qu'en sollicitant au préalable l'autorisation du tribunal. D'ordinaire, comme dans les hypothèses précédentes, la nomination est faite par l'administration.

312. — Il est possible que le remplacement du *de cujus* devienne nécessaire avant que les héritiers aient pris l'un des trois partis examinés plus haut. Ce cas se présentera même assez fréquemment. Le délai pour faire inventaire et pour délibérer dépasse quatre mois. De plus, il peut être l'objet d'une extension dont l'opportunité est laissée à l'appréciation des tribunaux. Si la vacance de l'office se prolongeait pendant un laps de temps aussi considérable, il pourrait dans maintes circonstances en résulter de graves irrégularités dans les besoins du service. De là naît la question de savoir comment et dans quelles formes la présentation doit être faite quand les héritiers n'ont pas encore pris qualité. Suivant quelques

(1) Voy. MM. Joye, p. 151 ; Favier de Coulomb, n° 821 ; Bioche, n° 128.

personnes, la disposition de l'office peut avoir lieu en vertu d'une ordonnance du président du tribunal rendue à la requête du plus diligent des intéressés (1). D'après une autre opinion, la désignation du successeur est abandonnée à l'administration. Les formes à suivre sont celles qui sont en usage lorsque la succession a été acceptée sous bénéfice d'inventaire, ou quand, dans le cas de vacance, elle a été pourvue d'un curateur.

Ces deux manières de procéder sont régulières.

§ II. — *Du rapport des offices à la succession du titulaire.* — *De la réduction.*

313. — I. Le rapport est la remise ou le maintien dans la masse partageable, suivant que le défunt a disposé par acte entre vifs ou par acte de dernière volonté, des biens donnés ou légués à l'un des héritiers.

Le fondement du rapport n'a jamais été contesté. Tous les ayant-cause du *de cujus* étant présumés avoir une part égale dans ses affections, le don fait à l'un d'eux ne peut être considéré, à moins d'une manifestation de volonté contraire, que comme un avancement d'hoirie. L'importance des offices et surtout cette considération que l'ancien titulaire n'aura souvent été déterminé à

(1) Cette opinion a été suivie par M. Debelleyme, qui a même indiqué les termes dans lesquels l'ordonnance devait être conçue. (*Dict. du Notariat*, v° *Offices*, n° 124.)

abandonner l'exercice de ses fonctions que pour faire à un membre de sa famille une position lucrative et recherchée, donnent dans notre matière une valeur spéciale à cette présomption. Aussi aujourd'hui, comme dans notre ancien droit, l'obligation imposée au donataire ou au légataire, héritier du *de cujus*, de rapporter à la succession l'office qu'il a reçu, n'a-t-elle jamais fait difficulté (1).

Il faut se garder toutefois de donner à cette règle une application exagérée. Le but du rapport est de maintenir l'égalité entre les héritiers. Il n'est donc dû que par ceux qui ont pris cette qualité (art. 857 C. N.). Ainsi, lorsqu'un officier ministériel use de son droit de présentation en faveur de son petit-fils, le fils ne doit pas tenir compte à ses cohéritiers du don fait par le *de cujus* (art. 847 C. N.). La solution est la même quand le fils ayant obtenu le titre d'officier sur la désignation de son père, le petit-fils vient de son chef à la succession du donateur. (Art. 848 C. N.)

314. — Le moyen le plus naturel de sauvegarder les droits des intéressés est d'exiger la remise effective de l'objet donné dans la masse partageable. En principe, le rapport se fait donc en nature. Toutefois, une exception existe à l'égard des meubles; on oblige seulement le donataire à en rapporter la valeur au temps de la dona-

(1) Bordeaux, 6 janv. 1834; Agen, 27 juillet 1843. Voy. aussi M. Duranton, t. 7, n° 361.

tion. Cette dérogation au droit commun se justifie par cette considération, que les objets mobiliers étant de nature à se consommer et à se déprécier par le temps, on n'eût, en appliquant la règle ordinaire, donné qu'une satisfaction incomplète aux intérêts légitimes des ayant-droit.

Les offices sont meubles. Par suite, c'est à l'exception et non à la règle qu'il faut s'attacher pour déterminer la manière dont le rapport doit être effectué. L'obligation du donataire se borne donc à tenir compte à la succession de la valeur estimative de l'office. Telle était, nous le savons, l'opinion déjà enseignée autrefois par tous les auteurs et notamment par Pothier, qui l'appuie en outre sur l'indécence qu'il y aurait à priver un officier de ses fonctions (1).

315. — En matière ordinaire, le rapport des meubles se fait d'après leur estimation au moment de la donation. Par application de ce principe, c'est au jour de la présentation et non au moment de l'ouverture de la succession qu'il faut se placer pour déterminer la valeur de l'office, et par suite le montant de la dette du donataire (2). — Ce point, longtemps contesté sous l'ancienne jurisprudence, est aujourd'hui universellement admis. Il n'y a qu'une exception. Lorsque le donateur, n'étant

(1) Pothier, ch. 1, art. 2, § 7.
(2) M. Duranton (*loc. cit.*).

pas officier ministériel, a payé de ses deniers l'office dont le donataire est pourvu au jour de son décès, le rapport se fait toujours sur le pied du prix d'achat. Le débiteur n'est pas recevable à se plaindre si la somme qu'il doit payer est supérieure à la valeur vénale de la charge au moment du paiement; car en acceptant la donation, il a approuvé le traité passé entre son auteur et le précédent titulaire.

Les intérêts ne commencent à courir qu'au jour de l'ouverture de la succession; c'est, en effet, à cet instant seulement que le donataire devient débiteur de ses cohéritiers.

316. — Pour prévenir toute difficulté ultérieure, il est d'usage d'évaluer l'office au moment même de la donation. Mais l'estimation ainsi faite n'est pas obligatoire pour les cohéritiers du donataire. Il est de toute justice qu'ils puissent la critiquer quand elle est d'une inexactitude évidente. Ce droit leur appartiendrait-il cependant si, la donation ayant été faite par contrat de mariage, l'évaluation avait été accompagnée de la clause que « sans l'estimation donnée à l'office le mariage n'aurait pas eu lieu? » Cette question, longuement examinée par nos anciens auteurs, avait été résolue généralement en faveur du donataire. — Cette décision ne devrait pas être suivie aujourd'hui. Sans doute le droit qu'a le *de cujus* d'avantager l'un de ses héritiers au préjudice des autres n'est pas contestable; mais à cet égard, il faut que le dispo-

sant manifeste expressément sa volonté. Or, les termes dans lesquels est conçue la clause dont il est ici question sont loin d'indiquer de la part du *de cujus* l'intention formelle de dispenser le donataire du rapport de l'excédant de la valeur donnée à l'office. Je dois avertir cependant que, d'après le système admis par la jurisprudence, cette énonciation pourrait être prise en considération par les tribunaux.

Les intéressés seraient également fondés à se plaindre si, malgré une augmentation de valeur évidente, l'ancien titulaire avait limité l'obligation de l'héritier avantagé au prix qu'il avait lui-même donné pour se faire pourvoir de l'office. Le système contraire, admis dans l'ancienne jurisprudence pour les offices de judicature, était fondé, disait-on, sur l'intérêt public, qui aurait exigé que les magistratures fussent héréditaires dans les familles. Il n'a plus aucune raison d'être aujourd'hui.

Lorsque, malgré le vœu de l'art. 948 C. N., l'office n'a pas été estimé, l'évaluation doit être faite par des experts, conformément à la prescription de l'art. 868. — Cette manière de procéder est la seule qui soit légale. C'est donc à tort qu'un arrêt a décidé que les tribunaux peuvent prendre pour base de leur détermination l'avis de la Chambre de discipline, pourvu qu'ils ne lui défèrent pas à cet égard une espèce d'arbitrage (1).

(1) Nancy, 9 mars 1832.

317. — Si le résultat de l'expertise semblait exagéré au titulaire, ou même si, dans le cas où l'office a été estimé au moment de la donation, il n'était pas disposé à payer le montant de l'estimation, pourrait-il, en délaissant, se soustraire à l'obligation du paiement? Pothier lui refusait ce droit. Telle est encore la doctrine qu'il faut suivre aujourd'hui. L'obligation du donataire n'est pas une obligation facultative. En acceptant la donation, il s'est soumis à rapporter la valeur de l'office au temps du don. Quels que soient les évènements ultérieurs, il doit subir la loi du contrat qu'il a fait avec le donateur. Il n'a qu'un moyen d'échapper à l'engagement qu'il a pris : qu'il renonce à sa qualité d'héritier. Le rapport n'étant dû que par ceux qui viennent à la succession, il conservera son titre sans bourse délier en même temps qu'il perdra ses droits héréditaires. Encore cette ressource lui sera-t-elle enlevée lorsque, pourvu d'un office dont son auteur n'était pas titulaire, il aura reçu à titre de prêt la somme employée au paiement du prix d'acquisition. Il est de principe, en effet, qu'il y a lieu au rapport des sommes qui ont servi à l'acquittement des dettes d'un héritier, sans qu'il faille distinguer si le débiteur accepte ou répudie la succession à laquelle il est appelé.

318. — L'obligation du donataire persistera-t-elle cependant si l'office vient à périr avant l'ouverture de la succession? Un premier point est bien certain : si la

perte est imputable à l'officier, si le titulaire, par exemple, a été destitué à la suite d'une faute grave, ses cohéritiers ont le droit d'exiger le rapport. Mais il faut aller plus loin et répondre affirmativement, même dans le cas où le possesseur n'a été privé de ses fonctions que par des circonstances indépendantes de sa volonté. Ainsi, la suppression de l'office ne le délie pas de l'engagement tacite qu'il a pris d'en payer la valeur estimative. Le rapport de l'indemnité qui pourrait lui être allouée ne suffirait même pas pour le mettre à l'abri de l'action des intéressés. La présentation qui a été faite en sa faveur l'a en effet rendu propriétaire incommutable; l'objet de son obligation n'est donc pas l'office, mais une somme d'argent; en conséquence, les modifications dont son droit est susceptible sont étrangères à la question. Il est débiteur d'une quantité, et comme les quantités ne périssent pas, sa dette ne peut s'éteindre que par le paiement (1). Par la même raison, le donataire n'est pas fondé à demander la déduction des taxes qu'il aurait payées avant la mort du donateur.

319. — II. Tels sont les principes applicables lorsque

(1) Si le donataire avait pris l'engagement de rapporter à la succession l'office ou une somme déterminée, la perte de l'office ne le dispenserait pas du rapport de la somme promise. Car, lorsqu'une obligation est alternative (et tel est ici le cas), la libération du débiteur ne peut résulter que de la perte simultanée ou successive des choses dont il a promis le paiement.

le titulaire a usé gratuitement de son droit de présentation en faveur de l'un de ses héritiers, si toutefois la disposition ne renferme pas une dispense expresse de rapport. Dans l'hypothèse contraire, les règles tracées par les art. 843 et suivants du Code Napoléon ne doivent plus être suivies. L'héritier avantagé conserve tous ses droits sans être tenu de rapporter l'office à la succession, à moins cependant que la libéralité n'excède la quotité de biens dont la loi permet au *de cujus* de disposer. Dans ce dernier cas il y a lieu à réduction conformément à l'art. 920 de notre Code. — Le principe est le même lorsque le donataire renonce à la succession pour se soustraire à l'obligation du rapport.

Mais comment saura-t-on si la portion de biens que la loi protège, dans l'intérêt des enfants et des ascendants, contre les libéralités du *de cujus*, n'est pas intacte? On suivra ici la règle indiquée par l'art. 922 C. N. L'office sera estimé d'après son état au moment de la donation et sa valeur à l'époque du décès. On n'aura donc égard ni aux améliorations ni aux détériorations qui proviendraient du fait du donataire. Considéré comme n'étant jamais sorti du patrimoine du défunt, l'office devra être compris dans la masse tel qu'il existait originairement. — Cependant, on tiendra compte de l'augmentation ou de la diminution de valeur qu'il pourra avoir aprouvée sous l'influence des circonstances auxquelles la volonté du titulaire a été étrangère (1).

La détermination de la valeur de l'office n'est pas sans difficulté. La jurisprudence emploie le procédé suivant : On s'occupe d'abord de trouver le chiffre moyen des actes et celui de leur produit, puis on prend le quart du revenu que l'on capitalise au taux de cinq pour cent. (2) L'administration suit une autre marche lorsqu'elle veut s'assurer si le prix stipulé dans un traité de cession n'est pas exagéré. Le procédé qu'elle emploie dans ce cas consiste à additionner les revenus des cinq dernières années et à en prendre la moyenne. Ces deux systèmes peuvent donner des résultats exacts; mais ils ont un vice commun : ils sont l'un et l'autre tout à fait arbitraires.

Quelquefois la dispense du rapport intervient postérieurement à la démission du titulaire. Ainsi, on a vu des officiers ministériels donner à leurs fils dans un contrat de mariage, à titre de préciput, des offices auxquels ils les avaient fait recevoir depuis plusieurs années. Dans une hypothèse de cette nature, faut-il pour fixer l'état de l'office s'attacher au temps de la présentation? Doit-on considérer la date du contrat de mariage ?

Le dessaisissement remonte au jour où l'ancien titulaire s'est démis de ses fonctions : c'est de ce moment que la donation a produit son effet. L'institution con-

---

(1) MM. Dard, *Des Offices*, p. 420 et suiv.: Coin-Delisle, sur l'art. 922, n° 34.

(2) Agen, 27 juillet 1843.

tractuelle a statué sur un point qui n'est qu'accessoire.
Elle a, il est vrai, ajouté à la libéralité, puisque le donataire se trouve dispensé du rapport auquel il était soumis
auparavant, mais elle n'en a pas modifié l'essence. Il n'y
a donc aucune raison pour déroger au droit commun et
pour ne pas estimer l'office d'après son état au moment
de la démission.

320. — Indispensable pour déterminer le montant de
la portion de biens réservée, l'évaluation de l'office a en
outre l'avantage de fixer le montant de la réduction, et
par suite le chiffre des obligations du titulaire envers la
succession si la disposition de l'office a eu lieu dans la
forme testamentaire, ou si, lorsqu'elle a été faite par
acte entre vifs, l'annulation des donations postérieures
en date ne suffit pas pour parfaire la réserve.

En principe, l'action en réduction, quand elle porte
sur des choses qui ne se consomment pas par le premier
usage, tend à faire remettre l'objet donné dans la masse
partageable lorsqu'il est encore dans le patrimoine du
donataire, et même lorsqu'il en est sorti si le débiteur
est insolvable. Dans notre matière, l'application de cette
règle serait d'une rigueur excessive. On doit seulement obliger l'officier à tenir compte à ses cohéritiers de
la somme qui manque pour compléter la réserve. Il y a
sous ce rapport une certaine identité entre la nature
de son obligation et celle du donataire soumis au rapport. Toutefois, sa position, considérée à ce point de

vue, est meilleure à quelques égards que celle de l'héritier qui doit rapporter à la succession l'office qu'il a reçu.

Lorsque la donation a été faite sans dispense de rapport, il n'y a pas à examiner si l'office a augmenté ou a diminué de valeur, s'il existe ou non au jour de l'ouverture de la succession : l'obligation du donataire persiste dans tous les cas. Ici la théorie est toute différente. L'héritier n'est pas obligé envers la succession si l'office périt par cas fortuit avant le décès du donateur. Au cas de suppression, par exemple, on ne devrait faire entrer dans la masse que l'indemnité accordée par le gouvernement. Cette doctrine est la conséquence des principes adoptés par le Code Napoléon en matière de réduction. C'est, en effet (ainsi le veut l'art. 922), d'après leur état au moment de la donation que les objets donnés doivent être estimés. Par suite, la perte qui n'est pas imputable au donataire doit, ainsi que la diminution de valeur, rester à la charge de la succession. Mais l'obligation du titulaire resterait entière si l'office avait péri ou s'était déprécié par sa faute. Ce serait sur lui, par exemple, que retomberait la suppression si elle était prononcée à la suite de sa destitution.

ARTICLE II. — *Des offices dans les successions testamentaires et dans les institutions contractuelles.*

321. — Les dispositions testamentaires peuvent porter soit sur l'universalité des biens du testateur, soit sur

une quote-part de cette universalité, soit sur un objet particulier. Les legs sont donc tantôt universels, tantôt à titre universel, tantôt particuliers.

322. — Le legs universel s'étend à tous les biens possédés par le disposant au moment de son décès (art. 1003 C. N.). Si donc le testateur est titulaire d'un office ministériel, le droit de présentation passera de ses mains dans celles du légataire, qui pourra l'exercer immédiatement s'il n'est pas en concours avec un héritier réservataire. Dans le cas contraire, il devra attendre qu'il ait été fait droit à sa demande en délivrance (art. 1004 C. N.). — Si l'héritier saisi refusait de le mettre en possession et si, à la suite de ce refus, un procès s'engageait sur la validité du testament, le gouvernement pourrait, pour ne pas prolonger la vacance de l'office, nommer directement un successeur à l'ancien titulaire et fixer l'indemnité à payer à qui de droit.

Dans tous les cas, le légataire devra produire le titre qui lui donne le droit d'exercer la faculté de présentation, c'est-à-dire l'acte dans lequel le défunt a consigné ses dernières volontés.

323. — Le legs à titre universel porte sur une fraction seulement des biens laissés par le testateur. Ainsi, le legs de tous les immeubles et le legs de tout le mobilier sont des legs à titre universel (art. 1010 C. N.). Dans le dernier de ces deux exemples, l'office dont le *de cujus* était pourvu fait partie de la disposition, à

moins qu'il ne soit avéré que le testateur n'a pas entendu le mot *mobilier* avec toute l'étendue qu'il a dans son sens légal. — Comme le légataire universel lorsqu'il est en présence d'un héritier à réserve, le légataire à titre universel doit, avant d'exercer le droit de présentation, demander la délivrance de son legs à ceux qui sont saisis de la succession, c'est-à-dire d'abord aux réservataires, à leur défaut au légataire universel, s'il n'y a pas de légataire universel aux héritiers appelés dans l'ordre de la loi. Il est également tenu de justifier de sa qualité. Cette obligation est accomplie lorsqu'il a produit le testament dans lequel il puise son droit.

324. — Le legs particulier ne s'applique qu'à un objet déterminé. Les droits du légataire d'un office ont été examinés plus haut (1).

325. — Toutes ces règles se retrouvent dans les institutions contractuelles, qui comme les legs peuvent être soit universelles, soit à titre universel, soit à titre particulier. (Art. 1082-1083 C N.)

CHAPITRE II.

Des offices ministériels dans les rapports des officiers avec l'État.

326. — Dans les principes de notre législation, la propriété des biens s'acquiert et se transmet par le seul

(1) Voir *supra*, n° 275 et suiv.

effet de la convention (art. 711 C. N). Cette règle, dont
la généralité est cependant incontestable, n'a pas d'application en matière d'offices. Mais aussi la propriété de
cette espèce de biens est une propriété d'une nature toute
particulière. Le droit des titulaires est loin d'être absolu.
A aller au fond des choses, il se réduit à la faculté d'appeler le choix du chef de l'État sur un candidat désigné.
Tout contrat intervenu entre un officier ministériel et
l'aspirant qui veut le remplacer dans l'exercice de ses
fonctions est, si on le considère en lui-même, frappé
d'impuissance : il ne peut avoir d'effet qu'autant qu'il a
reçu l'approbation d'une volonté supérieure, que lorsque
le cessionnaire a été agréé par le collateur.

Il ne faut pas l'oublier, les offices sont une portion
déléguée de la puissance publique. Pour les exercer, il
faut de toute nécessité avoir été choisi par celui qui tient
de la volonté du peuple ou du hasard de la naissance, le
droit de diriger les intérêts généraux de l'État. Le candidat présenté ne devient officier que lorsque le souverain a rendu en sa faveur une décision appelée avant
1848 ordonnance, nommée aujourd'hui décret de nomination et correspondant aux lettres de provision délivrées
autrefois par la chancellerie : *Resignatarius non habet
jus a resignante sed a collatore* (1).

_____

(1) Par suite, le cessionnaire ne peut, tant qu'il n'a pas été nommé,
exercer lui-même le droit de présentation au profit d'un tiers. (Déc.

Dans l'exercice de ce droit, le collateur jouit d'ailleurs de la plus complète indépendance. La présentation qui lui est faite ne le lie pas : il peut la rejeter, en réservant toutefois au cédant le droit de désigner un nouveau successeur. Le chef de l'État ne doit connaître, en effet, d'autres lois que celles de l'intérêt public. Si les conditions acceptées par le cessionnaire lui semblent trop onéreuses, si les garanties offertes par l'aspirant ne lui paraissent pas suffisantes, il refusera l'investiture qu'on lui demande. Dans l'hypothèse contraire, il agréera le candidat, mais sans s'engager irrévocablement. Si donc le nouvel officier se rend indigne de continuer plus tard l'exercice de ses fonctions, il sera fondé à les lui reprendre ; si l'intérêt public exige la suppression de son office, il aura le droit de la prononcer ; si des besoins impérieux réclament l'augmentation du nombre des charges, rien ne l'empêchera enfin de créer de nouveaux titres, pourvu que dans ce cas, comme dans celui de

min. just., 1 mars 1832, 18 juillet 1836.) *Contrà*, M. Duranton, t. 16, n° 182.

L'expédition du décret de nomination ne suffit même pas pour autoriser l'exercice des fonctions. Pour devenir officier, il faut avoir prêté serment. Deux mois sont accordés à cet effet. Le candidat qui ne se fait pas recevoir dans ce délai est réputé démissionnaire. (Déc. min. just., 6 juillet 1835.) Dans l'intervalle, les fonctions sont remplies par le cédant. Mais comme les intérêts du prix de cession sont dus du jour de la nomination, les produits de l'office appartiennent au cessionnaire. (Arg. loi du 25 ventôse an XI, art. 31 ; Rolland de Villargues, v° *démission*, n° 22 ; Favard, tome 3, p. 721.)

suppression, du reste, il donne aux intérêts privés la satisfaction qui leur est due.

SECTION PREMIÈRE.

DE LA FORME DE LA COLLATION. — DES DROITS DU COLLATEUR.
— DE L'ENREGISTREMENT DES TRAITÉS ET DES DROITS PERÇUS
SUR LA TRANSMISSION.

327. — Autrefois, l'officier qui s'engageait à donner sa démission était tenu de souscrire une procuration *ad resignandum*, c'est-à-dire de donner pouvoir de remettre son office entre les mains du roi ou plutôt du chancelier. Cet usage est encore suivi aujourd'hui. Le cédant doit, préalablement à la nomination du cessionnaire, rendre au chef de l'État le titre qu'il a reçu de lui. Cette obligation est exécutée lorsqu'il a déclaré dans un acte remis à M. le garde des sceaux qu'il se démet de ses fonctions.

Les anciennes procurations *ad resignandum* devaient être passées dans la forme authentique. De nos jours, l'authenticité n'est plus une condition exigée. L'écrit qui renferme la déclaration du titulaire peut être sous seing privé; l'administration a même accepté des démissions rédigées dans la forme d'une lettre. Les traditions de l'ancienne jurisprudence ont été abandonnées encore sous un autre rapport. La règle d'après laquelle un délai d'un an suffisait pour périmer la procuration *ad resignandum* n'a aucune application dans l'état actuel de notre législation.

La présentation peut-elle être faite dans le même acte et en même temps que la démission? Dans l'usage, l'administration demande toujours deux actes distincts. Mais il est difficile de justifier cette exigence. On ne peut guère voir deux faits dans la démission du titulaire suivie de la présentation de son successeur. Il n'y a là, en réalité, qu'une démission conditionnelle.

La démission doit, comme la présentation, être écrite sur une feuille de papier timbré. Cette formalité est d'ailleurs commune à tous les actes exigés par l'administration (1).

328. — Ces deux pièces ne sont pas les seules que les parties doivent produire pour obtenir la nomination du cessionnaire. La loi du 25 juin 1841 (art. 6) veut que le traité, et plus généralement que l'acte qui donne au cessionnaire droit à l'office, soit mis sous les yeux de l'administration (2). En cas de contestation, on y joint le jugement qui a statué sur la difficulté qui divisait les parties. Le démissionnaire doit, en outre, remettre un

(1) Déc. min. fin., 30 juin 1843; Inst. Rég., 20 juillet 1843; Déc. min. just., 19 janvier 1844.

(2) A l'origine, on n'astreignait pas le fils qui se présentait pour remplacer son père à justifier de la propriété du titre (Circ. min. just., 8 juillet 1819). Cette faveur exceptionnelle n'existe plus depuis la loi du 25 juin 1841.

relevé des actes qu'il a reçus pendant les cinq dernières années de l'exercice de ses fonctions, en ayant soin d'y ajouter le montant des droits d'enregistrement. Quant au cessionnaire, on lui demande un extrait de son acte de naissance constatant qu'il a vingt-cinq ans accomplis; divers certificats, dans le but d'établir qu'il est libéré du service militaire, qu'il jouit de ses droits civils et politiques, qu'il est de bonne vie et de mœurs, qu'il remplit les conditions d'idonéité exigées par la loi; enfin, une expédition de la délibération prise à son égard par le tribunal dans le ressort duquel il veut exercer ses fonctions.

A tous ces actes il faut joindre, lorsque la présentation est faite par les héritiers, un extrait de l'acte de décès du titulaire.

329. — Parmi ces pièces, quelques-unes sont soumises à une formalité particulière. Le traité, la démission et la présentation doivent être légalisés par le président du tribunal du domicile de l'officier démissionnaire. Par exception, la légalisation est donnée par le maire quand le traité est sous seing privé. La même observation s'applique à la présentation lorsqu'elle émane des héritiers du titulaire décédé.

Le traité ou, d'une manière plus générale, l'acte duquel résulte la transmission de l'office doit en outre être enregistré.

330. — La loi du 28 avril 1816 avait omis de statuer

sur l'enregistrement des actes qui constatent la translation des offices. Cette lacune, réparée d'abord par la loi
du 21 avril 1832 aujourd'hui abolie, a été comblée par
la loi du 25 juin 1841, qui est actuellement le Code de
la matière.

331. — En l'absence de dispositions spéciales, la
Régie appliquait avant 1832 les règles du droit commun.
Comme tous les actes notariés, les traités de cession
étaient soumis à l'enregistrement toutes les fois qu'ils
étaient passés dans la forme authentique. S'ils étaient
sous seing privé, les parties pouvaient ne les faire enregistrer que lorsqu'elles voulaient en faire usage en justice ou devant une autorité constituée.

Les offices étant une propriété mobilière, le droit était
perçu conformément à l'art. 69, § 5, n° 1, de la loi du
22 frimaire an VII. Comme sur les ventes de meubles,
il était donc de deux pour cent (1). On le restituait lorsque le cessionnaire n'avait pas obtenu sa nomination,
pourvu que la demande en restitution fût faite dans le
délai de deux ans à compter du jour de l'enregistrement
du traité (loi du 22 frimaire an VII, art. 61). — Toute
contre-lettre dans laquelle les parties avaient stipulé une
augmentation de prix était frappée, à titre d'amende,
d'un triple droit d'enregistrement.

---

(1) Cons. d'État, Avis du 8 juin 1831; Déc. min. fin., 24 juin 1831;
Inst. Rég., 30 sept. 1831.

332. — Dans la session législative de 1832, plusieurs propositions furent faites à la Chambre des Députés dans le but d'établir un droit spécial sur les transmissions d'offices. La loi du 21 avril de la même année satisfit à ces demandes en créant une espèce de taxe qui n'est pas sans quelque analogie avec l'ancien droit de marc d'or. Toute ordonnance de nomination (ainsi disposait l'art. 34 de cette loi) dut être assujettie à un droit de dix pour cent sur le montant du cautionnement attaché à la fonction ou à l'emploi. Pour faciliter la tâche des employés de la Régie, les expéditions des ordonnances devaient indiquer le chiffre du cautionnement exigé du futur titulaire.

En imposant aux officiers le paiement d'un droit égal au dixième de leur cautionnement, la loi du 21 avril 1832 les dispensait-elle implicitement du droit de deux pour cent perçu antérieurement sur le traité? En fait, cette question, aujourd'hui sans intérêt, s'est présentée souvent devant les tribunaux. La Régie, se fondant sur ce que la transmission de l'office et l'ordonnance de nomination n'avaient rien de commun, prétendait qu'il y avait lieu d'appliquer, comme par le passé, l'art. 69 § 5, n° 1, de la loi du 22 frimaire an VII, déduction faite toutefois sur le droit à percevoir du droit exigé ou à exiger sur l'ordonnance de nomination en vertu de l'art. 34 de la loi du 21 avril 1832 (1). Mais cette pré-

(1) Délib. Rég,, 20 juillet 1832 ; Déc. min. fin., 3 dec. 1832.

tention ne fut pas accueillie par la jurisprudence. Les tribunaux décidèrent avec raison que le droit établi par le législateur de 1832 tenait lieu de toute autre perception sur le prix des offices (1). Dans ce système, dont la Régie finit d'ailleurs par accepter les conséquences, on assimilait le droit perçu sur le montant du cautionnement à un droit de mutation. Ce principe admis (et il était exact), on ne pouvait percevoir le droit de deux pour cent exigé antérieurement, à moins de soumettre, contre toute justice, la cession de l'office à un double droit.

Le candidat était fondé à agir en restitution lorsqu'il n'avait pas été reçu à prêter serment. Mais le droit n'était pas restituable quand il refusait lui-même de se faire installer.

333. — L'art. 34 de la loi du 21 avril 1832 n'existe plus aujourd'hui. C'est par la loi du 25 juin 1841 que les droits perçus sur les transmissions d'offices sont maintenant réglés. D'après l'art. 6 de cette loi, tout traité, quel qu'en soit le caractère, qui a pour objet la translation d'un office, des minutes, répertoires, recouvrements et autres objets en dépendant, doit être enregistré avant d'être produit à l'appui de la demande de nomination du successeur désigné.

La quotité du droit à percevoir varie suivant que l'of-

(1) Cass., 24 août 1835 et 26 avril 1836.

fice est transmis à titre onéreux, à titre gratuit ou par décès à l'un des héritiers du titulaire.

Si la cession est à titre onéreux, le droit est perçu tant sur le prix exprimé dans l'acte que sur le capital des charges qui peuvent ajouter au prix. Le calcul se fait sur le pied de deux pour cent (1). (Art. 7.)

Lorsque l'office est cédé à titre gratuit, soit par acte entre vifs, soit par disposition de dernière volonté, la perception se fait sur l'écrit qui renferme la libéralité. On suit alors les lois qui fixent les droits à percevoir pour les donations de biens mobiliers. (Art. 8.)

(1) Les traités qui avaient été présentés à l'administration, ou qui avaient acquis date certaine avant la promulgation de la loi du 25 juin 1841, ont-ils dû, lorsque l'ordonnance de nomination n'est intervenue que postérieurement, être enregistrés au droit de deux pour cent? Cette question, qui n'a plus aujourd'hui aucun intérêt pratique, a été la matière d'une longue controverse. — Faire à des traités passés antérieurement l'application de la loi du 25 juin 1841, n'était-ce pas violer le principe de la non rétroactivité des lois? D'un autre côté, ainsi que le disait la Régie, la cession d'un office est essentiellement conditionnelle. Le traité n'a d'effet qu'autant que le successeur présenté a été agréé par le chef de l'État. En se plaçant à ce point de vue, il semble donc que c'était à la date de la nomination qu'il fallait s'attacher. — Après quelques hésitations, la jurisprudence finit par décider que le droit devait être perçu conformément à l'art. 34 de la loi du 21 avril 1832. Cette solution était incontestablement la meilleure. Oui, la démission du titulaire n'est que conditionnelle; oui, le candidat présenté ne devient officier ministériel que lorsqu'un décret (avant 1848 une ordonnance) de nomination a été rendu en sa faveur. Mais n'est-il donc pas de principe (et comment peut-on l'oublier?) que toute condition accomplie a un effet rétroactif au jour de la convention? (Art. 1179 C. N.)

Si enfin, à la suite du décès du titulaire, la translation s'opère en faveur de l'un de ses héritiers, le droit est perçu sur le prix indiqué dans l'acte de cession consentie par les intéressés. Le taux est de deux pour cent. — S'il n'y a qu'un héritier, la perception se fait sur la déclaration estimative de la valeur de l'office. — Dans l'une et l'autre hypothèse, le droit se compense jusqu'à due concurrence avec celui de mutation par décès (1). (Art. 9.)

Dans aucun de ces trois cas, le montant de la perception ne peut être inférieur au dixième du cautionnement imposé au titulaire. (Art. 10.)

Si, pour diminuer la quotité du droit, les parties n'indiquent dans le traité qu'une partie du prix stipulé, ou si, dans le même but, elles estiment l'office au-dessous de sa valeur, l'art. 11 veut qu'il soit perçu à titre d'amende un droit en sus de celui qui est dû sur la différence de prix ou d'évaluation. Les préposés de la Régie doivent en outre, dans un intérêt disciplinaire, porter

---

(1) Le droit de deux pour cent doit-il être liquidé sur la valeur totale de l'office, ou seulement sur le prix des portions acquises par l'héritier, déduction faite de sa part héréditaire ? Aux termes de l'art. 9 de la loi du 25 juin 1841, le droit, lorsqu'il n'y a qu'un héritier, est perçu sur la valeur totale de l'office. Lorsqu'il y en a plusieurs, il semble donc bien que la pensée de la loi est d'interdire toute déduction en faveur de l'héritier acquéreur des portions de ses cohéritiers. Le droit doit frapper, par suite, sur la valeur entière de l'office.

le fait à la connaissance des procureurs généraux et
impériaux.

Les droits perçus en vertu des art. 7, 8 et 9 de la loi
du 25 juin 1841 sont de véritables droits de mutation.
Par suite, ils sont sujets à restitution lorsque la mutation ne s'effectue pas, c'est-à-dire quand la transmission
n'est suivie d'aucun effet, et à réduction lorsque le prix
moyennant lequel la démission est donnée n'est pas
accepté par l'administration tel qu'il est porté au traité.
(Art. 14.)

La restitution devrait-elle cependant avoir lieu si le
candidat, une fois agréé par le chef de l'État, n'a pas
prêté serment ou a refusé de le prêter, et si, par suite,
le décret de nomination a été révoqué? La Cour de Cassation s'est prononcée pour la négative. Les motifs de
cette décision sont développés en ces termes dans un
arrêt du 29 janvier 1851 : « Attendu que si l'art. 14 de
« la loi du 25 juin 1841 dispose que les droits perçus
« sur les cessions d'offices seront sujets à restitution
« toutes les fois que la transmission n'aura pas été suivie
« d'effet, cette disposition se réfère au cas où le gouver-
« nement n'agréerait pas la transmission, qui dès lors
« resterait sans effet dans le sens de l'article ci-dessus;
« que le § 2 du même article, prévoyant aussi le cas où
« le gouvernement sanctionnerait la transmission et ré-
« duirait seulement le prix stipulé, dispose que tout ce
« qui aurait été perçu sur l'excédant serait restitué, dis-

« position corrélative à la première et qui prouve, comme
« elle, que la perception devient définitive, suivant l'effet
« que le gouvernement donne à la transmission, effet
« qui ne peut être modifié, au regard de la loi fiscale,
« ni par le changement de volonté des parties, ni par
« une ordonnance ultérieure, » etc., etc.

Malgré tout le respect que commandent les décisions
de la Cour suprême, il paraît bien difficile de justifier
cette solution. D'après l'art. 14, la restitution doit avoir
lieu toutes les fois que la transmission n'aura été suivie
d'aucun effet. Ces expressions embrassent évidemment
dans leur généralité toutes les hypothèses possibles. Si
le législateur n'avait visé que la restitution au cas de
refus de nomination, il n'aurait pas manqué de s'en exprimer en termes précis. La Cour de Cassation invoque
la seconde partie du même article; lisons-la : « S'il y a
« lieu seulement à la réduction du prix, tout ce qui aura
« été perçu sur l'excédant sera restitué. » Sans doute
cette disposition est corrélative à la première, mais
comment l'est-elle? Comme une disposition qui statue
sur un point particulier est corrélative à une disposition
qui prononce d'une manière générale. Est-il exact enfin
de dire que le décret de nomination rend le traité définitif et la mutation parfaite? Rien n'est moins certain.
Le candidat, même nommé par le gouvernement, ne
devient officier qu'à partir de son installation. Cette idée
est si vraie, que l'administration a toujours rejeté les

présentations faites par les aspirants qui n'avaient pas, après leur nomination, satisfait à la condition du serment.

La demande en restitution doit être faite dans le délai fixé par l'art. 61 de la loi du 22 frimaire an VII, c'est-à-dire dans les deux ans qui suivent l'enregistrement du traité ou de la déclaration. La Régie avait d'abord exigé des réclamants un certificat émané du ministère. Aujourd'hui, elle se contente des lettres officielles dans lesquelles le procureur général ou le procureur impérial informe les intéressés soit du refus de nomination du successeur désigné, soit de la réduction du prix de cession.

334. — Une fois enregistré et légalisé, le traité est, ainsi que la démission, la présentation et toutes les pièces indiquées plus haut, remis aux divers magistrats chargés de l'instruction des demandes à fin de nomination. Les notaires, les avoués de première instance, les huissiers et les greffiers s'adressent au procureur impérial attaché au tribunal de leur arrondissement; les avoués et les greffiers établis auprès des Cours d'appel aux procureurs généraux; les avocats à la Cour de Cassation au procureur général près cette Cour; les agents de change et les courtiers au préfet de chaque département.

Les pièces sont ensuite transmises par les procureurs impériaux aux procureurs généraux; par les procureurs généraux près les Cours d'appel, et par le procureur général à la Cour de Cassation au ministre de la justice;

par les préfets aux ministres des finances et du commerce. La transmission doit être accompagnée de l'avis de la Chambre de discipline et des observations personnelles des transmettants (1).

335. — Les renseignements doivent surtout porter sur le prix de la cession. De nombreuses circulaires ministérielles, dont la plus ancienne et la plus célèbre est celle du 21 février 1817, recommandent aux procureurs généraux de veiller à ce que les conditions acceptées par les cessionnaires soient en rapport avec les produits de l'office. Depuis longtemps la pensée constante du gouvernement, fidèle en cela aux traditions de l'ancienne Monarchie, a été, en effet, de prévenir et de réprimer l'exagération du prix des traités que les officiers ministériels font avec les candidats qui se présentent pour leur succéder. Son droit, à cet égard, est des plus légitimes. Toullier l'a cependant nié. S'il fallait en croire l'éminent jurisconsulte, *les ministres n'auraient pas le droit de s'immiscer dans les prix de cession, et les lettres circulaires qu'ils écriraient à ce sujet n'auraient aucune force obligatoire* (2). Mais cette opinion est en contradiction manifeste avec les exigences de l'ordre public, qui sont avant tout les principes fondamentaux de notre matière.

L'exagération du prix n'est pas, il est vrai, suivant le

(1) Circ. 22 vent. an XII.
(2) Toullier, t. 12, n° 112.

droit commun, une cause de rescision des contrats quand elle n'est pas le résultat de manœuvres frauduleuses (art. 1116 C. N.). Je reconnais également, avec le Code Napoléon, que les conventions légalement formées tiennent lieu de loi à ceux qui les ont faites (art. 1134). Mais n'est-il donc pas de toute évidence, et faut-il le répéter encore une fois, que le droit de présentation n'équivaut pas à un droit de propriété absolu? N'est-il pas certain que les traités de cession ne sauraient avoir, ainsi que le disait M. Tesnières dans la séance de la Chambre des Députés du 23 avril 1836, le caractère de transactions mercantiles ordinaires? C'est du chef de l'État que les officiers ministériels tiennent leur titre, c'est dans l'intérêt public qu'ils exercent leurs fonctions. Le gouvernement a donc le droit de connaitre les sacrifices qu'un aspirant a fait pour obtenir sa présentation; et si ces sacrifices lui semblent trop onéreux, s'ils sont tels qu'ils placent le cessionnaire dans l'impossibilité d'exercer honorablement et exclusivement sa profession, il est incontestablement fondé à les réduire. Ces principes ont été reconnus et proclamés plusieurs fois par les anciennes Chambres législatives, et notamment dans les séances des 3 février 1838 et 22 février 1840. Les parties, au reste, ne sont pas obligées d'accepter la réduction faite par le gouvernement. Le cédant conserve toujours le droit de reprendre sa démission.

336. — La circulaire du 21 février 1817, la première

qui se soit occupée de la fixation du prix, rangeait les officiers en deux classes. M. le garde des sceaux voulait que la somme exigée par les greffiers comme condition de leur démission fût égale au plus au montant du cautionnement, ou à une ou deux années du produit du greffe. A l'égard des autres offices, la circulaire recommandait de laisser aux titulaires plus de latitude, tout en veillant avec soin à ce que le prix fût fixé avec discrétion. — Elle ne fut jamais appliquée.

D'abord, et pendant longtemps, l'administration s'attacha au revenu brut qu'elle se contenta de décupler. Puis elle prit pour base le revenu net qui, multiplié par huit, devait, suivant ses calculs, donner la valeur de l'office. Aujourd'hui, l'évaluation se fait sur la moyenne des cinq dernières années. La vérification des produits s'opère à l'aide des répertoires tenus par les officiers. On consulte également les registres de recettes, et généralement tous les documents qui sont de nature à éclairer l'administration et dont le caractère varie avec chaque classe d'offices. L'estimation doit comprendre, en outre, tous les revenus indirects qui n'ont pas une cause illicite. Dans ces calculs souvent compliqués, l'administration, pour diminuer les chances d'erreurs, prend d'ordinaire l'avis des Chambres de discipline (1).

_____

(1) Le gouvernement considère cet avis comme obligatoire pour les Chambres de discipline. En 1841, les Chambres des notaires de

337. — La tâche entreprise par le gouvernement après la promulgation de la loi des 28 avril — 4 mai 1816 n'était pas facile. Il avait, et il a aujourd'hui encore à lutter non-seulement contre le mauvais vouloir des officiers, trop pénétrés de leurs intérêts pour ne pas chercher à franchir les limites dans lesquelles on tente de les renfermer, mais encore contre l'inexpérience et la présomption des jeunes ambitions qui, aujourd'hui comme autrefois, se pressent à l'entrée des offices. Aussi, dès l'origine, voulut-il donner à ses prescriptions une sanction énergique. La circulaire du 21 février 1817 annonça que la peine de la destitution frapperait inévitablement tous les titulaires qui se rendraient coupables d'une dissimulation de prix dans les traités de cession. Cette menace n'effraya pas les officiers ministériels, rassurés d'ailleurs bientôt par la bienveillance que ne cessa de leur témoigner le gouvernement de la Restauration; et pendant plus de vingt ans, malgré quelques efforts tentés dans l'intervalle pour faire sortir la circulaire de M. le garde des sceaux Pasquier de l'oubli où elle était plongée (1), la fixation des prix resta abandonnée à l'entière discrétion des titulaires.

Mais vers 1840, les abus qui se produisirent attirèrent

Lorient et de Nantes ayant refusé de le donner, les délibérations qu'elles avaient prises à cet égard furent annulées.

(1) Circ. min. just., 18 juin 1828 ; circ. proc. Riom, 10 déc. 1830; circ. min. just., 21 nov. 1838.

l'attention du gouvernement. Des faillites scandaleuses avaient eu lieu ; on ne parlait que de prévarications commises par les officiers publics dans l'exercice de leurs fonctions. La cause du mal était évidemment dans l'exagération toujours croissante des prix de cession. « Le candidat qui achète une étude à un prix excessivement élevé, qui obère son avenir et se place à l'avance dans un état d'insolvabilité évidente, est trop près des mauvaises inspirations de la détresse et du besoin pour être apte à des fonctions qui le rendraient dépositaire des secrets, des titres et de la fortune des familles. » (1)

Écho de la sollicitude du gouvernement, la loi du 25 juin 1841, promulguée dans ces circonstances, rendit la production des traités de cession obligatoire (art. 6). On imposa un serment de sincérité au cédant et au cessionnaire. Dans l'ancien droit, les officiers de judicature devaient jurer à leur entrée en fonctions qu'ils n'avaient rien donné pour obtenir leur titre : de même, les parties durent déclarer sous la foi du serment que le prix qu'elles avaient indiqué était sincère et véritable, et qu'il n'existait entre elles aucun acte ou contre-lettre contenant des conventions autres que celles qui étaient mentionnées dans le traité. Les officiers du ministère public furent enfin invités à redoubler de vigilance pour découvrir les fraudes et les simulations.

(1) Rennes, 1er avril 1840.

Dans cette œuvre, le gouvernement fut puissamment secondé par l'autorité judiciaire. Malgré les sages précautions prises par l'administration, il était et il est facile aux contractants de dissimuler le prix véritable de la cession à l'aide d'un acte destiné à rester secret. Les tribunaux déclarèrent que les contre-lettres étaient atteintes d'une nullité absolue, et impuissantes, par suite, à produire aucun effet de droit (1).

A quel point en est aujourd'hui la question? Elle n'est guère plus avancée qu'elle ne l'était en 1840. L'usage du serment de sincérité a été aboli pour une raison identique, selon toute probabilité, à celle qui fit dispenser les anciens officiers du serment de non-achat; les traités sont toujours soumis au contrôle de l'administration et donnent lieu aux investigations des magistrats du parquet; la jurisprudence continue d'annuler impitoyablement tous les actes secrets; des mesures disciplinaires enfin atteignent les titulaires lorsque les simulations sont connues. Vains efforts! On pourrait peut-être sans trop de témérité affirmer que parmi les traités présentés chaque jour au gouvernement, il n'en est pas un seul qui contienne le prix véritable de la cession. Le mal serait-il donc sans remède? Après toutes les mesures qui

___

(1) En 1845, un grand nombre d'anciens titulaires réclamèrent auprès de la Chambre des Députés contre la jurisprudence qui annulait les contre-lettres. La Chambre passa à l'ordre du jour sur ces réclamations. (*Monit.* du 16 fév. 1845.)

ont été prises, il n'est malheureusement guère possible de conserver le moindre doute à cet égard ; et il est à craindre qu'il ne le soit aussi longtemps que le mode actuel de transmission sera en vigueur, tant que les officiers ministériels auront le droit de présenter des successeurs à l'agrément du chef de l'État.

SECTION II.

DE LA DÉCHÉANCE DE LA FACULTÉ DE PRÉSENTATION.

338. — Les officiers ministériels ne doivent jamais oublier qu'ils sont investis d'une mission de confiance, et que l'intérêt public dans lequel ils sont institués exige d'eux la plus scrupuleuse exactitude dans l'accomplissement de leurs devoirs. Ainsi que tous mandataires, ils s'exposent à voir cesser leur mandat lorsqu'ils se rendent coupables de quelque faute grave dans l'exercice de leurs fonctions.

La royauté ne pouvait autrefois priver de leur titre que les officiers dont la culpabilité avait été judiciairement reconnue. La garantie d'un jugement appartient encore aujourd'hui aux notaires. Déjà le décret du 6 octobre 1791 voulait que ces officiers ne pussent être destitués que pour cause de prévarication préalablement jugée (titre II, sect. II, art. 2). La loi du 25 ventôse— 5 germinal an XI a reproduit la même disposition.

D'après l'art. 53 de cette loi, « toutes suspensions, des-
« titutions, condamnations d'amendes et dommages-inté-
« rêts sont prononcées contre les notaires par le tribunal
« civil de leur résidence. » A l'égard des autres officiers ministériels, les traditions de l'ancien droit n'ont
pas été consacrées en termes exprès. Bien plus, la loi du
27 ventôse an VIII, dont la prescription est encore en
vigueur aujourd'hui, porte que les greffiers sont révocables à la volonté du chef de l'État. Quant aux avocats
à la Cour de Cassation, aux avoués, aux huissiers, aux
commissaires-priseurs, aux agents de change et aux
courtiers, la législation est complètement muette en ce
qui les concerne.

Ce silence a été interprété contre ces officiers. Dans
l'usage, le gouvernement destitue tous les titulaires d'offices, à l'exception des notaires, sans jugement préalable,
et même ordinairement sans faire connaître les motifs
de sa décision. Le droit de nommer emporte, dit-on,
celui de destituer.

Des réclamations ont été fréquemment dirigées contre
ces destitutions arbitraires. Les officiers frappés s'a-
dressèrent d'abord aux Chambres législatives. Cette voie
n'ayant pas réussi, ils se pourvurent devant le Conseil
d'État. Le Conseil d'État repoussa leurs plaintes (1). Il
ne leur restait plus que le recours à l'autorité judiciaire.

(1) Cons. d'État, ord. du 21 déc. 1833.

Ce dernier moyen n'eut pas plus de succès que les précédents. La Cour de Cassation, et avec elle les Cours d'appel et tous les tribunaux, ont constamment décidé, en s'appuyant sur les art. 102, 103 et 104 du décret du 30 mars 1808, que l'exercice du droit de destitution n'est subordonné, dans les mains du gouvernement, à aucune restriction (1).

Pour justifier cette rigueur, on a dit que l'État n'avait pas, comme les anciens rois de France, conféré les offices à prix d'argent, et qu'il n'y avait pas injustice dès lors à ne pas accorder aux titulaires les garanties étendues qui protégeaient les droits des officiers avant 1789, et qui avaient été abolies, du reste, par les décrets de l'Assemblée Constituante. D'ailleurs, a-t-on ajouté, les officiers ministériels ont dû savoir, à leur entrée en fonctions, que le gouvernement se réservait le droit de les priver de leurs charges sans jugement préalable. A quel titre seraient-ils donc recevables à se plaindre d'une situation dont ils ont accepté les conséquences?

Quelle que puisse être la valeur de ces motifs, il n'en faut pas moins reconnaître que la raison et la justice exigent impérieusement que la destitution des officiers ne soit prononcée qu'après que leur culpabilité a été établie à l'aide d'un débat judiciaire. Mais il est douteux que ce progrès se réalise jamais. Le gouvernement est si

(1) Cass., 11 avril 1835, 27 mai 1837.

loin aujourd'hui d'accepter l'intervention des tribunaux, qu'on l'a vu à diverses reprises frapper de la peine de la destitution des officiers ministériels renvoyés des poursuites criminelles dont ils avaient été l'objet.

L'intérêt public demande que tout fonctionnaire apporte dans l'exercice de sa profession une complète indépendance. Or, est-il possible que le titulaire d'un office ait une entière liberté d'action s'il voit toujours la menace de la destitution suspendue sur sa tête? Puis, à côté de l'intérêt public, ne voyez-vous pas surgir le respect dû à l'intérêt privé? On ne devient officier ministériel qu'après plusieurs années d'un travail ingrat et pénible. Pour en acquérir le titre, il faut satisfaire aux exigences d'un prédécesseur souvent avide. Par la valeur qu'ils représentent, les offices sont ordinairement toute l'espérance des familles; bien des titulaires n'ont pas d'autre fortune.

N'est-ce donc pas pousser la sévérité jusqu'à l'injustice, n'est-ce pas méconnaître le droit de propriété que d'enlever à un officier l'exercice de ses fonctions sans lui permettre d'élever la voix pour se défendre, sans lui donner la liberté de répondre à des accusations qui sont peut-être fausses ou calomnieuses? Un tribunal ne peut pas statuer en dernier ressort sur la propriété d'une chose dont la valeur excède 1,500 fr.; la partie condamnée a le droit de porter la contestation devant une juridiction plus élevée, et si la seconde sentence confirme la première, elle est reçue à attaquer devant la Cour de Cassation, comme contraire à la loi, une décision qui a subi l'épreuve d'un double degré de juridiction. Et quand il s'agit d'un office ministériel, c'est-à-dire d'un bien dont la valeur est souvent cent fois plus importante, une mesure administrative prise sans jugement préalable suffirait pour priver le possesseur de son titre et, par voie de conséquence, des produits légitimes qu'il retire de l'exercice de sa profession, et du droit qu'il a de recouvrer, en présentant un successeur, le prix qu'il a donné pour obtenir sa nomination !

339. — La déchéance de la faculté de présentation est, en effet, le résultat immédiat de la destitution. Telle est la disposition formelle de l'art. 91 (1). Cependant le titulaire destitué conserve le droit de traiter de ses recouvrements, et un notaire pourrait disposer de ses minutes (loi des 25 ventôse—5 germinal an XI, art. 54). Il s'agit ici d'une déchéance, et en cette matière tout est de droit étroit. Il faut donc se renfermer strictement dans les termes de la loi. Or, le législateur de 1816 n'a prononcé que la privation de la faculté de présenter un successeur.

(1) Il y a plus, le droit de présenter un successeur ne peut plus être exercé dès qu'il existe une prévention de nature à entraîner la destitution. Par suite, la cession faite par le titulaire avant la mesure qui l'atteint est frappée de nullité si le cessionnaire n'a pas encore été agréé par le chef de l'État.

Il n'est pas douteux que le gouvernement, en faisant aux officiers ministériels la concession que l'on trouve écrite dans l'art. 91, avait le pouvoir de faire déterminer législativement les cas dans lesquels le droit qu'il accordait ne pourrait être invoqué. Mais il est vrai aussi que la déchéance de la faculté de présentation, prononcée à la suite d'une destitution contre laquelle le titulaire frappé n'a pas été admis à protester, porte à certains égards une atteinte injuste à l'intérêt privé. Après comme avant la destitution, il est incontestable que l'officier a payé sa charge, fourni un cautionnement, agrandi sa clientèle. Privez-le du titre, interdisez-lui des fonctions dont l'exercice deviendrait dans ses mains préjudiciable à l'intérêt public, fort bien ; mais respectez ce qui est sa propriété : la clientèle qu'il a achetée ou qu'il s'est faite et les accessoires de son office. Il n'est pas exact de dire, ainsi que la Cour de Rouen l'a avancé, que les officiers ministériels ne peuvent invoquer « un droit quelconque « relatif aux offices dont ils sont pourvus, soit au delà « soit en dehors de l'art. 91 de la loi de 1816, » et surtout que cet article « ne permet d'établir aucune dis-« tinction entre ce qu'on appelle le titre de la charge et « la clientèle ou la pratique. » La vérité est que tout office se compose de deux éléments : le titre et la clientèle. Le titre est essentiellement à la disposition du chef de l'État ; mais la clientèle est le bien du titulaire. L'en dépouiller, c'est faire revivre contre lui la peine de la confiscation proscrite par nos lois constitutionnelles.

Il serait à souhaiter que l'on fixât, comme autrefois, à l'officier dont l'intérêt public exige le remplacement, un certain délai dans lequel il devrait présenter lui-même un successeur, ou du moins que l'on trouvât une combinaison qui permît au possesseur de traiter de la clientèle et des accessoires de l'office avec le remplaçant que l'administration lui enverrait.

340. — Cette réforme serait d'autant plus désirable que la destitution atteint non-seulement le titulaire, mais indirectement sa famille et surtout ses créanciers. Quelquefois, il est vrai, le gouvernement a pitié des intéressés et leur permet de présenter un successeur à son agrément (1). D'un autre côté, il ne dispose pas de l'office sans imposer ordinairement au candidat qu'il nomme l'obligation de verser à la caisse des dépôts et consignations une certaine somme à titre d'indemnité, ou, lorsque l'office doit demeurer supprimé par suite de certaines réductions à effectuer, sans mettre à la charge des titulaires conservés le paiement d'un prix dont le montant est déterminé d'après les avantages qu'ils retirent de la suppression (2). Mais ces conces-

(1) Voyez notamment deux ordonnances royales rendues en 1824 (31 mars) et en 1826 (4 août).

(2) Pour déterminer le *quantum* de l'indemnité, le gouvernement consulte la Chambre de discipline et le tribunal de première instance. Habituellement aussi il prend l'avis du procureur général et du pro-

sions ont un caractère purement gracieux, et les créanciers ne seraient pas mieux fondés à attaquer un décret
de nomination qui ne tiendrait pas compte de leurs droits,
que le titulaire ne le serait à réclamer à son successeur
la valeur de l'office.

D'après les principes actuellement en vigueur, la destitution de l'officier rend, en effet, l'office vacant. Le
collateur, dans les mains duquel il rentre alors, a donc
le droit absolu d'en disposer. L'indemnité est une mesure
de faveur; elle est accordée non *ex debito*, mais *ex
favore*. De là il suit qu'on ne peut la regarder comme
le prix de la charge. Ce point est évident. La propriété
d'un office se résume, il ne faut pas l'oublier, dans le
droit de présentation. Par suite, la perte de ce droit
entraîne la perte de l'office même, et dès lors l'indemnité accordée par le gouvernement ne peut être la représentation d'une chose qui a cessé d'exister.

Cette solution, je le reconnais, est fort rigoureuse.
Aussi a-t-on tenté d'y échapper en invoquant l'art. 12 de
la loi du 25 juin 1841, lequel dispose « que si les nou-
« veaux titulaires sont soumis, comme condition de leur
« nomination, à payer une somme déterminée pour la
« valeur de l'office, le droit d'enregistrement devra être
« perçu sur cette somme. » Mais cette disposition, in-

curcur impérial. Mais il n'est pas lié par les renseignements qu'il
reçoit.

sérée incidemment et, suivant toute probabilité, sans beaucoup de réflexion, dans une loi de finances, n'est pas assez explicite pour qu'il soit possible d'y voir une dérogation au principe consacré en termes si formels par l'art. 91.

341. — D'ordinaire, le décret rendu à la suite d'une destitution porte que la somme dont la consignation est imposée au nouveau titulaire comme condition de sa nomination sera payée *à qui de droit*. Ces mots désignent les créanciers de l'officier destitué. C'est alors aux tribunaux qu'il appartient d'opérer la répartition entre tous les intéressés (1). La distribution doit se faire au prorata de chaque créance; car, ainsi qu'il a été dit, l'indemnité n'est pas la représentation du prix de l'office. Il suit de là que toutes les causes de préférence qui auraient pu être invoquées si la destitution n'avait pas été prononcée, et notamment le privilége du cédant, ne produisent aucun effet.

Si l'indemnité est plus que suffisante pour désintéresser les créanciers, le surplus appartient à l'ancien titulaire. Vainement dirait-on que ce n'est pas en sa faveur que le paiement en a été ordonné. L'indemnité fait partie de ses biens puisqu'elle sert à désintéresser ses créanciers. On l'enrichit dès là qu'on le libère de ses dettes.

(1) Déc. min. just., 27 juillet 1835.

Le pouvoir des tribunaux se borne à répartir entre les divers ayant-droit la somme fixée par le gouvernement. Ainsi, ils ne seraient pas compétents pour statuer sur une demande en réduction formée par le nouvel officier. La détermination de l'indemnité n'a pas le caractère d'un contrat; c'est un acte purement administratif dont on doit dérober la connaissance à l'autorité judiciaire sous peine de violer le principe fondamental de la séparation des pouvoirs. C'est ce que la Cour de Cassation a décidé en prononçant dans son arrêt du 5 février 1855 qu'il n'y avait aucune analogie possible entre une nomination intervenue dans ces conditions, et la convention par laquelle un officier ministériel s'oblige volontairement à présenter un successeur à l'agrément du chef de l'État.

342. — Le droit de deux pour cent exigible sur le prix porté dans le traité de cession, lorsque la démission est volontaire, est perçu, en cas de destitution, sur l'indemnité que doit payer le successeur de l'officier destitué. Dans tous les cas, il doit être égal au dixième au moins du cautionnement. Il s'élève même au cinquième (vingt pour cent) lorsque la nomination a lieu à titre entièrement gratuit (loi du 25 juin 1841, art. 12). Cette dernière disposition, empreinte au plus haut point d'un caractère fiscal, est sans doute une réminiscence du système organisé par la loi du 21 avril 1832.

343. — La destitution n'est pas la seule cause qui

amène la déchéance du droit de présentation. Le même effet est attaché à la dégradation civique ; car, aux termes de l'art. 34 du Code Pénal, cette peine consiste notamment dans la destitution ou l'exclusion des condamnés de toutes fonctions, emplois ou offices publics. L'état de faillite entraîne également pour les officiers ministériels l'incapacité de désigner leurs successeurs. Cette solution, contestée quelquefois, est une conséquence nécessaire de la règle d'après laquelle le failli est dessaisi de l'administration de ses biens. (Art. 443 C. Comm.)

Mais dans cette hypothèse, à qui appartiendra la disposition de l'office? Les créanciers seront-ils admis à user du droit de présentation par l'intermédiaire des syndics? Non, puisque la faculté établie par l'art. 91 n'est accordée qu'au titulaire et à ses héritiers légitimes et testamentaires. La nomination devra être faite d'office par l'administration, qui déterminera elle-même le montant de l'indemnité à payer à la masse des créanciers.

La révocation, mesure simplement administrative, laisse au contraire intact le droit des titulaires d'offices. La privation de la faculté de présentation n'est, en effet, attachée par la loi qu'à la destitution. Les déchéances étant de droit étroit, on ne doit pas les étendre par analogie d'un cas à un autre. Par la même raison, l'officier ministériel qui a été déclaré démissionnaire, soit pour défaut de résidence, soit pour avoir accepté une place incompatible avec ses fonctions, soit parce qu'il n'a pas rétabli son cautionnement entamé par certaines condamnations prononcées contre lui, conserve le droit de disposer de son office (1).

Il n'est pas moins certain que le droit de présenter un successeur continue d'appartenir au titulaire qui a été frappé de la peine de la suspension.

344. — La suspension est l'interdiction temporaire des fonctions. Elle peut être prononcée de deux manières : directement ou par voie incidente. Elle est prononcée directement quand elle a le caractère d'une mesure disciplinaire prise par le tribunal près duquel l'officier exerce ses fonctions, ou quand elle résulte d'une décision ministérielle; elle a lieu par voie incidente quand elle se produit à la suite d'une action principale intentée contre le titulaire devant le tribunal de son domicile. Dans le premier cas, la suspension est un acte d'administration; par conséquent, l'officier n'a la ressource ni de l'appel, ni du pourvoi en Cassation. Dans le second, ces deux voies lui sont au contraire ouvertes. (Décret du 30 mars 1808, art. 102 et 103.)

Avant de prononcer la suspension, le tribunal prend d'ordinaire l'avis de la Chambre de discipline.

La suspension n'affecte que l'exercice des fonctions : elle prive sans doute provisoirement le titulaire de son caractère d'officier public, de telle sorte que les actes

_____

(1) Min. just., 12 nov. 1835, 12 déc. 1836, 19 janv. 1837.

qu'il ferait ou qu'il recevrait seraient frappés de nullité; mais elle ne le dépouille pas de la jouissance de son droit. Il peut donc exercer la faculté de présentation non-seulement à l'expiration de sa peine, mais même pendant qu'elle dure. L'administration, il est vrai, avait pris d'abord pour règle de n'autoriser la cession de l'office qu'à la cessation de la suspension. Mais cette jurisprudence, que rien ne justifiait, est aujourd'hui complètement abandonnée (1).

SECTION III.

DE LA SUPPRESSION DES OFFICES.

345. — Le dernier alinéa de l'art. 91 est ainsi conçu : « Cette faculté de présenter des successeurs ne déroge « point au surplus au droit de Sa Majesté de réduire le « nombre desdits fonctionnaires, notamment celui des « notaires dans les cas prévus par la loi du 25 ventôse « an XI sur le notariat. » Les offices ne sont pas créés dans l'intérêt de ceux qui les exercent. En conférant le titre d'officier, le chef de l'État ne doit avoir en vue que l'intérêt public. L'engagement qu'il prend à l'égard du candidat qu'il agrée n'est donc point irrévocable. Toute nomination est soumise à cette condition tacite, qu'elle

---

(1) Avis Cons. d'État, 19 fév. 1829 ; min. just., 2 mai 1829, 5 mai 1834 ; 11 pt. 1837.

pourra être résolue si l'utilité générale exige la réduction du nombre des officiers ministériels. Il est possible que le décret de suppression soit préjudiciable aux titulaires; mais en acceptant leurs fonctions, ils n'ont pas pu ignorer que la qualité qu'on leur attribuait pourrait leur être enlevée à un moment donné; ils ne sont donc pas recevables à se plaindre de la mesure qui les atteint. La suppression n'est point une confiscation; c'est une réforme que l'État opère dans la limite de ses prérogatives.

Ces principes sont tellement incontestables qu'ils étaient appliqués sans difficulté dans l'ancien droit, c'est-à-dire sous un régime où, à la différence de celui qui nous régit aujourd'hui, les offices étaient vendus publiquement par la royauté. L'obligation de garantie dont le collateur était tenu en sa qualité de vendeur, s'évanouissait devant les exigences de l'intérêt public.

Telle était aussi avant 1816 la règle consacrée par la loi du 25 ventôse an XI (art. 31 et 32), par la loi du 27 ventôse an VIII (art. 92 et 96), et par les décrets du 6 juillet 1810 (art. 114 et 120) et du 14 juin 1813 (article 8), relatifs, le premier à la fixation du nombre des avoués près les Cours impériales et les tribunaux de première instance, le second à l'organisation des huissiers.

346. — Mais si le principe en lui-même ne saurait être considéré comme douteux, il peut s'élever quelque

difficulté sur son application. Comment la suppression doit-elle se faire? quel mode faut-il suivre? Deux systèmes sont possibles : on peut ou prononcer une dépossession immédiate, ou attendre pour effectuer la réduction que les offices soient devenus vacants. Le second procédé a été adopté par la loi du 25 ventôse an XI : l'article 32 veut que les suppressions ne soient effectuées que par mort, démission ou destitution. Le premier, déjà en vigueur sous l'ancienne jurisprudence, a été au contraire suivi par le décret du 19 mars 1808, qui réduisit à cent cinquante le nombre des avoués près le tribunal de la Seine. Ce décret enjoignit aux officiers dont le titre était supprimé de cesser leurs fonctions à partir du 1er juillet de la même année. Depuis la promulgation de la loi de 1816, le gouvernement est revenu, mais en le modifiant, au système organisé par la loi du 25 ventôse. On a préféré, et avec raison, un mode de réduction graduel au procédé contraire qui a le grave inconvénient de déposséder les titulaires sans que rien les ait préparés à la mesure dont ils sont l'objet.

Sous le Consulat et sous l'Empire, le nombre des officiers ministériels était excessif. Pendant les cinq premières années de la Restauration, plusieurs ordonnances furent rendues dans le but de le mettre en rapport avec les besoins publics. Les plus importantes sont celles des 19-23 janvier, 11-21 février, 23 février—16 mars, 2-28 mars, 3 mars—1er avril, 19 mars—4 avril, 24 mars

—28 avril, 12 mai—29 juin, 28 juillet—14 août, 2-14 août, 13-22 septembre 1820, et antérieurement celles des 12-14 février 1817 et 18-28 août 1819, dont l'une réduit la communauté des huissiers de Paris à cent cinquante membres, et dont l'autre fixe le nombre des avoués près la Cour de la même ville (1). — Le mode de réduction est le suivant : sur deux places devenues vacantes, on en supprime une; un candidat n'est agréé qu'autant qu'il présente deux démissions émanées, l'une du titulaire qu'il veut remplacer, l'autre de l'un des officiers dont la place doit rester supprimée. Dans toutes ces ordonnances, en effet, on retrouve inévitablement cette disposition : « Jusqu'à la réduction des titres « maintenant existants, il ne sera présenté à notre nomi- « nation aucun candidat qu'il ne soit porteur de deux « démissions ou présentations, soit de la part des titu- « laires, soit de la part de leurs ayant-cause, aux termes « de l'art. 91 de la loi du 28 avril 1816. »

Une difficulté peut se présenter ici. Il n'est pas impossible que les deux titres soient acquis par deux personnes différentes : que décider dans ce cas? Jusqu'à présent la question ne paraît pas s'être présentée; mais il semble naturel d'accorder la préférence au candidat qui

---

(1) La plupart de ces ordonnances furent elles-mêmes modifiées par d'autres. — Voy. les ordonnances des 16-29 juillet, 26 novembre— 8 décembre 1823; 12-15 juin, 11-20 août 1824; 26 janvier—1er février, 20-28 avril 1825.

remet une démission donnée par le titulaire dont l'office doit être conservé. Si plusieurs suppressions étaient décrétées, on pourrait satisfaire à la demande de chacun des aspirants : l'un et l'autre devraient alors (car ils le pourraient) se procurer le titre qui leur manque.

La nomination peut d'ailleurs dans certains cas exceptionnels être faite sur un seul titre. Ainsi, on peut être nommé aux fonctions de notaire quand on se présente comme cessionnaire d'une étude consolidée, c'est-à-dire d'une étude formée par la réunion de deux titres ou qui a déjà contribué à la réduction ou aux charges de l'estimation; ou lorsque le notaire dont l'office doit rester supprimé refuse de donner sa démission ou d'user du droit qu'il a d'occuper de préférence à tous autres l'une des charges conservées, pourvu que dans ces cas le refus soit constaté par acte extra-judiciaire; ou enfin qnand l'officier menacé de suppression renonce au bénéfice de l'indemnité qui lui est due (1).

347. — Toute réduction donne en effet aux titulaires qui sont atteints par le décret le droit de réclamer une compensation pécuniaire. Il ne faut pas que les réformes exigées par l'intérêt public s'effectuent aux dépens de l'intérêt privé. Ce principe souverainement équitable a été reconnu et appliqué de tout temps. Autrefois on remboursait aux officiers le prix qu'ils avaient

(1) Déc. min. just., fév. 1832, mai 1836.

versé aux parties casuelles, et plus tard la valeur estimative de l'office au moment de la suppression. L'Assemblée Constituante, lorsqu'elle prononça l'abolition de la vénalité des charges et fonctions publiques, ne crut pas devoir le faire sans tenir compte aux possesseurs des sacrifices qu'ils avaient faits pour acquérir leur titre. Sous l'Empire, c'est-à-dire à une époque où le droit de présentation n'existait pas encore, le gouvernement ne se départit pas de ces traditions. Le décret du 19 mars 1808 qui, ainsi qu'on l'a vu, prononça la suppression d'un certain nombre d'offices d'avoués près le tribunal de la Seine, fut suivi d'un autre rendu six jours plus tard (Décr. du 25 mars 1808), qui imposa aux titulaires dont les fonctions étaient conservées l'obligation de verser à titre d'indemnité une somme déterminée entre les mains des officiers qui perdirent leurs charges.

La loi des 28 avril—4 mai 1816 ayant fait, à certains égards, des offices une véritable propriété, ce principe est encore plus évident qu'il ne l'était antérieurement. Toute privation du titre équivaut, en réalité, à une expropriation. Or, nul ne peut être privé de sa chose, exproprié, que moyennant une juste et préalable indemnité. (Art. 545, C. N)

Aussi, dans l'état actuel de la législation, le droit à l'indemnité n'a-t-il jamais été contesté ni aux officiers ministériels, ni même à leurs héritiers ou ayant-cause. L'autorité administrative a en général reconnu, ainsi que l'autorité judiciaire, que les titulaires dont les fonctions étaient supprimées devaient être dédommagés de la perte de leur droit de présentation. Ce principe est même érigé en loi aujourd'hui : « En cas de suppression d'un titre « d'office, porte l'art. 14 de la loi du 25 juin 1841, « lorsqu'à défaut de traité, l'ordonnance qui prononcera « l'extinction fixera une indemnité à payer au titulaire « de l'office supprimé ou à ses héritiers, l'expédition de « cette ordonnance devra être enregistrée. »

Par suite, si en supprimant un office le gouvernement oubliait d'allouer un dédommagement à l'officier ou à ses ayant-cause, les intéressés seraient incontestablement recevables à se plaindre de cet oubli. Leurs réclamations ne seraient pas moins fondées si le silence gardé à cet égard devait être attribué à un refus. Telle n'est cependant pas l'opinion adoptée par le Conseil d'État, qui rejette les demandes formées dans cette dernière circonstance, par ce motif que, la loi de 1816 ayant expressément réservé au gouvernement le droit de réduire le nombre des officiers ministériels sans l'obliger à tenir ou à faire tenir compte aux titulaires de la perte de leurs offices, les actes pris pour régler l'indemnité ne peuvent être que des actes de pure administration. Mais cette juris-prudence repose sur une confusion, et elle est essen-tiellement vicieuse. Si le chef de l'État peut supprimer la fonction, il n'a pas le droit de porter atteinte à la propriété de l'officier. Depuis 1816, les offices font, comme tout autre bien, partie du patrimoine de ceux qui les exercent. La décision qui en règle le sort n'a donc pas un caractère purement administratif; il est bien plus vrai de dire qu'elle intervient sur un point de droit.

Toutefois, une indemnité ne saurait être réclamée au nom des titulaires qui n'auraient pas versé les suppléments de cautionnements exigés sous la Restauration. Ce n'est qu'en se soumettant à la condition de ce versement que les officiers ministériels ont pu acquérir le droit de présenter des successeurs. Or, l'indemnité est précisément l'équivalent de l'avantage qu'il est possible de retirer de l'exercice du droit de présentation. On conçoit d'ailleurs que ce cas ne peut guère se produire aujourd'hui.

Avec le droit à une indemnité, les officiers atteints par un décret de suppression ont la faculté de se faire pourvoir de l'un des offices conservés, par préférence à tout autre candidat. On ne leur impose d'autre obligation que celle d'accepter le traité souscrit par l'aspirant auquel ils demandent à être substitués (1). Cependant, l'administration leur refuse ordinairement cette faveur lorsque le successeur déjà présenté est le fils ou le gendre de l'officier démissionnaire.

348. — Le paiement de l'indemnité est naturellement

(1) Min. just., 4 mars 1835, 15 juil., 26 oct. 1836, 7 juin, 23 nov. 1837, 2 mars 1841, 29 oct. 1844.

à la charge de ceux qui profitent de la suppression, c'est-à-dire des titulaires dont les fonctions sont conservées. Telle n'était pas toutefois la règle suivie à l'origine. La somme allouée à l'officier dont le titre était déclaré supprimé devait être acquittée à une certaine époque par le premier candidat qui se présentait porteur de deux démissions. Mais ce système injuste, puisqu'il faisait supporter par un seul une réduction qui profitait à plusieurs, est aujourd'hui abandonné. Tous les officiers qui exercent dans un certain rayon doivent maintenant contribuer à l'extinction du titre proportionnellement à l'avantage qu'ils sont présumés devoir retirer de la suppression. Pour les notaires, notamment, à l'égard de qui la question se présente le plus fréquemment, il a été décidé que l'extinction se ferait par canton. Tous les notaires compris dans la même circonscription cantonnale, à l'exception pourtant de ceux qui ont été nommés sur deux présentations, doivent concourir au paiement de l'indemnité dans une proportion déterminée (1). Les notaires des cantons voisins, bien que la réduction puisse en fait leur être avantageuse, ne sont pas, au contraire, astreints à cette obligation.

349. — Le montant de l'indemnité et la part contributoire de chacun des officiers qui conservent leur titre

---

(1) Déc. min. just., 8 oct. 1834, 17 oct. 1837, 8 fév. 1839, 2 mars 1841.

peuvent être réglés à l'amiable. A cet égard, les conventions que les titulaires font entre eux sont susceptibles
de revêtir différentes formes. Ainsi, les contractants
peuvent prendre l'engagement de payer à celui d'entre
eux qui donnera immédiatement sa démission en faveur
de la compagnie une somme dont ils déterminent eux-
mêmes le montant. Souvent aussi il est convenu que
celui dont l'office deviendra le premier vacant ne sera
pas remplacé, mais qu'il aura, lui ou ses héritiers, droit
à un dédommagement qui sera à la charge de la corporation. La convention peut être constatée par une délibération de la Chambre de discipline revêtue de la signature des intéressés. Mais dans tous les cas, la fixation du
prix est soumise au contrôle du gouvernement.

A défaut d'un règlement conventionnel, l'indemnité est
arbitrée par l'administration sur l'avis de la Chambre de
discipline et du tribunal de première instance, et sur le
rapport des magistrats du parquet. L'estimation porte
d'abord sur le titre et subsidiairement sur les répertoires,
et s'il s'agit d'un office de notaire, sur les minutes, à
moins cependant que le titulaire ou ses ayant-cause
n'aient usé de la faculté qu'ils ont, sans pour cela perdre
leur droit à l'indemnité, de disposer avant tout règlement
de ces éléments de la clientèle.

La fixation ainsi faite est-elle à l'abri des réclamations
des intéressés? Il est bien certain qu'on ne pourrait
autoriser l'officier ou ses héritiers à en demander la

révision aux tribunaux, sans porter atteinte au principe de l'indépendance respective des pouvoirs exécutif et judiciaire. Mais le décret qui alloue l'indemnité ne serait-il pas au moins susceptible d'un recours devant le Conseil d'État? La question a été résolue négativement le 13 décembre 1845. Les motifs invoqués à l'appui de cette opinion sont ceux dont on s'arme pour repousser les demandes formées contre les décisions qui refusent toute indemnité aux intéressés. « Considérant, « dit le Conseil d'État, qu'aucune loi n'ouvre de droit à « une indemnité pour cause de suppression des offices « prononcée en vertu de la loi du 28 avril 1816; que « les actes qui ont pour objet de régler en certains « cas une telle indemnité sont de pure administra- « tion, etc, etc. » Mais cette doctrine est d'une inexactitude évidente. On ne peut trop le répéter, un office est aujourd'hui, sous certains rapports, la propriété de l'officier. Il est permis d'en priver le titulaire, comme on pourra l'exproprier d'un immeuble, si l'utilité publique l'exige, mais à la charge d'une *juste* indemnité. Or, l'indemnité n'est pas *juste* si elle n'est pas l'équivalent de la valeur vénale de l'office, et dès lors le possesseur est incontestablement fondé à protester contre la décision qui lui porte préjudice.

350. — C'est ordinairement par le décret même qui prononce la suppression que l'indemnité est fixée et répartie entre les titulaires des offices conservés. Quel-

quefois, cependant, le gouvernement en fait l'objet d'un décret spécial. Dans un cas comme dans l'autre, les décisions prises à cet égard sont notifiées aux parties intéressées qui, à moins d'une disposition contraire, sont tenues de s'y conformer immédiatement. Pour en assurer l'exécution, l'administration a pour règle de n'autoriser aucune mutation dans les charges maintenues qu'autant que le cédant justifie du paiement de la portion d'indemnité qui a été mise à sa charge. Cette précaution n'est pas de nature d'ailleurs à empêcher le créancier ou ses ayant-cause de prendre toutes les mesures qu'ils jugent utiles à la conservation de leurs droits. Ainsi, ils peuvent poursuivre immédiatement leur paiement par les voies judiciaires, et prendre à la suite du jugement une inscription générale sur les biens de leur débiteur, si le privilége que la jurisprudence leur accorde sur les offices conservés (et avec raison, puisque l'estimation consolide les droits des autres titulaires) (1) ne leur offre pas une garantie suffisante. A un certain point de vue, ils feront même bien, en cas de non-paiement, d'employer cette voie le plus tôt possible. Ce sera le moyen de rendre productif d'intérêts le capital de l'indemnité, qui ne l'est pas par lui-même. A la vérité, le droit d'interpréter les décisions de l'administration

(1) Il y a lieu alors, en effet, d'appliquer l'art. 2102-3°, qui privilégie les frais faits pour la conservation de la chose.

n'appartient pas aux tribunaux; mais dans l'espèce il s'agit non d'une question d'interprétation mais d'une question d'exécution, et sous ce rapport l'autorité judiciaire est évidemment compétente.

351. — Comme au cas de destitution, le Trésor perçoit un droit de deux pour cent sur le montant de l'indemnité. Mais il n'y a jamais lieu à l'application du maximum de perception établi par l'art. 10 de la loi du 25 juin 1841. (Loi du 25 juin 1841, art. 13.)

SECTION IV.

DES CRÉATIONS D'OFFICES. — DES CHANGEMENTS DE RÉSIDENCE. — DES MODIFICATIONS DANS LES ATTRIBUTIONS DES OFFICIERS.

352. — Si la réduction du nombre des officiers ministériels est légitime lorsqu'elle a pour cause l'utilité générale, l'augmentation ne l'est pas moins quand elle est réclamée par des besoins anciens méconnus ou par des besoins nouveaux. Le droit du gouvernement est le même dans le second cas que dans le premier : il a pour fondement la subordination de l'intérêt privé à l'intérêt public. Aussi, à toute époque, notre législation a-t-elle réservé au chef de l'État la faculté de fixer le nombre des officiers. Tel est le principe consacré notamment par les lois du 27 ventôse an VIII et des 25 ventôse—5 germinal an XI, et plus récemment par la loi du 25 juin 1841 (art. 12).

Par la même raison, le gouvernement peut changer la résidence des titulaires et modifier leurs attributions.

353. — I. *Des créations d'offices.* — Une question capitale domine ici toute la matière. Les officiers en exercice ont-ils droit à une indemnité pour le préjudice que leur cause la création de nouveaux offices? Il est certain que les produits de chaque charge sont d'autant moins considérables que le nombre des titulaires est plus élevé. Entre la suppression d'offices existants et la création de nouveaux offices il n'y a donc, en réalité, que la différence du plus au moins. Dans un cas, l'expropriation est totale, tandis qu'elle est partielle dans l'autre. Par suite, si l'équité demande, lorsqu'un décret de suppression est rendu, que les officiers dont les fonctions sont supprimées reçoivent un dédommagement, elle n'exige pas moins impérieusement, au cas de création, que les anciens titulaires soient indemnisés par les nouveaux du préjudice que leur cause l'accroissement du nombre.

Ce n'est pas à dire, au reste, que le chiffre de l'indemnité sera le même dans les deux hypothèses. Il sera nécessairement plus élevé dans la première que dans la seconde, puisque la suppression fait disparaître le titre que la création laisse subsister en en amoindrissant l'importance. Dans tous les cas, il devra être proportionnel au dommage causé.

Ces raisons sont décisives, et elles avaient d'abord été

accueillies par l'administration. Ainsi, en 1839, une ordonnance royale ayant porté de soixante-dix à cent quarante le nombre des courtiers de Marseille, le gouvernement voulut que les nouveaux officiers fussent présentés par les anciens. Le principe de l'indemnité fut également reconnu lorsqu'il fut question, en 1842, d'élever de douze à vingt-quatre le nombre des justices de paix de Paris. La proposition soumise par M. le garde des sceaux à l'examen du conseil général de la Seine (proposition qui fut d'ailleurs rejetée par ce motif remarquable que la combinaison indiquée ne donnait pas une satisfaction complète aux intérêts légitimes des titulaires) portait que les greffiers en exercice seraient autorisés à céder la moitié de leurs offices. Mais ces traditions ont été abandonnées depuis : aujourd'hui, l'administration refuse invariablement tout dédommagement aux officiers qui ont à souffrir de l'augmentation du nombre. Et cependant, la question devrait être maintenant moins douteuse que jamais, puisque la loi du 25 juin 1841, en établissant, ainsi que je vais le dire tout à l'heure, la perception d'un droit sur la somme qui peut être imposée aux nouveaux titulaires comme condition de leur nomination, suppose nécessairement ainsi l'existence de l'indemnité. — Pour justifier ce système, on allègue les exigences de l'intérêt public. Mais l'intérêt public serait-il donc compromis parce qu'on donnerait satisfaction à l'intérêt privé? Ce motif n'aurait de valeur que si l'indemnité à payer était un obstacle à l'établissement des nouveaux offices. Or, en est-il ainsi? N'est-il pas de toute évidence (et l'ordonnance de 1839 ne le prouve-t-elle pas) qu'il est parfaitement possible de concilier les mesures d'utilité générale avec le respect dû à la propriété privée?

354. — Anciennement, les rois de France faisaient acheter à beaux deniers comptants les offices qu'ils créaient. Il est inutile de faire observer que cet usage, éminemment contraire à l'esprit de nos institutions, n'existe plus aujourd'hui. Cependant, le décret de nomination est soumis, aux termes de l'art. 12 de la loi du 25 juin 1841, à un droit de vingt pour cent sur le montant du cautionnement, lequel, d'après le même texte, doit être remplacé par un droit de deux pour cent sur l'indemnité, lorsque le gouvernement en alloue une aux officiers en exercice. — En présence du système suivi par l'administration, on conçoit que cette seconde disposition n'a pas d'application pratique (1).

---

(1) Un officier ministériel nommé sous l'empire de la loi du 21 avril 1832 donne sa démission, n'est pas remplacé, et est ensuite réintégré par décret dans l'exercice de ses fonctions : le droit de vingt pour cent est-il exigible? L'art. 12 de la loi du 25 juin 1841 ne vise que le cas de création; or, dans l'espèce, le gouvernement ne crée pas, il autorise simplement un officier à reprendre des fonctions qu'il avait abandonnées. Il faut donc reconnaître que le droit n'est pas dû.

355. — II. *Des changements de résidence.* — Le chef
de l'État est incontestablement fondé à assigner aux officiers ministériels une nouvelle résidence lorsque les
besoins publics l'exigent. Cependant l'exercice de ce droit
ne se comprend guère qu'à l'égard des notaires et des
commissaires-priseurs. Les avocats à la Cour de Cassation, les avoués et les greffiers se tiennent naturellement,
en effet, dans le lieu où siége la juridiction à laquelle ils
sont attachés; les agents de change et les courtiers ont
leur place marquée dans les villes qui possèdent des
Bourses de commerce; quant aux huissiers, c'est aux tribunaux qu'il appartient de déterminer l'endroit où ils
doivent résider.

Ici comme pour les créations d'offices, le gouvernement a pour règle de n'accorder aucune indemnité soit au
titulaire qu'il déplace, soit aux officiers qui souffrent du
déplacement. Toutes conventions intervenues à cet égard
entre les parties sont même considérées comme non
avenues (1). Ces arrangements, toutefois, conservent en
justice leur force obligatoire, et les tribunaux sont certainement compétents pour en apprécier le mérite. Mais
en l'absence d'une stipulation, ils ne pourraient accueillir
une demande en indemnité sans empiéter sur le domaine
de l'autorité administrative (2).

(1) Min. just., 1842.
(2) Rennes, 12 avril 1843.

Est-il besoin de faire observer que cette doctrine, malheureusement trop bien établie aujourd'hui, est aussi contraire aux vrais principes qu'à l'équité? La fixation d'une nouvelle résidence a presque toujours pour effet d'amener une perturbation dans la clientèle d'un officier. Ou la décision administrative dont il est l'objet lui est préjudiciable, ou elle lui profite : dans les deux hypothèses, le décret conduit à une expropriation partielle; dans la première, l'officier doit être indemnisé; dans la seconde, il doit un dédommagement aux titulaires des résidences conservées.

356. — L'art. 12 de la loi du 25 juin 1841, qui, ainsi qu'on l'a vu, frappe toute création d'offices d'un droit de vingt pour cent sur le montant du cautionnement attaché à la fonction, n'est pas applicable lorsqu'il s'agit d'un changement de résidence. Cette réserve était déjà faite par la loi du 21 avril 1832. Cependant, il est juste de faire remarquer que, sous l'empire de cette dernière loi, le droit de dix pour cent devait être acquitté par l'officier ministériel nommé aux mêmes fonctions dans un autre ressort.

357. — III. *Des modifications dans les attributions des officiers ministériels.* — Les attributions des officiers ministériels sont susceptibles d'être modifiées dans deux sens différents; le chef de l'État peut les réduire, il peut au contraire les augmenter.

358. — Les offices consistent en réalité dans les droits et prérogatives qui y sont attachés. Plus ces droits et prérogatives sont étendus, plus leur valeur est élevée. La suppression de quelques attributions, en diminuant l'importance d'un office, lèse donc les droits du titulaire qui, par suite, est fondé à réclamer une indemnité. Toutefois, il faut dans l'application de cette règle garder une certaine mesure. Les lois qui ont organisé les fonctions des différents officiers ministériels sont essentiellement des lois d'ordre public. Il est donc vrai de dire qu'elles n'ont été rendues que sous cette condition qu'elles pourraient être modifiées toutes les fois que l'intérêt de l'État viendrait à l'exiger. Par conséquent, si les modifications sont légères, les titulaires doivent les subir sans indemnité. C'est ainsi qu'en 1849 l'Assemblée législative a pu décider qu'il n'y avait pas lieu de donner suite aux réclamations des agents de change privés, par un décret du 24 mars 1848, du droit qu'ils avaient antérieurement de constater par un certificat la sincérité des comptes de retour.

359. — Les modifications, du reste, sont fort rares aujourd'hui. Depuis la loi des 28 avril—4 mai 1816, la seule qui présente quelque importance est celle que l'on trouve contenue dans l'ordonnance royale des 26 juin — 22 juillet de la même année, et qui dépouilla les notaires, les greffiers et les huissiers du droit de procéder aux ventes mobilières dans les villes où seraient établis

des commissaires-priseurs. La même observation s'applique aux décisions qui, au lieu de diminuer, augmentent les attributions des officiers. On ne peut guère citer sous ce rapport que le décret du 22 novembre 1811, préparé par l'ancien art. 492 du Code de Commerce (1), et restreint dans son application par le décret du 17 avril 1812, qui donna aux courtiers le droit de procéder à la Bourse aux ventes publiques de certaines marchandises.

Dans cette dernière hypothèse, le gouvernement, si du moins les modifications qu'il fait ont une certaine importance, a incontestablement le droit de porter le cautionnement des officiers à un chiffre plus élevé. Il faut bien que la gestion des titulaires soit garantie par le dépôt d'une somme d'argent proportionnée à l'étendue de la responsabilité qu'ils peuvent encourir. Pour se dispenser de payer le supplément demandé, les officiers ministériels n'auraient d'autre ressource que d'abandonner leurs fonctions, c'est-à-dire d'user immédiatement du droit de présentation que leur accorde l'art. 91.

APPENDICE.

DES OFFICES MINISTÉRIELS DANS LES COLONIES ET EN ALGÉRIE.

360. — Dans les colonies, l'organisation des officiers ministériels est la même, en général, que dans la France

(1) Depuis la loi du 28 mai 1838, cet article est, dans l'ordre des numéros, l'art. 486.

continentale. Les notaires, les avoués, les greffiers, les huissiers, les agents de change et les courtiers qui exercent leurs fonctions à la Martinique, à la Guadeloupe, dans l'île de la Réunion et dans la Guyane française, sont dans les attributions du ministre de la marine, sous la surveillance du procureur général, et dans l'obligation de fournir un cautionnement. Cependant on leur a refusé pendant longtemps le bénéfice de l'art. 91.

Sous l'ancienne Monarchie, ces charges n'avaient jamais été érigées en titre d'offices. Toutes les tentatives faites par les titulaires pour obtenir l'exercice du droit de présentation, après 1816, demeurèrent également infructueuses sous la Restauration et sous le gouvernement issu de la Révolution de Juillet. C'est la loi du 19 mai 1849, loi de finances comme celle des 28 avril—4 mai 1816, qui a assimilé sous ce rapport ces fonctionnaires aux officiers ministériels établis en France. « Dans « les colonies de la Martinique, de la Guadeloupe et « dépendances, de l'île de la Réunion et de la Guyane « française, porte l'art. 9 de cette loi, les dispositions de « l'art. 91 de la loi du 28 avril 1816 sont applicables « aux notaires, avoués, huissiers, courtiers et commis- « saires-priseurs. » Le même article assujettit les transmissions aux droits établis par la loi du 25 juin 1841.

361. — En Algérie, au contraire, l'art. 91 n'a jamais été mis en vigueur. A l'égard des notaires, il existe

même, à la date du 30 décembre 1842, un arrêté du
ministre de la guerre qui prohibe toute cession dans les
termes les plus formels. D'après l'art. 14 de cet arrêté,
« les offices de notaires sont incessibles, et il ne peut
« être traité sous aucun prétexte à prix d'argent ou
« moyennant tout autre prix, quelle qu'en soit la nature,
« soit par le titulaire, soit par ses héritiers ou ayant-
« cause, de la cession de son titre et de sa clientèle. »
Il y a plus, l'ancien titulaire n'a pas le droit de stipuler
une indemnité pour la remise de ses minutes et de ses
répertoires. La seule faculté qu'il ait est de se faire tenir
compte du montant des recouvrements qui peuvent lui
être dus. Encore faut-il que l'indemnité soit réglée
par les tribunaux. Tout traité intervenu dans ce but
entre les parties est frappé de nullité et entraîne la
révocation de l'officier qui l'a souscrit. Lorsque le titulaire est décédé, l'indemnité appartient à ses héritiers.

Une telle rigueur ne se comprend guère. En Algérie,
comme en France, les officiers ministériels sont soumis
au dépôt d'un cautionnement; comme en France, leurs
qualités personnelles augmentent dans une proportion
souvent considérable la valeur des offices dont ils sont
pourvus : ils auront reçu un titre nu, et le plus souvent
ils transmettront à leurs successeurs une nombreuse et
riche clientèle. Et cependant, tandis que les uns peuvent
tirer parti de la propriété qu'ils ont créée, les autres
perdent, à la cessation de leurs fonctions, tout le fruit

d'une vie de travail. Une différence aussi profonde dans la position faite à des hommes investis des mêmes fonctions est aussi irrationnelle qu'elle est injuste. On peut l'expliquer peut-être, mais non la justifier assurément, par les circonstances au milieu desquelles fut rendu l'arrêté du 30 décembre 1842. Quelques fautes graves commises par certains notaires avaient, à cette époque, vivement ému l'opinion publique. On voulut sans doute, sans prendre garde que la sévérité conduit quelquefois à l'injustice, prévenir en Algérie, par des mesures énergiques, la reproduction des abus reprochés au notariat sur le territoire continental de la France.

CONCLUSION.

—

§ I. — *Examen des critiques dont l'art. 91 a été l'objet.*

362. — Au mois d'octobre 1831, un pétitionnaire se plaignit auprès de la Chambre des Députés *de la faculté de présenter des successeurs concédée aux officiers ministériels par l'art. 91 de la loi du 28 avril 1816.* Accepté sans trop de difficultés avant la Révolution de Juillet, le droit de présentation est, à partir de cette époque, l'objet des attaques les plus vives. Pendant quelques mois, les pétitions arrivent aux Chambres législatives sous toutes les formes. Les unes se bornent à demander simplement le retrait de la concession faite en 1816; d'autres, bien plus radicales, voudraient que l'exercice des offices ministériels constituât une profession libre dont l'accès fût ouvert à tous sans limitation de nombre. Toutes, au reste, sont unanimes pour critiquer ce qu'elles appellent la vénalité des offices.

Ces réclamations, qui n'eurent alors aucun succès, se

sont renouvelées depuis à différentes époques, et particulièrement en 1837, dans le sein même de la Chambre
des Députés. « De tous les sacrifices que les malheurs
« des temps ont forcé de faire en 1816, disait dans la
« séance du 30 juin la voix autorisée du ministre des
« finances, il n'en est pas de plus onéreux, de plus
« funeste que celui qui, pour un très-petit avantage pour
« le Trésor, a créé la vénalité des charges et amené les
« conséquences que tout le monde déplore, et le gou-
« vernement plus que qui que soit. » Et la Chambre
sembla décidée un instant, sinon à rayer de la législation
l'art. 91, du moins à ne pas en étendre l'application aux
offices qui seraient créés à l'avenir.

Abandonnées pendant dix ans, les attaques recommen-
cèrent en 1848, et maintenant encore il n'est pas de jour
où l'on n'entende exprimer le vœu que le gouvernement
retire aux officiers ministériels le droit dont la loi des
28 avril—4 mai 1816 les a, dit-on, si malheureusement
investis.

Doit-il être fait droit à ces plaintes? L'art. 91 se jus-
tifie-t-il ou non en législation? Est-il juste, est-il sage,
est-il opportun de priver les titulaires de nos différents
offices d'un droit dont ils sont en possession depuis près
d'un demi-siècle? Examinons :

363. — La propriété des offices n'a commencé à être
attaquée, et elle ne l'a jamais été aussi vivement qu'au
lendemain des deux grandes révolutions dont la France

a été le théâtre depuis 1816. Je ne sais si je me trompe,
mais il me semble que cette circonstance devrait déjà suf-
fire pour ne faire accepter qu'avec méfiance les critiques
dirigées contre le principe de l'art. 91. Ce n'est pas dans
un moment où les passions sont excitées et où les esprits
illusionnés sont incapables de s'arrêter aux difficultés
d'exécution et d'apprécier les conséquences des théories
de certains novateurs, qu'il est possible (l'histoire est là
pour l'attester) d'entreprendre des réformes durables.
Les innovations, lorsqu'elles portent sur les lois constitutionnelles surtout, doivent être le résultat d'une mûre
réflexion. Pour être équitables et pour répondre à des
besoins réels, il faut qu'elles soient longuement discu-
tées, froidement appréciées, considérées sous tous leurs
aspects. Les bonnes lois ne sont possibles que dans les
temps d'un calme profond.

Les motifs que l'on a tant de fois invoqués pour critiquer l'usage du droit de présentation et pour demander
par suite l'abrogation du droit reconnu en faveur des
officiers ministériels par le législateur de 1816, sont
de diverses sortes : on peut cependant les ramener à
deux.

Le premier aurait une gravité incontestable s'il était
fondé. L'exercice des offices est, dit-on, une délégation
de la puissance publique; la nomination des officiers est
donc un des attributs de la souveraineté. Le choix à
faire doit par suite être libre des influences de l'intérêt

privé : il doit résider tout entier dans le peuple, c'est-à-
dire, dans son mandataire, le chef du pouvoir exécutif.
Obliger le collateur à donner forcément son agrément au
candidat qui ne lui est désigné que parce qu'il a satisfait
aux exigences de celui qui le présente, c'est subordon-
ner à l'intérêt d'un seul les intérêts si sacrés de tous,
c'est méconnaître cette vérité éternelle si bien exprimée
par les jurisconsultes de Rome : *Jus publicum privatorum pactis mutari non potest.*

Si la liberté d'action si nécessaire au chef de l'État se
trouve paralysée, l'intérêt public (c'est le second motif
que l'on met en avant) se trouvera, par voie de conséquence, nécessairement compromis. Où seront les
garanties données par les nouveaux officiers? Auront-ils
l'aptitude nécessaire? Apporteront-ils dans l'exercice de
leurs fonctions le désintéressement et la probité scrupuleuse que leur commande le titre dont ils sont honorés?
Le doute est-il même permis à cet égard? Pour obtenir
leur présentation, ils auront fait souvent de lourds sacrifices. Désireux (et il est difficile de les en blâmer) de
recouvrer les sommes énormes qu'ils auront données, ou
forcés même de faire face à des engagements onéreux,
comment pourraient-ils exercer leur profession avec la
délicatesse que les lois leur imposent? Ne seront-ils pas
entraînés à préférer leur propre intérêt à celui de leurs
clients? Sans s'inquiéter de la légalité des moyens, ne
chercheront-ils pas de toutes les manières possibles à

augmenter les produits de leurs offices? Les uns, se faisant un jeu de l'intérêt des parties, allumeront et fomen-
teront les hostilités privées; les autres compromettront
dans des opérations hasardeuses les fonds qui leur seront confiés; chez tous, une cupidité honteuse prendra
la place du désintéressement dont ils doivent donner
l'exemple. Quel sera le résultat de ces manœuvres?
Des abus de confiance, des prévarications, des crimes
enfin qu'il sera impossible de prévenir, et dont la ré-
pression produira sur l'esprit public l'impression la plus
pénible.

364. — Ces raisons sont-elles de nature à expliquer
la persistance des réclamations dont le droit de présentation est l'objet depuis trente ans? Quelle en est en
réalité la valeur?

Est-il donc vrai que la désignation des candidats faite
par les titulaires porte une atteinte mortelle à l'indépendance du chef de l'État? L'officier qui n'est pas pur aux
yeux de la loi est déclaré indigne de désigner lui-même
son successeur; c'est déjà une première garantie, ce
n'est pas la seule. Le gouvernement n'admet pas aveu-
glément les candidats qui lui sont présentés; nul n'est
investi du titre d'officier s'il ne réunit pas les conditions
de capacité et de moralité exigées par la loi. Même après
ces investigations, le pouvoir conserve son droit d'examen et de contrôle. S'il en est ainsi (et ici les dénéga-
tions ne sont pas possibles, car nous sommes dans le

domaine des faits), si, et personne ne saurait le contester, le chef de l'État reste toujours libre de refuser ou
d'admettre les candidats qui lui sont désignés, en quel
sens la liberté de son choix est-elle donc entravée? Ne
reste-t-il pas le maître de n'investir du titre d'officier
que les aspirants dont l'idonéité, les connaissances et
surtout les qualités morales lui sont attestées par de
solennelles épreuves?

L'expérience de chaque jour est la meilleure preuve
de la justesse de cet aperçu. Toutes ces conséquences
déplorables de la vénalité, à l'aide desquelles on veut
effrayer les esprits, n'ont guère eu jusqu'à présent d'existence que dans la pensée de ceux qui les ont développées
à plaisir. Malgré les séductions dont on les dit entourés,
nos officiers ministériels apportent en général, dans l'exercice de leurs difficiles fonctions, une exactitude et un
désintéressement auquel le public n'était habitué ni sous
l'ancienne Monarchie, ni même sous le Consulat et sous
l'Empire, c'est-à-dire à une époque où pourtant les candidats n'étaient pas présentés par les titulaires. Il y a eu
parfois des ombres au tableau, c'est vrai : quelques officiers ont de temps à autre méconnu le caractère sacré
de leurs fonctions; des prévarications ont été commises,
et les tribunaux se sont vus quelquefois dans la pénible
nécessité de prononcer des condamnations dont la sévérité était proportionnée à la gravité de la faute. Mais
quelle est au juste l'importance de ces défaillances excep-

tionnelles? N'en trouve-t-on pas des exemples aussi fréquents dans les fonctions qui ne sont pas soumises à l'application de l'art. 91? Si l'on veut être de bonne foi, on reconnaîtra qu'elles tiennent bien plutôt aux hommes qu'à l'institution.

365. — Il n'y a pour la collation des offices que trois modes possibles : le système de la nomination directe, la voie du concours, et enfin le procédé suivi aujourd'hui, la nomination sur présentation. Abandonner à l'État le soin de choisir ses officiers, c'est ouvrir la porte à l'intrigue ; les choix à faire sont trop nombreux pour que le collateur y apporte le discernement désirable. Données à la faveur, les fonctions publiques seraient remplies par les protégés des divers agents de l'administration. Le concours, dix années d'expérience en ont fait justice. La loi des 29 septembre—6 octobre 1791 avait mis ce système en vigueur pour le remplacement des notaires ; et en l'an XI, le rapporteur de la loi du 25 ventôse était l'écho du sentiment général quand il disait que la faiblesse, l'inconvenance et l'inutilité en étaient unanimement reconnues.

Sur ces deux modes de nomination, la présentation a un avantage évident. Le titulaire qui sait qu'il trouvera un jour dans l'exercice du droit que lui accorde l'art. 91 la récompense d'une vie honorable et laborieuse, s'applique à conquérir l'estime publique à force de travail, d'intelligence et de probité. Son intérêt stimule son zèle

et le porte invinciblement à déployer dans ses fonctions
tout le mérite dont il est capable (1). Privez-le de ce sti-
mulant, dites-lui qu'il n'aura aucune influence sur le
choix du successeur que la volonté du chef de l'État ou
les hasards du concours lui enverront, la perspective
d'un travail ingrat et pénible l'effraiera; sans doute il
remplira son ministère, mais avec la pensée égoïste de
l'usufruitier, qui se garde de faire sur le terrain qu'il
exploite des améliorations dont le profit serait perdu
pour lui. Telle est la force invincible de cet aperçu, indiqué déjà par Loyseau (2) et admirablement mis en lu-
mière pas Montesquieu (3), que, malgré les préventions
qu'elle nourrissait contre le système de la présentation,
la Commission chargée, à la suite de l'abolition de la
vénalité, de préparer le projet qui devint la loi des
29 septembre — 6 octobre 1791, reconnaissait que la
bonne composition de la classe des notaires était due à
la faculté qu'ils avaient de choisir leurs successeurs, et
réservait même aux heureux du concours la possibilité,
dans le cas de démission libre des notaires dont ils
avaient été les élèves et dont ils avaient mérité la con-

---

(1) « Heureuse situation, disait en 1829 M. Dupin dans le comité
« secret de la Chambre des Députés, qui rappelle sans cesse au père
« de famille qu'une vie honorable est pour lui un moyen infaillible
« d'accroître son patrimoine, tandis qu'une conduite déloyale entraî-
« nerait sa ruine. »
(2) *Offices.* L. 4, ch. 8, n⁰ˢ 1 et 2.
(3) *Esprit des Lois.* L. 5, ch. 19.

fiance par une longue épreuve, d'être désignés par eux pour leur succéder.

366. — Mais je me mets pour un instant d'accord avec mes adversaires. Oui, leur dirai-je, vos critiques sont fondées; la vénalité, je le veux bien, porte atteinte à l'indépendance du chef de l'État; elle est contraire, je vous le concède, à l'intérêt public; souvent même, si vous le voulez, elle aura pour les titulaires les plus déplorables conséquences. Mais il ne suffit pas de détruire, il faut réédifier; descendez donc des hauteurs de la théorie, et voyez si, dès les premiers pas, vous ne serez pas arrêté par des difficultés d'exécution qui rendront votre innovation irréalisable ou tout au moins inutile.

Abroger l'art. 91, c'est mettre les titulaires et leurs ayant-cause dans l'impossibilité d'user à l'avenir d'une faculté dont l'exercice a été le prix des suppléments de cautionnements exigés par le législateur de 1816; c'est encore leur retirer la facilité de disposer de la manière la plus convenable à leurs intérêts, de leur clientèle et des accessoires de leurs offices, c'est, pour tout dire en un mot, les priver d'une chose qu'ils ont achetée, c'est leur faire subir une véritable expropriation.

La loi, d'accord avec l'équité, veut que tout propriétaire exproprié soit indemnisé du dommage qu'il souffre. Vous devrez donc, sous peine de commencer votre réforme par la spoliation, mauvais moyen de succès, accorder une indemnité aux officiers que vous dépouillerez. Cette indemnité, comment la fixerez-vous?

Anciennement, les offices étaient taxés aux parties casuelles : on savait par suite ce qu'ils avaient coûté. Ce n'est pas tout. Des édits d'évaluation avaient été rendus à différentes époques, et notamment sous Henri IV, au commencement du xviie siècle et vers la fin du règne de Louis XV, en 1771. On avait donc des éléments de nature à simplifier singulièrement la question ; et cependant l'Assemblée Constituante, lorsqu'elle procéda à la liquidation des offices vénaux et des offices sur lesquels il existait des brevets de retenue, eut des difficultés inouïes à surmonter. Que sera-ce donc aujourd'hui? Les offices ministériels n'ont pas été vendus, et nos lois n'indiquent aucun procédé pour en déterminer la valeur; quelle qu'elle soit, la base de l'évaluation sera nécessairement fautive. Quintuplera-t-on le produit annuel suivant le système généralement admis? Juste peut-être dans quelques cas, l'indemnité sera dans beaucoup de circonstances inférieure à la valeur réelle de l'office. Suivra-t-on tout autre mode d'évaluation? On tombera toujours dans des inconvénients analogues.

Mais ces obstacles sont levés : une combinaison miraculeuse en a fait justice. A quel résultat le gouvernement sera-t-il arrivé? Il est certain qu'il aura considérablement accru ses embarras financiers; car l'indemnité atteindra un chiffre énorme. Il n'y a pas aujourd'hui en France moins de 25,000 officiers ministériels. Certains offices ont une valeur vénale considérable. Les charges des avocats à la Cour de Cassation, des agents de change et des notaires, dans les centres importants, ne se vendent pas moins d'un demi-million; quelques-unes atteignent même le chiffre de 8 et de 900,000 fr. (1) On ne peut donc guère fixer le montant de l'indemnité (et c'est peut-être montrer beaucoup de réserve) à moins d'un milliard. Mais le sacrifice est fait. Peut-on espérer au moins que la vénalité est à jamais chassée des offices ministériels?

L'art. 91 rayé de la législation, quelle sera l'organisation de nos officiers publics? Identiquement ce qu'elle était en 1816. Sous le Consulat et sous l'Empire, les titulaires trouvaient facilement le moyen de faire payer leur démission : le sentiment de l'intérêt personnel rendra certainement nos officiers aussi ingénieux que leurs prédécesseurs. Au lieu d'être publique, la vénalité sera occulte; méconnue en droit, elle existera en fait.

Objectera-t-on que des mesures habiles pourront déconcerter les fraudes tentées par les démissionnaires? Le gouvernement n'est pas heureux dans les moyens qu'il emploie pour triompher de la résistance des officiers mi-

(1) On a même vu (*suprà*, n° 286) que le prix des charges d'agents de change est aujourd'hui à Paris de 1,500,000 fr. à 2,000,000.

nistériels. Depuis de longues années, il a tout mis en œuvre pour régulariser les prix de cession, et la question est peut-être aujourd'hui moins avancée que jamais. Je ne veux pas affirmer cependant que le succès soit impossible. Mais en mettant les choses au mieux, en supposant que la vénalité soit en fait comme en droit bannie de la législation, n'est-il pas vrai qu'il faudra encore tenir compte aux titulaires des accessoires de leurs offices, de la clientèle et de ses éléments? Ces choses sont leur propriété, et, à moins de suivre contre toute justice le système adopté à l'égard des notaires en Algérie, il faudra leur reconnaître le droit d'en disposer. Si le trafic n'a plus une aussi large base, il s'exercera toujours dans de certaines limites.

367. — Pour obtenir un résultat conforme au but, il ne faudrait rien moins que changer complètement les principes fondamentaux sur lesquels repose l'organisation des offices ministériels. Tant que les officiers seront salariés par les parties, tant que l'importance de leurs charges se mesurera sur les rapports plus ou moins nombreux qu'ils auront avec les particuliers, il faudra toujours, quoi que l'on fasse, faire la part de la vénalité. Une innovation dans le mode de la collation ne saurait réussir qu'à la condition d'être précédée d'une réforme complète dans la manière d'être de chaque office. Commencez par dépouiller les titulaires du caractère qu'ils ont eu jusqu'ici, créez ici, retranchez là, modifiez profondément les attri-

butions, puis couronnez votre ouvrage en faisant rétri-
buer les nouveaux fonctionnaires par l'État seul : alors,
et alors seulement vous pourrez espérer avoir atteint
votre but. Mais, pour y arriver, que d'obstacles n'aurez-
vous pas eus à vaincre? que d'embarras ne vous serez-
vous pas préparés? que d'existences sociales, dont le
maintien est toujours d'une sage politique, n'aurez-vous
pas renversées? Et pourquoi tout ce bouleversement?
Vous aurez porté le mécontentement dans toutes les
classes de la société, répandu dans les esprits une
inquiétude générale, ébranlé peut-être la constitution
de l'État, uniquement pour changer un système qui,
sauf quelques imperfections auxquelles il est possible de remédier, est incontestablement le meilleur?
Vous aurez détruit dans les officiers l'amour de leur
profession, le germe d'une louable émulation, et
les deux liens les plus forts qui puissent attacher
l'homme à la probité : sa réputation et son intérêt
personnel.

368. — Ces difficultés, disons mieux, ces impossibi-
lités d'exécution, ainsi que les raisons puissantes qui
dans le domaine de la théorie réclament le maintien de
l'art. 91, ont toujours été sainement appréciées par le
pouvoir. Ce n'est pas seulement en 1831 et en 1837 que
les réclamations des novateurs ont été écartées. Depuis,
comme à cette époque, l'État a saisi toutes les occasions
d'assurer aux titulaires des différents offices ministériels

qu'il ne serait porté aucune atteinte à leurs droits. On peut
consulter à cet égard les circulaires des 5 février 1840,
3 novembre 1848, 28 juin 1849. L'Assemblée Constituante et l'Assemblée Législative ont également passé
à l'ordre du jour en 1848, en 1849 et en 1850, sur toutes
les pétitions qui visaient à remettre en question l'usage
du droit de présentation (1). Telles sont aussi aujour-
d'hui les tendances manifestées officiellement par le gouvernement impérial. A diverses époques, et notamment
en 1852 et en 1856, les démentis les plus énergiques
ont été donnés aux bruits qui prêtaient au chef de l'État
l'intention de supprimer ou tout au moins de racheter
les offices ministériels. « J'apprends, disait M. le garde
« des sceaux dans une circulaire du 26 mars 1856,
« qu'on cherche à renouveler les inquiétudes des titu-
« laires d'offices en annonçant comme prochaine la pré-
« sentation d'un projet de loi ayant pour objet de
« porter atteinte à la possession de ces offices. Rien
« n'est plus contraire aux intentions du gouvernement
« de l'Empereur. Il respecte la propriété des offices
« comme toutes les autres, et jamais il n'est entré dans
« ses projets de priver les titulaires et leurs familles
« d'un bien qui souvent constitue leur principale res-
« source. »

(1) Séances des 12 juillet, 29 septembre, 19 octobre, 12 décembre
1848, 19 juillet 1849.

§ II. — *Il faut maintenir l'état de choses créé en 1816,
mais le régler législativement. — Propositions à ce
sujet.*

369. — Loin de moi cependant la pensée que le dernier mot soit dit sur la question des offices. Soit qu'on
l'envisage au point de vue des intérêts privés, soit qu'on
la considère dans les rapports des officiers avec l'État, il
n'est pas, à raison de sa nature tout à fait exceptionnelle, de matière qui soit plus féconde en difficultés, et
cependant aucune n'a moins attiré l'attention du législateur. L'art. 91 s'est borné à poser un principe sans
le développer. Les officiers ministériels auront la faculté
de présenter des successeurs à l'agrément du chef de
l'État. Mais quelle sera l'étendue de ce droit ? Dans
quelles limites devra-t-il être resserré ? Passera-t-il aux
héritiers, et, s'il y passe, quel caractère aura-t-il entre
leurs mains ? L'office sera-t-il le gage des créanciers du
titulaire ? Parmi les créanciers, quelques-uns, et notamment le cédant, auront-ils la garantie d'un privilége ?
Quand et comment exerceront-ils leurs droits de préférence ? Comment le perdront-ils ? Toutes ces questions,
et bien d'autres dont on chercherait souvent à tort la
solution dans les principes du droit commun, valaient
bien cependant la peine d'être résolues législativement.
Si donc il faut, et je crois l'avoir démontré, maintenir

l'usage du droit de présentation, il est nécessaire de se décider enfin à le réglementer.

Sans être facile peut-être, cette tâche ne rencontrerait pas les difficultés inouïes que soulèverait l'abrogation de l'art. 91. L'accomplissement en serait favorable à l'État et aux officiers eux-mêmes. Les lacunes si évidentes de la loi de 1816 n'ont été remplies jusqu'ici que par des circulaires ministérielles et par les décisions de la jurisprudence. Une loi spéciale donnerait plus de stabilité à l'institution, augmenterait l'indépendance des titulaires, fixerait sans retour les droits des ayant-cause. En la promulguant, le législateur ne porterait pas atteinte à des droits acquis; loin de là, il accomplirait un devoir. La loi nouvelle remplirait la promesse faite en ces termes par l'art. 91 : « Il sera statué par une loi particulière sur « l'exécution de cette disposition (la disposition qui auto- « rise les officiers ministériels à présenter des succes- « seurs), et sur les moyens d'en faire jouir les héritiers « ou ayant-cause desdits officiers. »

370. — Dans cette œuvre, trois points surtout devraient fixer l'attention : les traités de cession et l'évaluation des offices; la transmission du droit de présentation aux veuves et aux héritiers des titulaires; les droits des créanciers, et notamment du cédant, en cas de faillite et de destitution du cessionnaire.

371. — I. Est-il possible d'empêcher l'usage des

contre-lettres? Après tous les efforts infructueux tentés jusqu'ici pour mettre un terme à l'exagération des prix, il serait bien téméraire de répondre affirmativement. Cependant, en multipliant les précautions, on pourrait peut-être arriver à rendre les simulations plus difficiles, et même à les déconcerter dans la plupart des cas.

Les conditions de la cession d'un office sont aujourd'hui renfermées, au gré des parties, dans un acte authentique ou dans un acte sous seing privé. L'authenticité serait imposée à tous les traités. Il ne serait pas défendu aux parties de déroger à la convention primitive; mais, conformément à l'art. 1397 C. N., tous changements et contre-lettres devraient être insérés à la suite de la minute du premier acte.

Dans l'état actuel, le gouvernement, quand le prix lui semble exagéré, est dans l'usage de consulter les Chambres de discipline et le tribunal de première instance dans le ressort duquel l'aspirant veut exercer ses fonctions. Une expédition du traité, rédigé dans la forme indiquée ci-dessus, serait remise entre les mains des membres de la Chambre, qui la feraient parvenir au procureur impérial, en accompagnant l'envoi de leurs observations personnelles. Éclairé déjà par ces observations, le procureur impérial garderait l'acte pendant le temps qui lui serait nécessaire pour s'entourer de tous les renseignements que les circonstances lui permettraient de recueillir; puis, son opinion formée, il ferait au tribunal un rapport

motivé sur la relation qu'il y aurait entre le prix de
cession et la valeur exacte de l'office, et conclurait, s'il
y avait lieu, à une réduction. Muni de toutes les pièces,
le tribunal se livrerait alors à une appréciation minu-
tieuse des clauses de la convention, et fixerait après cet
examen la somme que devrait payer le candidat. Cette
fixation serait obligatoire pour les parties; la nomination
du cessionnaire ne serait possible qu'autant qu'elles s'y
conformeraient entièrement.

Pour les avoués et pour les greffiers près des Cours
impériales, l'expédition du traité serait remise au procureur-général, et la détermination des conditions de la
cession serait faite, comme plus haut, par la Cour auprès
de laquelle l'aspirant voudrait s'établir. A l'égard des avocats à la Cour de Cassation, la connaissance de la convention serait déférée au procureur-général près cette Cour,
et la fixation du prix abandonnée à la Cour elle-même.

Si les investigations des magistrats du parquet ame-
naient la certitude que le prix indiqué par les contractants n'est pas sincère, le rôle du tribunal deviendrait
inutile. Avis de la dissimulation serait immédiatement
donné au ministre, qui prononcerait la déchéance du
droit de présentation contre le cédant, sans le priver toutefois de l'exercice de ses fonctions. Si la fraude ne se
découvrait qu'après la nomination, on appliquerait dans
toute sa rigueur la circulaire du 21 novembre 1817 : le
cessionnaire serait privé de son titre.

372. — A défaut d'autre avantage (car il y aurait trop de présomption à penser qu'il aurait toujours un résultat heureux), ce système permettrait de déterminer d'une manière plus sûre la valeur des offices ministériels. L'administration prend aujourd'hui pour base de l'évaluation le produit des cinq dernières années de l'exercice du titulaire. Le moindre vice de ce procédé, qui est évidemment fautif dans beaucoup de cas, est de soumettre à un même mode d'estimation des charges dont la valeur peut, sous l'influence des circonstances particulières, plus puissantes ici que partout ailleurs, varier dans une mesure souvent considérable. En se livrant pour chaque office à une évaluation spéciale, on évite cet inconvénient : avec les renseignements si précis et si nombreux dont ils pourraient s'entourer, les tribunaux devraient infailliblement arriver à donner à la fixation du prix toute l'exactitude possible.

373. — En cas de destitution, laquelle ne serait prononcée d'ailleurs contre tous les officiers ministériels sans distinction qu'à la suite d'un jugement rendu contradictoirement avec l'inculpé, le règlement de l'indemnité serait fait par la Chambre de discipline, communiqué aux magistrats du parquet et arrêté définitivement par les tribunaux. Considérée comme l'équivalent de la clientèle et des accessoires de l'office, la somme mise ainsi à la charge du nouveau titulaire perdrait le caractère d'une concession gracieuse et purement facultative qu'elle a

aujourd'hui. Rendue législativement obligatoire dans tous les cas, elle serait affectée au paiement des créanciers de l'officier destitué, et notamment du cédant, dont une disposition spéciale réserverait le privilége.

L'excédant, s'il y en avait un, reviendrait à l'ancien titulaire. Il ne faut pas oublier que si la destitution est une mesure nécessaire parfois, c'est toujours une mesure non-seulement rigoureuse mais injuste à certains égards, puisqu'elle dépouille l'officier du droit de se faire payer l'augmentation de valeur qu'il a donnée à l'office, c'est-à-dire d'un bien qu'il a créé. Pour accorder sous ce rapport une satisfaction légitime à l'intérêt privé, il serait même équitable de remettre en usage la jurisprudence de nos anciens Parlements. On ne serait que juste en fixant au titulaire un délai dans lequel il devrait user du droit de présentation, sous peine de voir le chef de l'État désigner d'office son successeur.

374. — II. A l'égard des héritiers, la tâche serait facile à remplir. D'abord, pour le principe même, aucune difficulté sérieuse ne peut s'élever. Les termes de l'article 91 sont trop précis pour qu'il soit possible de dire avec un arrêt de la Cour de Caën que « légalement par- « lant, les héritiers n'ont encore que l'expectative d'un « droit promis et non acquis (1). » Si la loi des 28 avril

(1) Caen, 12 juillet 1827.

4 mai 1816 renvoie à une loi ultérieure, ce n'est pas
pour l'établissement du droit lui-même, c'est simplement
pour déterminer les moyens d'en faire jouir les ayant-
cause des titulaires. Quant au mode d'exécution, la voie
est toute tracée par l'administration et par les tribunaux.
Les formalités suivies jusqu'ici sont fort sages : sauf
quelques modifications sur des points de détail, il ne
s'agirait guère que de les ériger en lois.

Les héritiers et la veuve, si le défunt était marié sous
le régime de la communauté légale, seraient autorisés,
en justifiant de leur qualité, à faire choix d'un successeur de la même manière que le titulaire lui-même. Le
traité serait également reçu dans la forme authentique,
remis à la Chambre de discipline, soumis à l'examen
des procureurs généraux et impériaux, et enfin discuté
devant les Cours et les tribunaux, qui fixeraient définitivement le prix de la cession.

L'intérêt public et les besoins du service demandent
qu'il soit pourvu dans un bref délai au remplacement
des officiers décédés dans l'exercice de leurs fonctions.
Aujourd'hui, lorsque la vacance se prolonge, soit parce
que les héritiers tardent à prendre qualité, soit parce
qu'ils ne peuvent s'accorder sur le choix du successeur,
le gouvernement a l'habitude de désigner le nouveau
titulaire et de fixer lui-même l'indemnité à payer à la
succession. Ce procédé ne donne peut-être pas aux intérêts des ayant-cause toutes les garanties désirables; il

vaudrait mieux ici encore recourir à l'intervention des Chambres de discipline et des tribunaux. — Chaque Chambre recevrait les offres des candidats qui se présenteraient, donnerait son avis sur la valeur approximative de l'office, et ferait part des pièces et des renseignements nécessaires aux magistrats du parquet, sur le rapport de qui les tribunaux statueraient définitivement. La même marche serait suivie lorsqu'il y aurait parmi les héritiers des mineurs et des interdits, quand la succession serait acceptée sous bénéfice d'inventaire, lorsqu'elle serait, en cas de vacance, pourvue d'un curateur.

Ces formalités auraient, en outre, le précieux avantage de sauvegarder les droits des créanciers en les protégeant contre le retard systématique que les ayant-cause pourraient mettre à user de la faculté de présentation.

375. — III. — Dans l'état actuel de la législation, la destitution et la mise en faillite d'un officier ministériel qui n'a pas acquitté le prix de cession ont pour conséquence la perte du privilége du cédant; la réparation des malversations dont un titulaire s'est rendu coupable dans l'exercice de ses fonctions n'est garantie textuellement au moins par aucun droit de préférence en faveur de ceux qui ont été victimes de leur confiance; enfin, inconvénient bien plus grave encore, le démissionnaire peut, sans trop de peine, dissimuler à l'aide d'une collusion frauduleuse la somme qu'il s'est fait promettre

comme condition de l'exercice de son droit de présentation. Le règlement des droits des créanciers laisserait
donc beaucoup à l'initiative du législateur.

Déjà, à deux reprises différentes, en 1840 et en 1850,
il a été question de faire porter le privilége du cédant
sur l'indemnité mise à la charge de l'officier destitué.
La réalisation de ce projet ne peut rencontrer aujour-
d'hui aucun obstacle sérieux. L'innovation embrasserait
également le cas où le cessionnaire tomberait en faillite.

Il n'est pas de situation qui soit plus digne d'intérêt
que celle des créanciers qui, forcés de se mettre en rapport avec un officier ministériel, ont été victimes de sa
déloyauté. Les fonds du cautionnement de chaque titulaire sont, il est vrai, affectés par premier privilége à
la garantie de ces créances. Mais cette sûreté est d'une
insuffisance notoire, et le législateur ne ferait qu'un acte
de justice en admettant l'exercice du privilége sur le
prix de cession de l'office.

Entre ce nouveau droit de préférence et le droit du
cédant, la question de classement serait aisée à résoudre.
Il est dans l'esprit de nos lois que celui qui a mis une
chose dans le patrimoine du débiteur soit payé avant
tous autres sur le prix de la vente. Les créanciers pour
faits de charge ne pourraient pas d'ailleurs alléguer leur
bonne foi ; car il est au su de tous que le prix des offices ne se paie guère comptant. Quelque favorables que
soient les créances qui ont pour cause les malversations

d'un officier, elles ne seraient donc colloquées qu'au second rang.

Il ne suffirait pas de reconnaître ou, si l'on veut, de créer ces priviléges. La loi nouvelle serait inutile si elle ne donnait pas aux privilégiés et, d'une manière plus générale, aux créanciers des titulaires un moyen plus efficace que l'opposition administrative d'arriver au paiement de leurs droits. A cet égard, on pourrait s'inspirer tant des traditions de l'ancienne jurisprudence que de la loi du 25 nivôse an XIII qui a déterminé les formalités à suivre pour la conservation et la jouissance des priviléges accordés aux bailleurs de fonds sur les cautionnements des officiers. Tout traité devrait, par exemple, être affiché pendant deux mois dans l'auditoire du tribunal ou de la Cour près de laquelle l'ancien titulaire exerçait ses fonctions. Pendant ce délai, les oppositions seraient reçues au greffe sur un registre tenu à cet effet. A l'expiration des deux mois, le candidat se ferait délivrer, pour le joindre aux pièces qu'il doit fournir, un état des oppositions survenues ou un certificat constatant qu'il n'en existe aucune. Le gouvernement pourrait alors donner satisfaction aux droits des intéressés, en prescrivant au cessionnaire dans le décret de nomination, soit de consigner son prix avant de prêter serment, soit de donner caution pour le paiement aux termes stipulés dans le contrat.

Quelques auteurs voudraient que les créanciers fussent,

en outre, autorisés à faire vendre judiciairement l'office, après discussion préalable des autres biens du débiteur, ou tout au moins à contraindre le titulaire par des moyens énergiques à donner sa démission (1). Ce système, il est vrai, était en usage dans l'ancien droit, et on peut lire dans Loyseau (2) et dans Gouget (3) les nombreuses formalités qui accompagnaient le décret des offices. Mais il répugne trop à nos mœurs et à l'idée que nous nous faisons des fonctions publiques pour qu'il soit possible de le remettre en vigueur. Tant qu'un officier exerce sa profession, il faut écarter l'intervention des créanciers. On doit sans doute sauvegarder leurs droits, mais c'est à condition que les garanties accordées ne blessent pas l'intérêt public et ne portent pas atteinte à l'indépendance du collateur. Or, la prérogative du chef de l'État serait liée s'il pouvait être contraint de priver un fonctionnaire de son titre au gré des rancunes privées, et de donner son agrément à un candidat qui ne lui serait pas présenté par le titulaire. Sans parler des difficultés que rencontrerait l'exécution de cette innovation, il est impossible, à moins de vouloir porter un coup mortel à la

---

(1) Dard, *Des Offices*, p. 519; Bellet, *Offices et officiers ministériels*, p. 322. — On peut consulter avec fruit sur cette matière l'ouvrage du dernier de ces auteurs. Pour mon compte, je dois dire que ses aperçus ont quelquefois servi à m'éclairer et à fixer mes doutes dans le cours de ce long et difficile travail.

(2) *Offices*. L. 3, ch. 7, n° 20.

(3) *Traité des criées et nantissements*, ch. 4.

dignité des fonctions, d'assimiler à un bien vulgaire des charges dont l'exercice intéresse essentiellement l'ordre public. Et puis, où est la nécessité d'autoriser contre les officiers une voie aussi rigoureuse que l'expropriation forcée? Les intérêts des créanciers ne seront-ils pas à l'abri de toute surprise si on entoure les transmissions d'une publicité suffisante?

376. — En proposant ainsi le règlement définitif des droits et de la condition des officiers ministériels, je n'ai point exploité une idée nouvelle. La promulgation de la loi particulière promise par l'art. 91 est une mesure législative réclamée depuis de longues années, et dont le gouvernement a même entrepris la réalisation en 1840. Ses projets échouèrent alors contre la résistance des titulaires. Qu'il me soit permis, en terminant, de renouveler le vœu que cette œuvre soit reprise et conduite enfin à sa conclusion.

TABLE DES MATIÈRES.

INTRODUCTION.

PREMIÈRE PARTIE.

DES OFFICES EN DROIT ROMAIN ET SPÉCIALEMENT SOUS LE BAS-EMPIRE (nᵒˢ 13-66).

DEUXIÈME PARTIE.

TROISIÈME PARTIE.

DES OFFICES SOUS LA LÉGISLATION ACTUELLE (nos 173-376).

CONCLUSION.

(N°s 362-376)

ERRATA.

—

Page 233, ligne 6, *au lieu de :* puique, *lisez* puisque.

Page 364, ligne 27, *au lieu de :* aprouvée, *lisez* éprouvée.

Page 374, ligne 8, *au lieu de :* qu'il est de bonne vie et de mœurs, *lisez* qu'il est de bonne vie et mœurs.

Page 438, ligne 17, *au lieu de :* quand et comment exerceront-ils leurs droits de préférence, *lisez* quand et comment exerceront-ils leur droit de préférence?

Rennes. — Imp. de Ch. Catel et Cie.

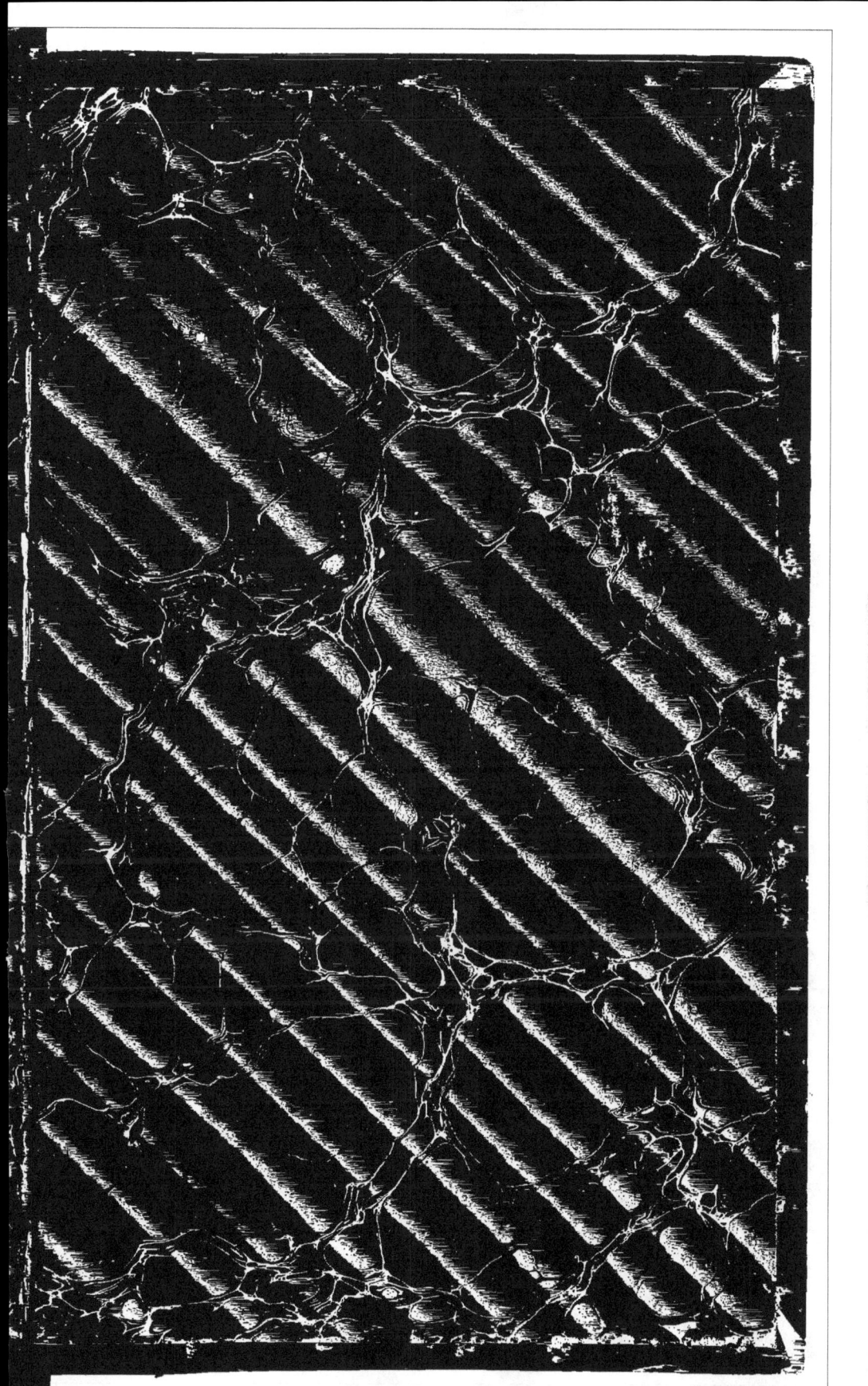